U0658403

国际资本异动下
中国货币政策传导效应研究

何燕／著

中国金融出版社

责任编辑：童祎薇
责任校对：孙　蕊
责任印制：陈晓川

图书在版编目（CIP）数据

国际资本异动下中国货币政策传导效应研究（Guoji Ziben Yidongxia
Zhongguo Huobi Zhengce Chuandao Xiaoying Yanjiu）/何燕著 . —北京：中国
金融出版社，2015.4

ISBN 978 - 7 - 5049 - 7752 - 6

Ⅰ.①国…　Ⅱ.①何…　Ⅲ.①货币政策—研究—中国　Ⅳ.①F822.0

中国版本图书馆 CIP 数据核字（2014）第 297994 号

出版
发行　　中国金融出版社

社址　北京市丰台区益泽路 2 号
市场开发部　（010）63266347，63805472，63439533（传真）
网 上 书 店　http://www.chinafph.com
　　　　　　（010）63286832，63365686（传真）
读者服务部　（010）66070833，62568380
邮编　100071
经销　新华书店
印刷　北京市松源印刷有限公司
尺寸　169 毫米 × 239 毫米
印张　15.5
字数　273 千
版次　2015 年 4 月第 1 版
印次　2015 年 4 月第 1 次印刷
定价　40.00 元
ISBN 978 - 7 - 5049 - 7752 - 6/F.7312
如出现印装错误本社负责调换　联系电话（010）63263947

前　　言

在经济金融全球化日益加深、金融危机频繁爆发的背景下，我国始终坚持对外开放政策，对外开放水平和国际化程度不断提高，但全球化所带来的巨额国际资本流动和国际金融投机活动也在考验着我国的风险抵御能力，加剧了我国货币当局制定和调控货币政策的难度，削弱了货币政策传导效应，货币政策的外在约束性加强，增加了货币政策操作的不确定性。研究表明，国际短期资本已成为我国当前国际资本流动的主体。因此，研究国际资本异动下的货币政策传导效应问题，成为我国资本市场开放进程中应当关注的重要理论领域和现实课题。

本书以开放经济下的内外均衡与政策协调理论为基础，运用蒙代尔—弗莱明（M–F）模型构建我国内外均衡发展模式，从货币政策传导的一般机理入手，探讨国际资本异动通过利率、汇率、资产价格和信贷渠道对货币政策传导效应的影响，并采用大量实证分析，探究国际资本异动对我国货币供给及宏观经济效应的影响，尤其是面对 2008 年下半年以来国际金融危机的复杂形势，通过国际比较与借鉴，探索在我国资本市场渐进式开放的进程中，如何合理测度国际资本异动状况，加强短期资本流动监管与预警，疏通货币政策传导渠道，实现国民经济健康、持续、稳定发展。

本书共分七章。第 1 章为导论部分，提出本书的研究目的、背景、国内外研究动态、内容、方法、技术路线，界定国际资本异动的概念，并说明研究的创新点。第 2 章是全书的理论基础，首先提出内外均衡冲突与政策搭配原理，进而分析开放经济条件下的 M–F 模型及其货币政策效应，最后从利率、汇率、资产价格和信贷四个渠道阐述西方货币政策传导理论。第 3 章通过对1997 年亚洲金融危机以来国际资本异动状况的测度，提出我国资本异动的六个阶段及其主要途径，进而分析 20 世纪 90 年代以来国际资本异动的全球化特征，探索蒙代尔"不可能三角"理论在中国的扩展及运用，最后指出国际金融危机下国际资本异动对中国的挑战和机遇。第 4 章是全书的理论拓展部分，结合中国实际，从利率、汇率、资产价格及信贷四个传导渠道分别阐述国际资本异动对货币政策传导效应的影响，提出国际资本异动加大了中央银行制定和实施货币政策的难度，削弱了货币政策传导效果。第 5 章是全书的实证部分，采用大量宏观经济数据，运用计量经济学方法对近年来影响我国资本异动的主要因素、国际资本异动对我国货币供给及宏观经济效应的影响进行实证分析，得出人民币汇率和利率变动是影响我国资本异动的主要因素，尤其是人民币汇率变动对国际短期资本的影响更为显著，近期内短期资本流动对我国货币供给的冲击作用尚不明显、短期资本流动并未有效推动我国经济增长却成为引起物价上涨的因素的实证分析结论，有助于货币当局加强短期资本流动监管，提高货币政策传导的有效性。第6章首先列举美国、英国、欧元区的货币政策传导演变特征及其在国际金融危机下的货币政策选择，并结合我国货币政策传导的演变过程和效果，针对西方主要国家货币政策传导框架进行比较，为我国货币当局制定和实施货币政策、提高货币政策传导效率提供有益的经验借鉴。第7章从四个方面提出了提高我国资本异动下货币政策传导效应的对策建议，包括加强国际短期资本流动监管、建立并完善金融风险预警制度、疏通货币政策传导渠道和促进国际监管合作与货币政策协调的对策措施，立足全球视野，根据主要国家货币政策的调整及时作出反应，特别是在国际金融危机的影响尚未完全消除、世界经济格局正待调整的背景下，根据形势变化适时适度调整货币政策取向和力度，构建适合我国的货币政策传导制度，减轻国际资本异动对货币政策传导的负效应，更好地实现我国的货币政策目标。

虽然国内外学者对国际资本流动和货币政策传导这两方面的理论和实证研究已经取得较大进展，但真正把国际资本流动纳入货币政策研究范畴的文献并不多见，且以定性分析为主，定量分析较少，进一步从货币政策传导角度分析国际资本异动对货币政策传导效应的影响就更不多见。本书中的国际资本异动即国际资本的异常流动，指资本为追逐高额利润或规避风险而进行的大规模、突发性、剧烈跨境流动。我国与经济合作与发展组织（OECD）国家经济发展水平和资本开放程度不同，不应采用国际货币基金组织（IMF）对国际资本异常流动的统一的经验判断标准。处在不同经济发展阶段的不同国家，应当根据本国实际情况适度调整警戒线范围，以更真实地反映国际资本异动状况，有利于货币当局制定和实施有效的货币政策。

根据本书的界定，国际资本异动仅指短期投机性资本的大规模、剧烈跨境流动。随着金融市场发展和金融工具创新，国际资本流动中的长期和短期资本的时间界限日益模糊，股票、债券等证券化资产已经具有相当的流动性和投机性，成为国际短期资本流动的重要形态。此外，国内外许多研究都将国际短期资本与"热钱"联系在一起，是因为平衡性、自主性短期资本极易转化为投机资本，很难区分此类短期资本与"热钱"之间的界限。鉴于此，本书将国际短期资本与"热钱"等同起来考虑。因此，国际资本异动规模可根据国际短期资本流动进行估算。

实证研究表明，人民币汇率和利率，尤其是人民币汇率是影响我国短期资本流动的主要因素。因此，在研究短期资本流动对我国货币供给及宏观经济效应的影响的实证分析中，笔者从汇率传导渠道分析了短期资本流动对货币政策传导效应的影响，拓展了已有研究成果的实证研究空间。

笔者在博士论文的基础之上，进一步采集和更新数据，使结论更具有时效性和前瞻性，经过多次修改，最终完成了本书的撰写工作。在本书的写作过程中，笔者也借鉴、吸收了国内外专家学者的著作及研究成果，在此一并表示衷心的感谢和敬意！由于笔者水平所限，书中缺点和纰漏在所难免，恳请各位读者和同行专家批评指正！

何燕
于山东财经大学金融学院
二〇一四年十月二十七日

目　　录

1 导　论

在经济金融全球化日益加深、金融危机频繁爆发的背景下，我国始终坚持对外开放政策，对外开放水平和国际化程度有了很大提高，但全球化所带来的巨额国际资本流动和国际金融投机活动的规模已远远超过一国的抵御能力，加剧了一国货币当局制定和调控货币政策的难度，削弱了货币政策的传导效应，货币政策的外在约束性加强，增加了货币政策操作的不确定性。因此，加强国际短期资本流动监管，疏通货币政策传导渠道，成为我国资本市场开放进程中的必然选择。

1.1　研究目的、背景与意义

1.1.1　研究目的

本书以开放经济下的内外均衡与政策协调理论为基础，运用蒙代尔—弗莱明（M－F）模型构建我国汇率制度、资本流动和货币政策独立性之间的均衡模式，再从货币政策传导的一般机理深入探讨资本异动对货币政策传导效应的影响，并通过大量现实数据进行实证分析，探究我国在国际资本异常流动情况下，货币政策通过主要传导渠道对货币供给及宏观经济的影响效应，尤其是面对当前国际金融危机的复杂形势，强调内外均衡发展的目标，通过国际比较与借鉴，提出提高我国资本异动下货币政策传导效应的对策建议。本书研究的目的是探索在资本项目不断开放的背景下，如何合理测度我国资本异动状况，适时调整货币政策，加强短期资本流动监管与预警，疏通货币政策传导渠道，实现国民经济健康、持续、稳定发展。

1.1.2　研究背景与意义

当前，中国经济已进入制度与绩效双重转型的崭新时期，金融作为支持经济发展的重要保证，正深刻而广泛地影响着中国经济，并震撼着原有世界经济格局。近年来，国际经济形势发生了重大变化，受到现有国际货币体系和国际金融危机的影响，我国经济短期内经历了由"过热"到"偏冷"再到"企稳

1

回升"的周期性过程,宏观经济政策调整滞后,货币政策由"稳健"到"从紧"再到"适度宽松",后又回到"稳健",调整频率及幅度也是过去所罕见的,但货币政策作用效果微弱,有时甚至是负效应,尽管存在诸多原因,但这与我们对加入世界贸易组织以来国际资本对我国经济和金融的渗透作用估计不充分,国际资本受长期和短期因素影响异常流动,货币政策传导渠道不畅通等有很大关联。因此,如何完善我国货币政策传导系统,加强国际资本异动监管,提高货币政策执行效率,是颇具紧迫感的重要课题。

1. 研究背景

第一,中国宏观经济呈现明显波动。进入21世纪以来,我国经济经历了由高速增长→过热→偏冷→企稳回升的发展历程。2003年至2007年,我国国内生产总值(以下简称GDP)一直保持10%以上的增长速度,2007年更高达11.4%。但受到全球流动性过剩及食品、能源等价格上涨的影响,2007年11月我国居民消费价格指数(以下简称CPI)上涨6.9%,创十年来新高,股票、住房等资产价格也都显现出泡沫化倾向,实体经济和虚拟经济双双趋热。2008年我国GDP较2007年增长9%,下半年受国际金融危机影响,2008年第四季度增长仅为6.8%,宏观经济由"过热"转向"偏冷"。2008年11月政府推出四万亿元投资的两年经济振兴计划,调整产业结构,由原来的过分依赖出口及投资,转为依靠内需拉动经济增长。2010年1月21日国家统计局公布的宏观经济统计数据表明,2009年我国GDP同比增长8.7%,"保八"任务超额实现。2009年GDP在四个季度的增速分别为6.2%、7.9%、9.1%和10.7%,与2008年逐季回落形成鲜明对比,表明我国经济正逐步恢复正常,企稳回升。2009年12月我国外贸进口同比增长55.9%,创2004年3月以来的新高,出口同比增长17.7%,由2009年11月的-1.2%转为正增长,且12月进出口总额均为年内最高。尽管2009年全年CPI下降0.7%,但2009年12月CPI上涨1.9%,加剧了通货膨胀预期。因此,控制通货膨胀成为2010年我国宏观经济调控的重点之一。2010年我国GDP为397 983亿元,比2009年增长10.3%,增速比2009年加快1.1个百分点,有效巩固和扩大了应对国际金融危机冲击的成果,是我国经济保持平稳较快发展、加快转变经济发展方式的关键一年。与2009年同期相比,2010年GDP在四个季度的增速分别为10.4%、4.3%、12.3%和9.8%。2010年出口也出现恢复性增长,受国际金融危机影响,2009年我国出口下降16%,而2010年出口增长31.3%,超过了2008年的增长。2011年我国经济继续保持较高的增速,全年GDP比2010年增长9.2%,四个季度增速分别为9.7%、9.5%、9.1%和8.9%。2011年全年居民消费价格(CPI)比2010年增长5.4%,工业生产者出厂价格(PPI)

比 2010 年增长 6%。稳定物价的经济发展目标面临较严峻的挑战。2012 年全年 GDP 为 519 322 亿元，比 2011 年增长 7.8%，四个季度增速分别为 8.1%、7.6%、7.4% 和 7.9%。2012 年全年 CPI 比 2011 年上涨 2.6%，涨幅比 2011 年回落 2.8 个百分点，物价上涨得到了较有效的控制。2013 年，中国经济继续呈现稳中有进、稳中向好的发展态势。2013 年上半年中国宏观经济并没有延续 2012 年底的反弹趋势，反而出现非预期性回落。但市场普遍认为，新一届政府对于经济下滑的容忍度已有显著提升，走出当前经济低迷的局面更需要新一轮的体制改革。2013 年全年实现国内生产总值（GDP）568 845 亿元，同比增长 7.7%，四个季度增速分别为 7.7%、7.5%、7.8% 和 7.7%。居民消费价格（CPI）同比上涨 2.6%，经常项目顺差与 GDP 之比为 2.1%。消费、投资、净出口对 GDP 增长的贡献率分别是 50%、54.4% 和 −4.4%。2014 年上半年，中国宏观经济运行总体平稳，经济增长、城镇新增就业、价格总水平等处在合理区间，经济结构呈现积极变化。2014 年上半年，实现国内生产总值（GDP）26.9 万亿元，同比增长 7.4%，居民消费价格（CPI）同比上涨 2.3%。上半年我国经济下行压力加大，但整体经济发展依然保持在合理的区间内，并且在经济结构调整与产业转型升级方面继续取得了新的进展，政府采取"微刺激"和"稳增长"的政策逐步加快经济结构调整，并且将在 2014 年下半年甚至更长远发挥其独到的作用。

第二，中央银行货币调控面临严峻形势。1998 年亚洲金融危机以后我国开始实施稳健的货币政策。2006 年，由于国内出现明显的经济过热和流动性过剩，中央银行采取措施收紧银根，主要包括 8 次加息连同 13 次提高存款准备金率。但是，货币供应量增长目标仍被突破。在这种情况下，2007 年 12 月中央经济工作会议确立 2008 年将实施从紧的货币政策，2008 年上半年中央银行 5 次提高金融机构存款准备金率。但这一货币政策的制定未能充分考虑到美国次贷危机已造成全球经济的流动性不足，而我国继续采取从紧的货币政策，加剧了国内流动性问题。2008 年下半年，美国次贷危机逐步演变成国际金融危机，实体经济遭受严重影响，全球经济出现衰退，我国宏观经济也开始步入下行轨道。在这种情况下，2008 年 11 月，中央银行调整货币政策取向，由从紧的货币政策改为实行"适度宽松"的货币政策，在不到百天的时间里，4 次下调金融机构存款准备金率及 5 次降低利率。2009 年，在积极的财政政策和适度宽松的货币政策推动下，我国人民币各项贷款增加 9.59 万亿元，同比增加 4.69 万亿元，基础货币投放量比 30 年来的平均水平高出近 30%。为了减缓货币扩张速度，从 2009 年 10 月起，中央银行通过连续 14 周发行央票回笼资金，累计净回笼资金 1.07 万亿元。同时，中央银行还提高了 3 月期和 1 年期央票利率。2010 年 1 月 18 日，中央银行上调存款类金融机构人民币存款准备金率 0.5 个百分点（调整到 15%），农村信用社等小型金融机构暂不上调。2010 年的货币政策较 2009 年的非常宽松来说，则是适度宽松，货币信贷增速从 2009 年高位逐步回落，2010 年末，广义货币供应量 M2 余额为 72.6 万亿元，同比增长 19.7%，增速比 2009 年降低 8.0 个百分点。狭义货币供应量 M1 余额为 26.7 万亿元，同比增长 21.2%，增速比 2009 年降低 11.2 个百分点。人民币贷款余额同比增长 19.9%，增速比 2009 年降低 11.8 个百分点。人民币汇率弹性增强，2010 年末，人民币对美元汇率中间价为 6.6227 元，比 2009 年末升值 3%。2011 年中央银行开始实施新一轮"稳健"的货币政策，适时适度进行预调微调。2011 年前三个季度，面对通货膨胀压力不断加大的形势，中国人民银行围绕保持物价基本稳定这一宏观调控的首要任务，综合运用多种货币政策工具，先后六次上调存款准备金率共 3 个百分点，三次上调存贷款基准利率共 0.75 个百分点，灵活开展公开市场操作，实施差别准备金动态调整。进入 10 月以后，随着欧洲主权债务危机继续蔓延、国内经济增速放缓，人民银行暂停发行三年期央票，下调存款准备金率 0.5 个百分点，引导金融机构加大对小型、微型企业、"三农"和国家重点项目的信贷支持，稳健货币政策初显成效。2012—2014 年我国继续实行稳健的货币政策，根据国内外经济金融形势变化，2012 年 2 月 24 日和 5 月 18 日中央银行两次下调存款准备金率各 0.5 个百分点，6 月 8 日和 7 月 6 日两次下调金融机构人民币存贷款基准利率，其中，1 年期存款基准利率由 3.5% 下降到 3%，1 年期贷款基准利率由 6.56% 下降到 6%。利率市场化改革进一步深入，中央银行调整金融机构存贷款利率浮动区间，上限调整为基准利率的 1.1 倍，下限调整为基准利率的 0.7 倍。这一措施有利于引导资金价格下行，为进一步降低企业融资成本创造更加有利的政策环境。同时，使得金融机构自主定价空间扩大，促进其不断通过提高金融服务水平参与市场竞争。2013 年根据外汇流入增加、货币信贷扩张压力加大的形势变化，前瞻性地进行预调微调。继续发挥好差别准备金动态调整工具的逆周期调节作用，引导贷款平稳适度增长。2013 年第一季度，广义货币供应量 M2 同比增长 15.7%，人民币贷款余额同比增长 14.9%，融资结构更趋多元。截至 2013 年 3 月末，人民币对美元汇率中间价为 6.2689 元，比 2012 年末升值 0.26%，人民币汇率预期总体平稳。2013 年 4 月 10 日推出人民币对澳大利亚元直接交易，扩大人民币在跨境贸易及投资中的使用，深化外汇管理体制改革。2013 年末，广义货币供应量 M2 同比增长 13.6%，人民币贷款余额同比增长 14.1%，比年初增加 8.89 万亿元，同比多增 6 879 亿元。小微企业、涉农贷款增速均高于各项贷款的平均增速。金融机构存贷款利率总体平稳。

2013 年末，人民币对美元汇率中间价为 6.0969 元，比 2012 年末升值 3.09%。2014 年中央银行灵活开展公开市场操作，搭配使用短期流动性调节工具（SLO）适时适度进行双向调节，保持流动性总量合理适度。为了进一步有针对性地加强对"三农"和小微企业的支持，2014 年 4 月和 6 月，中央银行两次实施定向降准，分别下调县域农村商业银行和县域农村合作银行存款准备金率 2% 和 0.5%；对符合审慎经营要求且"三农"或小微企业贷款达到一定比例的商业银行（不含 4 月已下调过准备金率的机构）下调人民币存款准备金率 0.5%；对财务公司、金融租赁公司和汽车金融公司下调人民币存款准备金率 0.5%。2014 年 6 月末，广义货币供应量 M2 同比增长 14.7%，人民币贷款余额同比增长 14.0%。2014 年以来，人民币小幅贬值，双向浮动特征明显，人民币汇率弹性明显增强。2014 年 6 月末，人民币对美元汇率中间价为 6.1528 元，比 2013 年末贬值 0.91%。2005 年 7 月人民币汇率形成机制改革以来至 2014 年 6 月末，人民币对美元汇率累计升值 34.52%。综上所述，1998 年以来的 15 年间，我国货币政策先后经历了从稳健→从紧→适度宽松→稳健的调整过程，其作用效果并不十分显著，揭示了中央银行货币政策调控的复杂和多变。

第三，国际资本异常流动，并通过多种渠道影响货币政策的运行。20 世纪 90 年代以来，国际资本流动日益频繁。目前，全球外汇市场上日交易额已达 2 万亿美元，其中与贸易及实物投资有关的仅占 2% 左右，其他的主要是由国际投机资本引起的，导致金融危机频繁爆发，如英镑危机（1992）、墨西哥（1994）、亚洲（1997）、俄罗斯（1998）、阿根廷（2001）等金融危机，直至 2007 年以来由美国次贷危机引发的当前严重的国际金融危机，对地区及全球经济金融造成了重大影响。从国内情况来看，近年来，我国已经历了六次方向相反的大规模异常资本流动，第一次是 1997 年至 1998 年的资本外流，第二次是 2002 年下半年至 2004 年的资本内流，第三次是 2007 年下半年以来的资本外流，第四次是 2009 年的资本内流，第五次是 2012 年的资本外流，第六次是 2013 年以来的资本内流。由于受 1997 年亚洲金融危机的影响，我国出现了大规模的资本外逃。2002 年以来由于受本外币利差和人民币升值预期的影响，大规模异常资本相继进入我国，出现了大规模的资本内流，导致我国外汇储备持续增长，2008 年末已达 1.95 万亿美元，远远超过我国同期贸易和资本项目顺差的总和，增加了中央银行货币政策操作难度，并对我国金融市场的稳定造成不利影响。2008 年全年，我国的国际资本流动表现出"冷暖两重天"的态势。2008 年上半年，我国外汇储备依然快速增长，外汇占款过多，国内流动性过剩，通货膨胀压力不断增大，货币当局处于两难抉择，收缩流动性将会导致利率上升,人民币升值压力会更大。2008 年下半年,随着全球经济形势的迅速恶化,我国贸易顺差增速明显回落,吸收外商直接投资开始下滑,对外证券投资回流增加,国际投机资本快速回流发达国家。2009 年第一季度,受发达国家金融机构去杠杆化的影响,短期国际资本由新兴市场国家继续回流发达国家。但从 2009 年第二季度起,由于发达国家金融机构开始重新配置风险资产,短期国际资本由发达国家重新流向新兴市场国家,2010 年至 2011 年上半年新兴市场国家经济强劲增长,短期国际资本继续保持流入趋势,并进一步推高全球资产价格泡沫。2011 年下半年,由于新兴经济体增速明显回落,欧元区债务危机出现恶化,短期国际资本流动再度出现逆转,新兴经济体国家普遍遭遇国际资本外流,中国也不例外。2011 年 7~11 月中国累计短期国际资本净流出 150 亿美元。2012 年以来,发达国家逐渐摆脱了金融危机的影响,经济利好形势比较突出,吸引短期国际资本继续从新兴市场国家流入经济发达国家。2013 年 5 月底以来,东南亚股票市场普遍出现大幅下跌,部分债券市场也出现抛售情况,导致债券收益率升高,一些国家本币快速贬值,引发市场担忧短期国际资本可能大举撤离新兴市场。但多数分析家认为,这仅是一波短期调整,触发此次资金外流大潮的主要原因是美联储可能收缩货币政策,逐步退出量化宽松政策。2013 年全年跨境资金流动继续呈现小幅震荡走势,前 4 个月延续了 2012 年底的外汇大量净流入态势,5~8 月,受国内外环境变化以及政策和季节因素影响,净流入规模有所回落,9 月以来再次反弹至较高水平。这表明,随着我国经常项目状况的持续改善,市场普遍认为人民币汇率已接近均衡,跨境资金流动双向变动的市场条件基本具备。此外,经济基本面健康、贸易持续顺差、外汇储备充足等因素为我国防止短期资本流动冲击提供了基础。2014 年,我国跨境资金延续较大净流入的因素依然存在。一是 2014 年全球经济表现将好于 2013 年,我国出口增长得到改善;二是主要发达经济体维持低利率货币政策,使得国内外继续维持正向利差,将导致外汇资金净流入增多。但是一些潜在市场因素有可能促使我国跨境资金双向流动。一是 2013 年 12 月 18 日,美联储正式宣布于 2014 年 1 月启动缩减量化宽松货币政策,这对于部分新兴经济体可能再次受到冲击;二是我国经常项目顺差与 GDP 之比进一步收窄,容易出现跨境资金的波动,也可能引发短期资金流动发生短暂的、剧烈的变化。从长远来看,我国短期资金流动双向波动将成为新常态。

笔者分析了我国 1997—2013 年全年国际收支平衡表,资本和金融项目的借贷方总额均呈现逐年快速上升的趋势,但从该项目净额来看,除 1998 年和 2012 年外,其余各年份均为资本净流入,但波动幅度较大(见图 1-1)。尽管我国依然保持着比较有效的资本管制,但受利率和汇率波动的影响,短期资本动向变得更加捉摸不定，国际资本通过利率、汇率、信贷和资产价格等多个渠道影响我国货币政策有效性。我国今后的经济政策和经济环境会不断调整变化，国内经济会受到国际资本大进和大出两个方向的冲击，维护我国经济金融秩序稳定的任务将更加艰巨，必须建立预警应急机制，监控国际资本异常流动。

亿美元

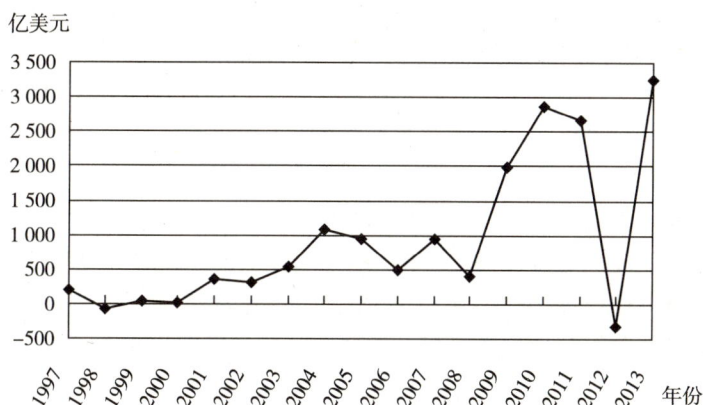

数据来源：国家外汇管理局公布的相关年度国际收支平衡表（1997—2013 年）。

图 1-1 我国近年来国际资本净流入额（1997—2013 年）

2. 理论价值

第一，将国际理论研究"中国化"，力求探索"蒙代尔—弗莱明"模型与中国实践的结合点，有助于缩短国内同类研究与国际理论之间的差距。开放经济条件下，货币政策传导最具代表性的理论模型是"蒙代尔—弗莱明（以下简称 M-F）模型"，它是在开放经济下的内外均衡与政策协调理论的分析框架基础上形成的，依据 M-F 模型，蒙代尔提出了著名的"不可能三角"理论。一些学者对"不可能三角"理论进行了深化，如易纲的研究表明，一国的经济政策目标可能是偏向其中的两个方面，而不是绝对地处于三角的两点。本书在前人研究的基础上，力求寻找 M-F 模型与中国实际的结合点，构建出我国汇率制度、资本流动和货币政策独立性之间达成均衡的理论模型。

第二，将国际资本异动纳入中国货币政策传导与运行的研究中，有助于规范及提升我国货币调控理论研讨的实际操作水平。目前国内外有关货币政策传导的理论研究已较为成熟，但涉及国际资本流动与货币政策之间的相互作用与影响方面缺乏系统有效的理论研究，进而关于国际资本异动与货币政策传导效应方面的研究更不多见。本书将克服国内关于货币政策运行机制研究线条过粗（未充分考虑国际资本异动的影响）、理论基础不充分（现状描述基础上的单纯定性分析）的缺点，突出思路清晰化（主线相连＋模块展开）、论证客观化（理论模型＋实证模型）和分析精细化（运行机制＋政策效应）。

3. 实践意义

第一，在宏观层面上，具有较强的现实意义及广阔的应用前景。笔者认为，所谓国际资本异动，即国际资本的异常流动，指资本为追逐高额利润或规避风险而进行的大规模、突发性、剧烈跨境流动。本书将积极有效地配合我国当前实施的稳健的货币政策，深入分析国际金融危机所引发的资本流动的新特征及对我国货币政策传导的影响，针对近年来货币政策传导弱势效应予以合理解释和分析，并提出实际可行的调整路径。

第二，对促进资本市场开放及保障金融系统稳健运行具有积极作用。在未来中国经济所面临的各种复杂多变的国际经济环境下，如何坚定不移地坚持改革开放，稳步放开资本市场，在抵御国际金融风险的同时，针对国内经济形势的变化，适应资本市场全面开放和人民币国际化的要求，设计出反应及时、全面有效的货币政策传导系统，提高货币政策传导的有效性，有助于中央银行制定出切实可行的货币政策措施，促进经济和金融平稳健康发展，具有重要的实际意义。

第三，为我国货币政策实施效果提供客观评价及预测。本书希望在该领域学术研究中突出自身特色，在国内外专家已有研究成果基础上加以完善，从学术研究角度出发，对我国货币政策的实施给出客观的经济分析和预测。

1.2 国内外研究动态

1.2.1 国外研究动态

1. 关于国际资本流动与货币政策关系的理论研究

（1）早期关于国际资本流动与利率及货币供给关系的研究。国际资本流动与货币政策关系的理论研究主要基于开放经济条件下的内外均衡与政策协调理论的研究及其进展。1752 年英国经济学家大卫·休谟（David Hume）提出著名的"价格—铸币流动机制"（Price – Specie Flow Mechanism）是最早的内外均衡理论研究成果。休谟指出了金本位制度下的内外均衡的自动调节机制，但该理论仅涉及对外贸易与国内货币供给之间的关系。

20 世纪初期到第二次世界大战前，资本主义进入垄断阶段，资本输出成为资本主义的主要特征，从而把国际资本流动纳入内外均衡理论的分析中。威克塞尔（Knut Wicksell, 1905）深入分析了利率对国际资本流动的影响，他认为提高利率不仅有利于吸引国外资本流入国内，而且还会使投资于外国有价证券的国内资本回流。新古典主义经济学家艾尔弗雷德·马歇尔（Alfred Marshall，1923）进一步指出，利率变动不仅能够吸引国外资本流入，还会抑制国内资本的输出。贝蒂尔·奥林（Bertil Ohlin，1929）、查尔斯·P. 金德尔伯格（Charles P. Kindleberger，1937）等深入分析了国际短期资本流动对内外均衡的影响。奥林认为汇率和银行利率是影响短期资本流动的主要因素。金德尔伯格认为短期资本流动对一国货币供给有较大影响，且短期资本流入国经济膨胀的幅度远远大于短期资本流出国经济收缩的幅度。

（2）关于国际资本流动与货币政策的冲突与协调研究。第二次世界大战后，内外均衡理论得到了充分的发展。开放经济的政策目标被确定为内部均衡（经济增长、物价稳定和充分就业）和外部均衡（国际收支平衡）两个方面。20 世纪 50 年代初，首届诺贝尔经济学奖获得者、荷兰经济学家简·丁伯根（Jan Tinbergen）提出了"经济政策理论"，又称为"丁伯根法则"（Tinbergen's Rule），即实现 n 个目标需要有相互独立的 n 个有效的政策工具。这就为采用宏观经济政策的协调与搭配来实现内外均衡提供了理论指导。

英国经济学家詹姆斯·米德（J. Meade）于 1951 年在其名著《国际收支》中最早提出了固定汇率制下内外均衡的冲突问题。米德指出，在固定汇率制下，一国难以运用汇率变动作为政策工具，只有支出变更政策（包括财政政策和货币政策）可供当局使用。但是，单一的支出变更政策往往无法同时实现内部均衡和外部均衡的目标，即一国经济出现国际收支赤字与失业，或国际收支盈余与通货膨胀并存时，支出变更政策就会陷入左右为难的困境。这一现象被称为"米德冲突"（Meade's Conflict），这一理论是研究开放经济体政策组合的基石。

20 世纪 60 年代，罗伯特·蒙代尔（Robert A. Mundell）提出了关于政策指派的"有效市场分类原则"。所谓"政策指派"是指如果每一个政策工具被合理地指派给一个政策目标，并且在该目标偏离其最佳水平时，按规则进行调控，那么在分散决策时仍有可能实现最佳调控目标。所谓"有效市场分类原则"是指每一个政策目标应指派给对这一目标有相对最大的影响力和优势的政策工具。蒙代尔提出以货币政策实现外部均衡目标、以财政政策实现内部均衡目标的政策指派方案。这一原则又被称为"政策搭配"论（Policy Mix Approach）。斯旺（Swan，1960）直观地用图示说明如何使用政策配合实现内外部均衡，该图被称为"斯旺图示"（Swan icon，1960）。

罗伯特·蒙代尔（Robert A. Mundell，1962）和 J. 马库斯·弗莱明（John Marcus Fleming，1962）运用凯恩斯的总需求理论和一般均衡分析方法，将国际贸易与国际资本流动引入封闭的 IS - LM 模型中，分析了对于一个开放的小型国家来说，不同汇率制度将导致不同的货币政策效果，提出了著名的蒙代尔—弗莱明模型（Mundell - Fleming Model，简称 M - F 模型），并归纳出蒙代尔"不可能三角"，即货币政策独立性、资本自由流动与汇率稳定这三个政策目标不可能同时达到。政府可以相机选择汇率制度或其他经济政策实现经济的内外均衡。蒙代尔—弗莱明模型已成为开放经济条件下宏观经济与政策搭配的重要分析工具。这一理论标志着"开放宏观经济学"的形成。

此后，西方许多学者完善并发展了 M - F 模型。许多学者对 M - F 模型的假设前提之一"一价定律"提出质疑，并加以完善。伊萨德（Isard，1977）认为由于劳动力市场的不完全竞争、汇率变动、贸易成本以及厂商的依市定价等原因，短期内可能存在价格粘性，使得汇率在短期内偏离购买力平价。恩格尔（Engel，1999）采用实际数据论证了由于各国间存在市场分割，可贸易品价格存在较大差异，从而背离了一价定律。克鲁格曼（Krugman，1987）以市场定价理论（PTM）来解释在不完全市场上汇率变化是如何影响不同国家和地区的商品价格的。丹弗里克丝（Devereux，1997）从本币定价（LCP）角度考察由于国际市场存在套利不充分，汇率变化使本币与外币定价出现明显背离，影响了支出转换政策的效果。奥伯斯特菲尔德（Obstfield，2001）结合 PTM - LCP 理论和 M - F 模型发展出一个随机模型，通过调整货币政策反应函数来补偿外来冲击对本国和外国资本的影响，保持货币政策的自主性，同时增加产出。保罗·克鲁格曼（Paul Krugman，1999）根据蒙代尔"不可能三角"理论画出了一个三角形，称为"永恒的三角形"（The Eternal Triangle），提出"开放经济的三难选择"，亦称"三元悖论"。

2. 关于开放经济下的货币政策传导理论与实证研究

西方货币理论中关于货币政策传导理论大体可分为货币论和信贷论两大理论学说。米什金（Mishkin，1995）根据货币资产与其他资产之间的不同替代性，将货币政策传导渠道分为两大类，即"货币渠道"和"信贷渠道"。

从货币论来看，货币政策传导的货币渠道主要包括利率、汇率、资产价格等具体传导渠道，并且不同传导渠道具有不同的中介传导方式。凯恩斯（John Maynard Keynes，1936）较早清楚地阐述了货币经由利率渠道传导到收入及产出的过程，并形成了利率传导理论。但凯恩斯假定全社会金融资产只有货币和长期政府公债两种，而将其他证券看成是与公债完全可以替代的资产，这种假设过于片面。弗里德曼（Friedman，1971）的货币学派主张中央银行直接控制货币供应量增长率，他强调预期利率、名义所得及通货膨胀对经济的影响，将预期因素纳入利率传导理论中。

与利率渠道相比，由于资产的多元化，资产市场调整时间更短，对货币政策的传导更加迅速。托宾（James Tobin，1969）发展了凯恩斯的流动偏好论，用多元资产取代二元资产，提出货币政策可以通过影响证券资产价格进而影响不同资产之间的转换，确立了"q"理论（q - Theory）。莫迪利安尼（Franco Modigliani，1971）从生命周期理论的角度提出了货币政策的"财富效应"理论，该理论认为货币政策可以通过股票市场的价格变化使消费者财富增值从而扩大消费来影响实体经济。非对称信息效应论（Bernanke，Gertler and Gilchrist，1996）、流动性效应论（Amihud & Mendelson，1986）、通货膨胀效应论（Ralph Chami，1999）等从不同角度论证了货币和股票价格之间存在比较密切的联系，股票市场是货币政策传导的重要渠道。

1923 年，凯恩斯在其著作《论货币改革》中提出了利率平价理论，首次将汇率问题放在货币政策框架下进行研究。20 世纪 50 年代后，米德（J. Meade）、丁伯根（J. Tinbergen）、斯旺（Trevor Swan）、蒙代尔（R. Mundell）、弗莱明（J. Fleming）等人将货币政策传导研究扩展到开放经济体系中。麦金农（Ronald Mckinnon，1985）、奥伯斯特菲尔德和罗格夫（Obstfeld & Rogoff，1996）将汇率因素纳入到货币政策传导研究中，使得汇率传导也成为开放经济条件下货币政策传导的重要渠道之一。

从信贷论来看，货币政策传导的信贷渠道主要包括银行贷款渠道和资产负债表渠道等。伴随着信息经济学的发展，斯蒂格利茨和威斯（Joseph E. Stiglitz & Andrew Weiss，1981）在信息不对称条件下提出了均衡信贷配给理论。伯南克和布兰德尔（Bernanke & Blinder，1988）在《信用、货币与总需求》中探讨了货币政策经由信贷渠道传导的 CC - LM 模型。伯南克和格特勒（Bernanke & Gertler，1995）提出了资产负债表渠道，又称净财富额渠道，由此产生出货币政策的信贷传导主要通过银行贷款渠道和资产负债表渠道进行。

在实证研究方面，辛姆斯（C. Sims，1972、1980）最早将向量自回归分析（VAR 模型）技术运用到货币政策的传导研究中。Bernanke（1986）运用结构向量自回归模型（SVAR 模型）研究得出美国银行业贷款冲击对经济总需求具有相当程度的作用效果。大井博之等（2004）利用日本明治维新以来的长期数据，运用二变量 SVAR 模型分析了日本的货币供应量与 GDP 之间的传导关系。麦克勒姆（Bennett T. McCallum，1990）收集了 110 个国家长达 30 年的数据，对这些国家的货币政策传导效果进行了比较分析。随后，一些学者采用 VAR 模型将类似分析扩展到部分经济转型国家（Ganev，2002；Starr，2005；Hericourt，2005）。还有一些学者利用 VAR 模型对发展中国家的货币政策和宏观经济之间的关系进行了研究（Blanchard，1989；Friedman and Kuttner，1993；Sims，1992；Bernanke and Woodf，1997；Christiano，Eichenbaum and Evans，1999）。各国中央银行开始采用动态随机一般均衡模型（DSGE 模型）和状态空间模型分析各种随机变量对经济的影响。Enissoin 和 Marquis（2002）建立了包括债券市场在内的非确定性一般均衡理论模型，分析中央银行存款准备金率和基准利率变化对产出、就业及价格等的影响。

3. 关于国际资本流动与货币政策传导效应研究

（1）从汇率的决定把握内外均衡。开放宏观经济学的重点之一是研究汇率的决定，将汇率作为开放经济的核心变量，从汇率与其他经济变量的相互影响中把握宏观经济的内外均衡问题，特别是要研究汇率与货币供应量、利率及价格水平之间的关系。当贸易账户和资本账户余额变动时，中央银行可以运用货币政策工具进行冲销和非冲销操作来实现经济的内外均衡，如凯恩斯（J. M. Keynes，1923）的利率平价理论认为在资本具有充分的国际流动性的前提下，抛补和非抛补的利率平价均表明一价定律也适用于国际金融市场上套利资本的跨国流动。以弗里德曼（M. Friedman，1953）的货币数量论为基础的货币主义汇率理论强调汇率的决定主要受理性预期因素的影响。20 世纪 70 年代以来产生了一系列汇率理论模型，即"汇率动态学"，主要包括布莱克（Black，1985）在蒙代尔—弗莱明模型的基础上，建立了 FLMA 模型（即弹性价格货币模型），说明货币供给引起价格快速变动时汇率的变化情况；多恩布什（Rudiger Dornbusch，1976）的 SPMA 模型（即粘性价格货币模型），亦称汇率超调模型，以及拓展的资产市场均衡模型（Branson，1977；Dornbusch and Flisher，1980）说明资产不完全替代情况下，中央银行的货币政策操作对内外均衡的影响；货币替代模型（Calvo and Rodriguez，1977；Frenkeland Rodriguez，1982）说明在本国货币和外国货币不完全替代的情况下，汇率及利率的变化对宏观经济均衡的影响。这些新的汇率理论旨在研究货币政策对宏观经济的调控效应。

（2）关于国际资本流动对货币政策传导渠道的影响。第二次世界大战后，米德（James Edward Meade）、蒙代尔（Robert A. Mundell）、J. 马库斯·弗莱明（J. Marcus Fleming）、马丁·费尔德斯坦（Martin Fieldstan）、杰费里·福兰克尔（Jeffrey Frenkel）均强调国际资本流动与利率传导之间的关系。Calvo、Leiderman 和 Reinhart（1993）指出国际短期资本过度流入会引起一国价格的普遍上涨，东道国政府针对价格上涨的一般性措施应该是提高国内利率。但Kumhof（2004）通过数理模型推导证明，在一定条件下，东道国政府应对国际短期资本过度流入的通胀效应的较好手段恰恰是降低国内利率，其中一个重要原因在于提高利率对国内经济发展有抑制作用。琼斯（C. J. Jones）、柯林斯

（W. J. Collins）和威廉姆森（J. G. Williamson）则认为资本品价格扭曲是影响资本流入发展中国家的主要因素。格特勒（M. Gertler）和罗戈夫（K. Rogoff）建立了不对称信息条件下的开放经济跨时贸易模型，认为信息不对称使国际资本流动受到抑制，甚至可能出现逆向流动。博伊德（J. H. Boyd）和史密斯（B. D. Smith）认为国际信贷市场存在严重的逆向选择和验证成本高等问题，即使发展中国家存在很高的资本回报率，富裕国家也缺少投资意愿。韩国学者 Jai - Won Ryou（2001）引入股票市场研究资本流动对货币政策传导的效应。麦金农（Mckinnon，1996）指出，严重的银行道德风险会使人们对经济产生过于乐观的预期，导致外资的过度流入，即"过度借贷综合症"。Bouvatier（2007）还研究了中国实际国际储备与实际国内信贷之间的关系，结果发现二者呈负相关关系，说明中央银行通过对冲操作减缓了国内信贷的扩张。

1.2.2 国内研究动态

1. 关于蒙代尔—弗莱明模型的扩展及中国实践研究

（1）关于 M - F 模型的拓展研究。陈红（1998）分析了 20 世纪 90 年代 M - F 模型在中国的适用性。李树杰（2001）分析了 M - F 模型在小国经济中的政策搭配，指出 M - F 模型也存在一些缺陷。刘红忠（2001）则对 M - F 模型之后的新开放宏观经济模型做了进一步的解释和分析。易纲、汤弦（2001）将蒙代尔"不可能三角"进行扩展，提出了扩展三角假说。他们认为，蒙代尔"不可能三角"虽然清晰地展示了三个政策目标之间的关系，但并没有表述中间汇率制度的情形。沈国兵、史晋川（2002）引入第四个重要变量——本币国际借债能力，尝试将"不可能三角"模型扩展为四面体假说。苏平贵（2003）对比分析 M - F 模型所隐含的假设前提与我国现存的利率及外汇管制的客观现实，提出有必要根据我国宏观经济客观条件对该模型进行适当的改进。熊鹏、陈辉（2005）通过对 M - F 模型的扩展分析，指出开放经济条件下利率水平对汇率的影响。周忠明（2006）认为从 1994 年汇率并轨后我国经济的实际运行情况来看，随着国际资本进出更加自由，我国独立的货币政策和汇率稳定的目标面临着严重冲突。吴骏等（2006）对 M - F 模型的国际收支平衡线进行修正，并分析中国在开放经济条件下的财政政策与货币政策效果。崔蕊、刘力臻（2011）结合 M - F 模型分析了中国宏观经济政策的有效性，提出后美国金融危机时代中国处于不同汇率制度下宏观经济平稳发展的短、中、长期调整方向。邹媛（2013）选取了奥伯斯特菲尔德和罗格夫的开放条件下宏观经济模型为例，对原始的 M - F 模型进行动态分析。总之，M - F 模型创立 40 余年来，对各国在开放经济条件下政策组合的制定和实施发挥了重要的指导性作用，也正因为该模型与现实的紧密联系，引起了后来者持续不断的深入研究。

（2）关于中国经济内外失衡的原因及货币政策选择研究。当前中国经济内部失衡主要体现在国内的"高储蓄"、"低消费"和投资结构的失衡，外部失衡表现为国际收支的"双顺差"。姜波克、李天栋（2006）认为当前货币政策已经取代了财政政策成为影响我国经济的最主要的政策工具，与货币政策相比，汇率政策对外部均衡有比较优势，因此应该采取货币政策和汇率政策的组合促进内外部均衡的实现。徐涛（2007）通过建立理论模型得出中国货币政策存在非常显著的行业效应，货币当局应实施结构性货币政策，针对不同行业运用货币政策工具（如实行差别利率），有效控制过热的行业，扶持需要重点发展的行业。吴敬琏（2008）表示，中国经济内部失衡的表现是过度投资和国内消费不足，投资占 GDP 的比重不断提高，目前已提升到 45% 左右。而经济外部失衡的表现是国际贸易和国际收支双顺差，外汇储备大量积累。内外失衡的宏观经济表现是货币政策运作空间受限、流动性过剩和资产价格上扬。张其佐（2008）认为，工业增速回落，将直接导致经济增速回落，而"适度宽松"的货币政策将为企业解决融资难问题提供更大的空间。哈继铭（2009）表示，失衡多年之后的全球经济目前终于进入再平衡，各国资产价格应声而落。但唯独中国例外，内外失衡继续恶化。外贸顺差不减反增，投资/消费率继续上升，使得资产价格在全球"一枝独秀"。如果此时货币政策不是适度宽松，而是过度宽松，大量资金将由于实体经济中可投项目的减少而流入资本市场，造成"熊市"中的"泡沫"。易纲（2009）表示，零利率政策不是中国货币政策的最好选择，中国可通过各种货币的最优组合来有效实施"适度宽松"的货币政策。张纯威（2009）提出在内外各种因素引起的内外经济失衡格局下，我国货币政策操作应实施短期内以稳定汇率为核心、重视价格型政策运用，而长期以调控中央银行国外资产为核心、重视规模型政策运用的协同策略。李亚敏（2012）分析了我国经济流动性环境的内外失衡对货币政策操作的制约和影响，并结合货币供给数据进行实证分析，提出优化货币政策操作的政策建议。

2. 关于我国的货币政策传导理论与实证研究

我国关于货币政策传导理论方面文献较多，大多学者赞成货币政策传导主要通过利率、汇率、信贷和资产价格四个渠道来完成。王煜（2000）认为我国货币政策传导存在的主要问题是中央银行宏观调控不灵活，利率市场化程度不高，货币市场基础建设有待加强。马乐（2000）、刘溜（2002）认为我国金融结构的特点决定了我国货币政策传导仍是以信贷配给途径为主，利率渠道实质上依附于信贷配给制。瞿强（2001）总结了国外学者的相关研究，通过一个简单的模型揭示了股票市场与货币政策传导间的关系。吕大军、战庆欣（2002）提出造成货币政策传导效应出现阻滞的原因是国有商业银行存在明显的体制缺陷和错位的经营理念，企业与金融机构信息不对称，影响了货币政策传导效率。陆蓉（2003）指出货币政策可以通过影响利率、通货膨胀率、股票价值等影响资本市场。何慧刚（2005）的研究认为，在取消贷款规模限制以后，我国长期采用的信用供给仍然部分有效，而新的利率渠道、股票市场渠道等有待建立和发展。王劲松等（2006）认为我国开放经济条件下制约货币政策有效性的一个主要因素就是缺乏弹性的汇率制度。张成思（2010）将国际金融危机爆发后货币政策传导机制研究的最新成果归纳为货币政策传导的两大类新渠道，即流动性直接投放渠道与广义金融市场渠道，并探讨了这些新兴理论对进一步完善中国货币政策传导机制的重要启示意义。王祥兵等（2013）用分形理论对货币政策传导系统的组织结构、制度结构、功能、运行机制等方面进行细致的考察和研究，提出分形是货币政策传导系统具体的存在形式，表现为组织结构、制度结构、运行过程、功能等分形结构特征上，为金融全球化背景下的货币政策传导机制研究提供了新的逻辑思路和视角。

在实证研究中，学者们对货币政策传导的货币渠道和信用渠道也得出了不同的结论。王振山、王志强（2000）运用协整关系和格兰杰（Granger）因果检验模型，分别对1981—1998年的年度数据和1993—1998年的季度数据进行实证分析，表明信用渠道是我国货币政策的主要传导途径，而货币渠道传导作用不明显。李斌（2001）运用交互影响的多元反馈时间序列模型，对1991—2000年的季度数据进行实证检验，结果表明信贷总量和货币供应量与货币政策最终目标变量都有很高的相关系数，但信贷总量的相关性更大一些。何慧刚（2007）通过1985—2006年我国利率和汇率变动数据考察表明我国利率和汇率之间尚未形成有效的传导机制。赵华（2007）运用向量自回归多元GARCH模型对2000年以来人民币汇率与利率日数据之间的动态变化关系进行实证研究，结论是人民币汇率和利率之间具有一定的相关性，但利率和汇率尚未完全市场化，影响了人民币汇率和利率的信息传导。孙华好（2007）运用误差修正模型和格兰杰（Granger）因果检验研究了1998—2005年我国货币政策效果不明显的原因不是中央银行被传统的钉住汇率制束缚了手脚，而是微观经济主体对货币数量、利率等政策工具不敏感，或者政策工具之间不协调所致。张屹山、张代强（2007）在对泰勒等西方学者的货币政策反应函数研究的基础上，构造了一个适合中国国情的前瞻性货币政策反应函数，实证检验表明，中国的利率调整对预期通胀率和预期产出的反应都不足，运用利率调控经济运行的货币政策具有内在的不稳定性，应进一步完善货币市场利率形成机制，推进利率市场化改革。张辉、黄泽华（2011）通过实证检验推论我国货币政策的汇率传导机制的有效性，认为货币政策和汇率波动存在长期均衡关系，但货币政策不是推动汇率波动的原因，汇率能够对投资、消费、净出口产生影响，从而最终影响实体经济，但对 CPI 的波动没有显著影响。潘晶等（2013）对货币政策传导机制理论进行了中国化的探索，并运用格兰杰因果检验及协整检验方法对不同传导渠道各个传导环节进行了实证检验，得出在我国货币政策传导过程中，信贷渠道最为顺畅，利率渠道和资产价格渠道存在一定阻梗，汇率渠道尚未形成等结论。

3. 关于国际资本流动与货币政策传导效应研究

刘淄（2002）指出利率渠道将成为中国开放性金融下货币政策传导的主渠道。鲁炳荣、赵洪波（2004）认为国际资本流动使货币政策的传导过程日趋复杂，货币政策的外在约束性加强，增加了货币政策操作的不确定性。曹勇（2005）指出在开放经济的"三元冲突"中，中国选择了固定汇率、较严格的资本管制和较大的货币政策独立性，即用少量货币政策独立性的丧失换取有限度的资本流动。随着我国资本流动规模的不断扩大，货币政策的自主权至关重要，我国应逐步扩大汇率的浮动区间。胡杰（2005）指出直接投资项下的资本流入，通过国内配套人民币资金对货币供应量的影响称为资本流动的"间接效应"，这是相对于资本流动直接通过储备货币影响货币供应量的"直接效应"而言的。鲁春义（2006）认为非 FDI 的流入是造成中国宏观经济及货币体系不稳定的重要因素。这种易变性很强的新资本流入方式对中国货币政策传导冲击的程度及后果都是巨大的，需要更加有效的措施进行监控和引导。杨蓉（2007）指出外资金融机构的大量进入和我国金融机构国际化进程的加快以及资本市场的不断开放，为国际资本进出我国提供了更多的渠道和机会，加大了货币政策的实施难度。徐爽、姚长辉（2007）认为中央银行可以通过扩大外资所要求的人民币资产的风险溢价来实现低通货膨胀和控制热钱流入，即扩大人民币自由浮动区间或提高人民币汇率和国际资本市场指数的相关性，缓解"三元悖论"，实现三元和谐。田素华（2008）认为货币政策引起的短期调节大多数可通过国际短期资本流动实现，主要包括国际债券资本流动、国际股票资本流动和跨国银行进入的货币政策效应。杨振宇、方蔚豪（2013）运用向量误差修正模型（VECM）得出的结论是，中国国际短期资本流动的主要动因为货币政策冲击、资产价格和人民币汇率升值，货币供给与国际短期资本流动具有双向作用机制，资产价格和人民币升值对国际短期资本流动具有单向作用机制，应增强货币政策稳健性，抑制资产价格泡沫，推动人民币汇率市场化，变单向升值为双向浮动，防范国际短期资本流动冲击。

在实证研究方面，王琦（2006）科学地构建了我国国际资本流动影响因素的模型，实证研究的结论表明汇率对我国资本流动的解释力最强，政策变量对资本流动的影响仅次于汇率因素，稳健的货币政策和固定汇率制度有效降低了资本流入的汇率风险，是吸引国际资本流入的重要因素。徐明东、田素华（2007）在金融资产中引入股票资产，对抵消系数模型（Kouri & Porter，1974）进行扩展，研究表明国际资本流动与货币政策传导有效性的关系取决于股票资本和债券资本流动对国内货币政策变动的综合结果。刘立达（2007）利用中国1982—2004年的半年期数据构建了多元线性回归模型，实证研究结果表明，资本流入甚至是证券投资流入都不能被利差来解释，但与中国和国际GDP差额的相关度非常高，这说明我国资本流入的主导因素是内部拉动，外部因素在国际资本流入中的影响作用并不显著。黄武俊、陈漓高（2009）通过修正的BGT模型，重新构造变量——净国外资产变化（ΔNFA）与净国内资产变化（ΔNDA），分析了中国1994年人民币汇率制度改革以来国际资本流动和货币政策之间的定量关系。实证结果表明，我国货币政策虽对资本流动冲销力度足够大，但资本流动的抵消效应也很大，中央银行货币政策独立性受到挑战，中央银行冲销工具面临无效性难题。朱孟楠、刘林（2010）采用VAR模型实证分析了2005年新一轮人民币汇率制度改革以来我国短期国际资本流动、汇率、股价和房价之间的动态关系。为了更好地应对国际资本流动的冲击，我国必须完善国内金融体系和经济体系，兼顾国外货币政策的溢出效应及国内货币政策的独立性。王爱俭等（2013）利用改进的 M－F 模型并借助 VAR 模型分析表明我国货币政策效果主要取决于国际资本流入和汇率制度的浮动程度。通过外汇占款对货币供应量的影响主要体现在短期内，外汇占款增量对货币供应增量的影响并不十分明显。我国可以考虑适当扩大汇率浮动空间，并加强国际资本流动监管。袁仕陈、何国华（2013）引用中国2000—2011年的月度数据进行实证检验，结果表明：虽然中国国际资本流动对中央银行净国内资产变动的抵消系数已然很高，但中央银行反向冲销操作同样十分有效，这不仅使得国际资本流动对我国基础货币和货币供给的影响极其有限，甚至引起了货币乘数和物价水平的反向变化。这说明近年来中国国际资本流动的货币效应十分微弱，但货币政策效应却很强。

4. 关于国际资本异动的主要途径及其监管研究

国内文献中至今并未对国际资本异动的概念给予明确界定。本书对这一概念解释为国际资本的异常流动，即资本为追逐高额利润或规避风险而进行的大规模、突发性、剧烈跨境流动。我国资本市场尚未完全开放，除官方可以统计的直接投资、证券投资和其他投资（主要是国际信贷）以外，国际短期投机资本也可通过多种隐蔽的途径进入我国，包括各种合法和非法渠道的渗透，增加了宏观政策调控的难度，容易引发金融危机。因此，加强对难以控制的国际短期投机资本的监管显得尤为重要。

宋文兵（2000）指出在我国由于存在外汇管制，跨境短期资本流动一般采用比较隐蔽的方式和渠道，主要包括经常项目下的贸易及非贸易渠道、投资和融资渠道以及现金转移与地下渠道等。各国应加强国际合作，在近期内迅速建立起国际短期资本流动的国际监管框架。王景武（2005）指出我国应完善法律环境，建立科学的异常资金跨境突发流动监测预警体系，多方配合，拦截异常资金通过非正当途径进行的突发流动。陈国宁等（2007）对非居民跨境资金流入状况进行了实证分析，概括出七种非居民跨境资金的流入途径，其中有五种属于"正常"方式，有两种隐蔽、间接的"特殊"方式。曾开武等（2007）研究探讨了跨境资金异常流动监测的新领域——涉外捐赠，在调查分析福建省涉外捐赠总体情况及主要特点的基础上，客观反映现行管理体制和相关法律法规建设中存在的问题，并提出加强综合管理的政策建议。揭水高（2008）指出跨境资金异常流出的主要渠道包括"价格转移"、减资、撤资、地下钱庄、境外收购与投资、利润和红利的汇出等，并提出正确把握"均衡监管"理念，完善资金流出监管政策。国家外汇管理局海南省分局课题组、张辉（2008）通过对近年来海南省辖区跨境异常资金流入情况的调查，剖析了跨境异常资金流入的主要渠道有地下钱庄、资本金结汇、货物贸易项下无真实贸易背景的外汇资金流入等，并从政策、管理、科技三个层面提出了加强外汇管理的具体建议。陈威等（2008）选取广东省2000—2007年货物贸易情况进行了实证分析，提出贸易项下跨境资金异常流动应成为当前跨境资金监测的重点，并设计出总量及个体的监测指标体系。郭建军（2010）认为受人民币升值预期以及国内资产价格快速上涨等因素的影响，境外套利资金假借各种渠道流入境内，加剧了国际收支不平衡以及流动性过剩，一定程度上导致房地产市场价格的过快增长，应尽快完善跨境资金流动的监测体系和调节机制，抑制套利资金过度流入，保持经济的内外均衡发展。毛瑞萍（2012）指出大量跨境异常资金通过贸易和非贸易渠道流入，在一定程度上抵消或削弱了中央银行货币政策的实施效果，增加国内通货膨胀压力，应加强对境外异常资金流入的监管和防范。杨娉（2013）运用VAR模型，得出我国短期国际资本流动在较大程度上由其自身变化来解释，并受到名义利差、人民币升值压力和经济增长差异三大因素的影响。随着我国短期国际资本流入压力的逐渐增大，引导短期国际资本合理流动对维护我国金融体系安全和资产价格稳定具有十分重要的现实意义。

1.2.3 进一步研究意义

虽然国内外学者对国际资本流动和货币政策传导这两方面的理论和实证研究已经取得较大进展，但真正把国际资本流动纳入货币政策研究范围的文献并不多见，且以定性分析为主，定量分析较少，加之进一步深入到国际资本异动下货币政策传导效应的分析就更不多见，笔者认为应从以下几个方面进行进一步研究：

（1）在国际资本流动对货币政策实施效果的影响方面，现有文献更多站在一国角度加以分析，忽略了经济金融全球化背景下，各国货币政策间的制衡与协调。国际金融危机爆发后，由于对全球经济放缓、欧债危机、美国接近财政悬崖以及地区政治风险的担忧影响了投资者的信心，这种不确定性导致投资者为寻求资金安全，国际资本流出新兴经济体国家，流向主要发达国家。2013年随着全球流动性充裕且经济面转好，投资者为寻求更高回报，可能导致更多资本重新流向新兴经济体国家，包括中国在内的大宗商品、资源丰富的国家有可能会成为资本流入的目的地。今后的研究应从全球视野出发，综合考虑主要发达国家及本地区各国资本流动特点和货币政策取向，避免各国政策间的抵消效应。

（2）我国货币当局在制定货币政策时更多地考虑国内生产、物价、消费以及进出口贸易等因素的变化，忽略了随着对外开放程度的提高。大规模国际短期资本对我国经济的冲击作用加强，特别是在国际金融危机背景下，国际资本流动的不确定性，直接影响到国内货币政策操作。从理论高度深入探究国际资本流动与货币政策间的关系，对我国货币当局今后科学制定较为准确的货币政策、避免出现政策失误具有积极的指导意义。

（3）现有文献在研究国际资本流动对货币政策影响效果的分析中，更多采用定性分析为主，忽略了定量分析。我国应完善国际短期资本流动的数据统计与监测系统，提高信息覆盖面、采集手段以及信息共享度，这样有利于外汇管理部门及时掌握大额资金流动状况，为货币当局在定性分析的基础上，加强定量分析与预测，提供可靠的数据和分析结论，有效地防范国际短期资本大规模流动的冲击。同时，可以更好地分析外汇收支状况，充分发挥外汇统计的服务功能。

（4）现有文献较为笼统地分析了国际资本流动对货币政策效应的影响，缺乏具体的不同传导渠道下的影响效应分析。我国当前利率、汇率的市场化进程尚未完成，国内资本市场并不发达，传统的信贷手段仍是货币调控的重要工具，这与发达国家的货币调控手段有着较大差异，今后的研究应根据市场化进程的推进，分不同传导渠道具体分析资本流动对货币供给的冲击效应，尤其是加强利率、汇率渠道等的传导效应，制定切实可行的货币冲销干预措施。稳步推进利率市场化改革，增强货币政策的针对性、灵活性和有效性，改善宏观调控能力。按照主动性、可控性和渐进性原则，进一步完善人民币汇率形成机制，参考一篮子货币进行调节，增强汇率弹性，保持人民币汇率在合理均衡水平上的基本稳定，促进国际收支基本平衡。

（5）国内文献对于当前国际资本异常流动的途径已有相当论述，但缺乏系统性和理论性，实证分析也较少。今后我国应加强短期资本跨境流动的理论研究和实证分析，结合国内外形势的新变化，为金融监管当局提供理论和实务操作指导，有利于加快转变外汇管理理念和方式，提高货币政策的有效性，抑制套利资金流入，防范和打击"热钱"等违规资金流入，有序拓宽资本流出渠道，防范金融风险，推动外汇市场发展。

综上所述，本书将从定性和定量、宏观和微观的不同角度深入探究国际资本异动对我国货币政策传导效应的影响，力求在一些领域进行理论与实证方面的尝试和突破。

1.3　研究内容和研究方法

1.3.1　研究内容

本书的研究内容分为以下7章：

第1章：导论。本章是全书的导论部分，提出本书研究的背景、目的和意义（理论价值和实践意义），论述国内外研究动态，指出本书的研究内容、研究方法和技术路线，界定国际资本异动的概念，并说明研究的创新点。

第2章：国际资本异动下货币政策传导效应的理论依据。本章是全书的理论基础，首先从内外部均衡冲突与政策搭配原理入手，进而采用一般均衡模型分析框架，分析了开放经济下的 IS－LM－BP 模型，即蒙代尔—弗莱明（M－F）模型，该模型研究了不同程度资本流动下的货币政策效应，提出了蒙代尔"不可能三角"的重要政策含义，即货币政策独立性、资本自由流动与汇率稳定这三个政策目标不可能同时达到，只能选择其中两个目标，放弃第三个目标。这一结论为保持我国货币政策独立性，逐步实行浮动汇率和开放资本市场提供了理论依据。本章最后从利率、汇率、资产价格和信贷四个渠道分析了西方货币政策传导理论。

第3章：中国资本异动的测度及其现实影响。本章首先对亚洲金融危机以来我国资本异动状况进行测度，采用五种方法对我国近年来的短期资本流动规模进行测算，指出我国经历了六次规模较大的资本内流或外流，经常项目、金融项目和地下渠道是我国"热钱"进出的主要途径，实行浮动汇率和放松资本管制已成为我国今后的发展方向。进而分析20世纪90年代以来资本异动的全球化特征，探索蒙代尔"不可能三角"理论在中国的扩展及运用，最后指出国际金融危机下资本异动对我国经济金融安全提出了严峻挑战，但同时也要看到危机带来的重大机遇。

第4章：国际资本异动下的货币政策传导效应。本章是全书的理论拓展部分，结合中国实际，从利率、汇率、资产价格及信贷四个传导渠道分别阐述资本异动对货币政策传导效应的影响，在开放经济下，国际短期资本大规模、剧烈运动通过这些传导渠道会影响货币政策的有效性。本章从一般原理入手，构建了国际资本异动与货币政策传导之间的理论分析框架，从新的视角深入探寻国际资本异动通过不同传导渠道影响货币政策的实施效果，分析资本异动对国际储备资产、基础货币、利率、人民币汇率等的影响，阐述我国证券市场的国际化发展、外资银行对我国货币政策传导效应的影响以及贸易信贷成为我国短期外债增长的主要动力等，提出国际资本异动加剧了中央银行制定和实施货币政策的难度，削弱了货币政策传导效果。

第5章：国际资本异动下中国货币政策传导效应实证分析。本章是全书的实证部分，采用大量宏观经济数据，运用向量自回归模型、协整检验、格兰杰因果检验、脉冲响应及方差分解等方法进行实证分析，主要涉及近年来影响我国资本异动的主要因素、资本异动对我国货币供给的影响以及国际资本异动下的宏观经济效应等方面的实证分析，得出关于国际资本异动下中国货币政策传导效应的实证分析结论，有助于货币当局加强短期资本流动监管，提高货币政策传导的有效性。

第6章：资本异动下货币政策传导的国际比较与借鉴。本章列举美、英、欧元区货币政策传导的演变特征及其金融危机下的货币政策选择，结合我国货币政策传导的发展演变过程及其效果，针对西方主要国家货币政策传导框架进行比较，指出货币供应量仍是当前适合我国国情的中介目标，随着利率市场化改革的推进，应逐步以利率取代货币供应量作为中介目标，近期内信贷政策在解决经济结构矛盾方面仍将发挥重要作用，未来的改革应提高公开市场操作在货币政策调控中的作用，借鉴发达国家货币政策调控的成功经验，改革我国存款准备金制度，提高货币政策的前瞻性，为我国货币当局制定和实施货币政策、提高货币政策传导效率提供有益的经验借鉴。

第7章：提高资本异动下中国货币政策传导效应的对策建议。本章是全书的落脚点，从以下四个方面提出了相关对策建议。首先提出加强国际短期资本流动监管，主要措施包括实施外汇资金的均衡管理、建立短期资本流动的动态监测体系以及健全短期资本监管手段与完善监管制度。然后强调建立并完善金融风险预警制度，包括构建短期资本流动监测预警系统、建立高效的风险预警信息系统以及加强国内监管机构间的协调，进而结合货币市场和资本市场建设、加快利率和汇率的市场化改革以及加强利率与汇率的联动性等方面，详细分析了疏通货币政策传导渠道的主要措施，最后提出促进国际监管合作与货币政策协调的对策建议。在我国渐进式开放过程中，应构建和适时调整我国的货币政策传导制度，减轻国际资本异动对货币政策传导的负效应，更好地实现我国的货币政策目标。

各章之间的结构框架如图 1 - 2 所示。

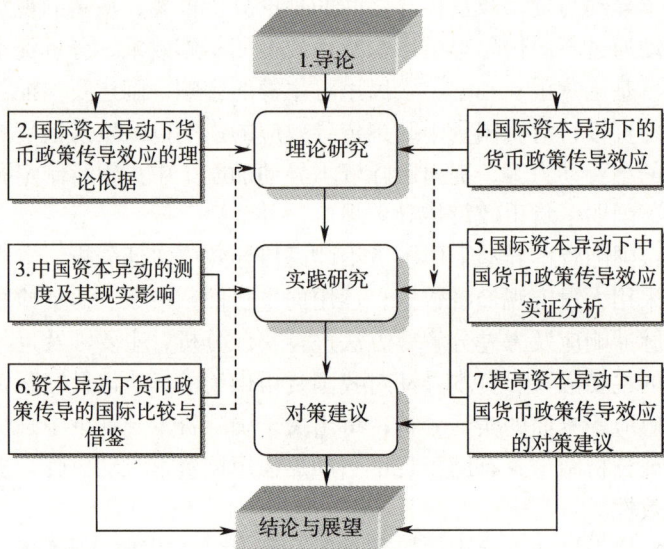

图 1 - 2　本书的结构框架图

1.3.2　研究方法

本书遵循理论与实践相结合的原则，从理论到实证、从定性到定量、逐层推进，以中国实际为着力点，分析开放经济进程中，国际资本异动对中国货币政策传导效应的影响，并提出政策建议，具体研究方法如下：

第一，理论模型分析方法。本书在充分研究国内外关于国际资本流动与货币政策相关理论的基础上，对蒙代尔—弗莱明（M－F）模型加以拓展研究，探索蒙代尔"不可能三角"在中国的运用条件，力求寻找我国资本流动、货币政策独立性与汇率制度的有效结合点，在实践的基础上对原有理论模型加以完善。此外，在货币政策传导的基本原理基础上，引入国际资本流动对各个传导渠道的影响分析，从新的视角考察货币政策传导效应，有助于对该理论模型的全面和深入探索。

第二，实证分析方法。本书结合我国实际，对货币政策传导过程中各渠道受国际资本异动的影响及效应进行实证分析，采用计量经济学分析方法，运用Eviews5.0计量分析软件，通过引入反映该经济特征的相关经济变量，运用单位根（Unitroot）检验、向量自回归模型、协整检验、格兰杰因果检验、脉冲响应及方差分解等计量工具，考察国际资本异动对我国货币政策各传导渠道的影响程度，为完善我国货币政策传导系统提供较为可靠的政策依据。

第三，系统分析方法。本书选择货币政策理论的重要内容——货币政策传导理论作为研究对象，以中国实际为背景，以开放经济条件下的国际资本异动作为切入点，将国际资本异动与货币政策传导二者有机地结合，把货币政策传导分为利率、信贷、资产价格、汇率四个主要渠道，把国际资本异动分为国际直接投资、国际证券投资、国际银行信贷、地下渠道等主要途径，这样就把复杂的系统分解为简单的要素分别进行理论和实证研究，有助于理清研究思路和做出准确判断。

第四，比较分析方法。本书对美、英、欧元区等西方主要经济体的货币政策传导效应进行了比较研究，并分析了我国货币政策传导所经历的四个发展阶段，提出借鉴西方国家的经验，建立适合中国国情的货币政策操作框架，完善货币政策传导系统。本书采用了宏观与微观、国内与国外相结合的方式，全面考察国际资本异动下的货币政策传导效应，通过对微观主体的研究实现对宏观经济政策的分析和预测，使政策措施更具针对性、合理性、有效性。

1.3.3　技术路线

本书的技术路线如图 1－3 所示。

国际资本异动下货币政策传导效应理论依据

丁伯根法则	米德冲突	开放经济下的 IS-LM-BP模型	蒙代尔—弗莱明 （M-F）模型及拓展

货币政策多层递阶调控系统

价格工具　　　　货币、资本和　　　　利率　　　　经济增长
　　　　　　　　外汇市场收益率
金融市场

货币政策工具　　操作目标　　　　中介目标　　　　最终目标

金融机构

数量工具　　金融机构信贷规模　　货币供应量　　币值稳定

国外经验　　　货币政策传导一般原理　　　中国实践

货币论　　　　　　　　　　　　　信贷论

利率渠道	资产价格渠道	汇率渠道	信贷渠道

宏观考察　　国际资本异动下货币政策传导效应的理论分析　　实证分析

向量自回归（VAR）模型、协整检验等

国际资本异动途径

货币政策传导效果

资本异动下货币政策传导效应实证分析

市场关键参数:资本账户、利率、汇率、证券价格及信贷规模

国际金融危机对全球资本流动的影响中国的货币政策取向

资本异动下货币政策传导的对策分析

提高资本异动下中国货币政策传导效应的对策建议

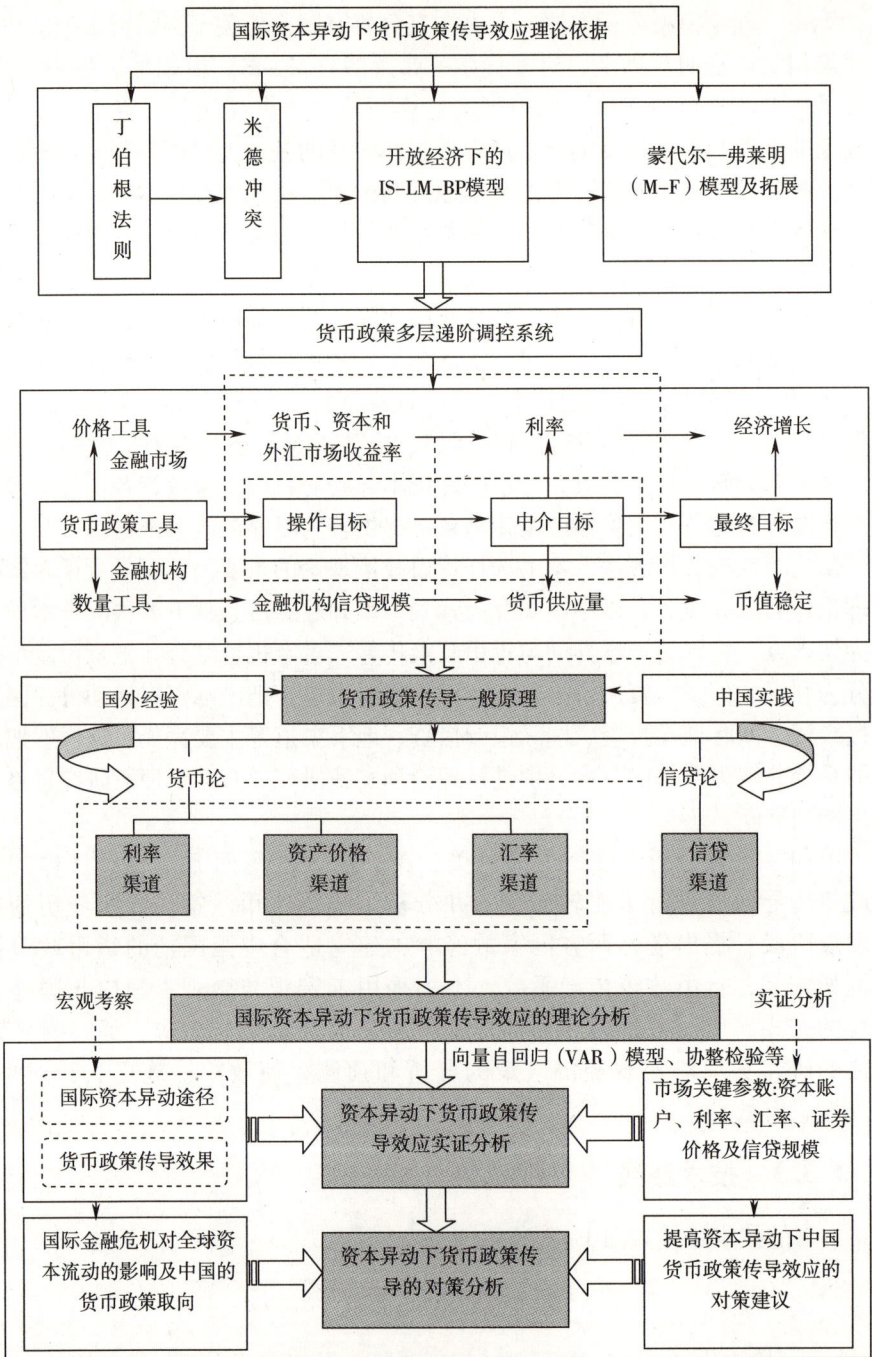

图 1-3　本书的技术路线图

1.4　国际资本异动的概念界定

国际资本异动，也称国际资本的异常流动（可简称资本异动），它属于国际资本流动的概念范畴之下。关于国际资本流动有多种不同的解释。从国外的观点看，多恩布什（Dornbusch，1980）将国际资本流动描述为"国内外债券间的可替代，并可对所希望的投资组合进行随时调整"[①]。斯塔尔兹（Stulz，1981）认为国际资本流动应包括"风险性名义资产的交易，比如普通股股票等"[②]。奥伯斯特菲尔德（Obstfield，1984）把它定义为"以安全的名义资产形式所进行的国际间自由借贷"[③]。威廉姆森（Williamson，1992）在《新帕尔格雷夫经济学大辞典》中指出，当一国居民（资本输出者）向另一国居民（资本输入者）提供贷款，或者购买财产所有权时，就形成了国际资本流动。托马斯（Thomas，1997）将国际资本流动看做类似物理学中"势能"一样的东西，即"促成资本转移，并在广泛的地理范围内协调生产的一种潜在能量"[④]。克鲁格曼（Krugman，1998）将其比做"跨期贸易"，即"当前消费与未来消费之间的一种国际贸易"[⑤]。

从国内的观点看，薛荣久（1993）认为，国际资本流动是指投资者跨越国界而投入一定的生产要素，以求获得比国内更高的经济效益。国际资本流动的产生与发展，是与资本主义的发展相联系的[⑥]。钱荣堃（1994）认为，国际资本流动是指资本从一个国家或地区转移到另一个国家或地区，它与一国的国际收支有着直接的关系，主要反映在一国国际收支平衡表的资本账户中[⑦]。陈彪如（1997）认为，国际收支平衡表包括经常项目、资本项目和官方结算项目，其中资本项目就是一个国家同其他国家发生的长期和短期资本流动[⑧]。姜

① Dornbusch，R. Exchange Rate Economics：Where Do We Stand［D］. Bookings Papers on Economic Activity，Vol. 1，1980：143 – 194.

② Stulz，R. A Model of Intervention in the Foreign Exchange Market，or Bet Against the Central Bank［J］. Journal of Political Economy，Vol. 80，No. 2，1981，April.

③ Obstfield，M. Balance of Payments Crises and Devaluation［J］. Journal of Money，Credit and Banking，Vol. 16，1984，May.

④ Thomas，K. Capital beyond Borders［M］. Macmillan Press Ltd.，1997：51 – 60.

⑤ Krugman，P. What Happened to Asia［M］. Massachusetts Institute of Technology，Cambridge，Mass，1998.

⑥ 薛荣久. 国际贸易［M］. 成都：四川人民出版社，1993.

⑦ 钱荣堃. 国际金融［M］. 成都：四川人民出版社，1994.

⑧ 陈彪如. 国际金融学［M］. 成都：西南财经大学出版社，1997.

波克（1999）认为，根据资本流动与实际生产、交换的关系，国际资本流动可以分为两大类：一种是与实际生产、交换发生直接联系的资本流动，另一种是与实际生产、交换没有直接联系的金融性资本的国际流动①。

以上经济学家是从不同侧面对国际资本流动的概念加以界定的。本书所定义的国际资本流动的概念是：国际资本流动是指资本在不同国家或地区之间的转移，它与一国的国际收支有着密切的联系。

国际资本流动的类型多种多样。从国际资本流动的主体来看，可以分为官方资本流动和私人资本流动；从国际资本流动的期限来看，可以分为长期资本流动和短期资本流动。长期资本流动的期限在一年以上，主要包括直接投资、证券投资和国际贷款。短期资本流动的期限在一年或一年以下，各种短期金融资产，如现金、活期存款及所有货币市场上的金融工具等的流动即属此类；从国际资本流动的形式来看，可以分为国际直接投资和国际间接投资两种形式。国际直接投资是指一国居民在他国兴办企业并获得经营管理权的一种投资方式。除资金转移外，它还包括半成品、机器设备、技术、专利、商标、商誉与管理等有形和无形资产的转移，其投资周期长、风险大，主要受政治、经济、文化等因素的影响。国际间接投资包括国际证券投资和国际贷款两种形式，其特点是不拥有投资企业的经营管理权、流动性强，主要受利率、汇率、受援国偿债能力等因素的影响。

国内外文献中至今并未对国际资本异动的概念给予明确界定。本书将国际资本异动定义为国际资本的异常流动（下文可简称为国际资本异动），即资本为追逐高额利润或规避风险而进行的大规模、突发性、剧烈跨境流动。按照这一定义，传统意义上的国际资本异常流动仅指短期投机性资本的大规模、剧烈跨境流动。随着金融市场的发展和金融工具的创新，国际资本流动中的长期和短期资本的时间界限日益模糊，期限较长的投资工具也具有很高的流动性，特别是在国际金融市场上，二级市场高度发达，金融产品极为丰富，使得一些长期投资工具同样可以转变成短期投资的良好替代品，如股票、债券等证券化资产已经具有相当的流动性和投机性，成为国际短期资本流动的重要形态。

国内外许多研究都将国际短期资本与"热钱"（Hotmoney，亦称国际游资）联系在一起。杰格迪什·汉达（Jagdish Handa，2005）在《货币经济学》② 一书中对"热钱"的定义是："所谓热钱就是在国家之间流动的，对汇率的预期变化、利率的波动或安全和可兑换性安排极为敏感的资金"。这部分

---

① 姜波克. 国际金融学 [M]. 北京：高等教育出版社，1999.
② [加] 杰格迪什·汉达. 货币经济学 [M]. 北京：中国人民大学出版社，2005.

国际资本大多具有高度流动性，且容易受到突然逆转事件的影响，具有高度敏感性。因此，"热钱"最重要的特征就是高度流动性和高度敏感性。

准确地说，"热钱"只是国际短期资本的一部分，其他诸如平衡性、自主性的短期资本是与"热钱"截然不同的，但由于这些平衡性、自主性短期资本极易受到金融市场投机性资本运动的影响，并转化为投机资本，因此很难区分此类短期资本与"热钱"之间的界限。鉴于此，本书将国际短期资本与"热钱"等同起来考虑，而国际资本异动指的就是国际短期资本的大规模、非正常、突发性、剧烈跨境流动，包括大规模的资本外流和资本内流。因此，国际资本异动规模可根据国际短期资本流动进行估算。

目前，国际上较为公认的衡量一国是否出现国际资本异常流动的标准主要是依据国际货币基金组织（IMF）的经验标准，即一国国际收支平衡表中"净误差与遗漏"项占该国同期进出口贸易总额的比例不应超出5%的经验警戒线，如果这一比例超过5%，通常认为该国出现国际资本的异常流动，即表现为国际资本异动[①]。

1.5　本书的创新点

本书的创新点主要体现在以下三个方面：

第一，本书界定了国际资本异动的概念。国际资本异动规模可根据国际短期资本流动进行估算，本书将国际短期资本与"热钱"等同起来考虑，且股票、债券等证券化资产已经成为国际短期资本流动的重要形态。虽然国际货币基金组织对国际资本异常流动有着统一的经验判断标准，但我国与经济合作与发展组织（OECD）国家经济发展水平和资本开放程度不同，应当根据我国实际情况适度调整警戒线范围，才能更真实地反映国际资本异动状况，有利于我国货币当局制定有效的货币政策，实现经济发展目标。

第二，本书将国际资本异动因素纳入到货币政策传导效应的实证分析中，拓宽了我国货币政策运行机制的研究范围，在理论分析基础上运用VAR模型、协整检验、格兰杰因果检验等计量经济学方法，把国际资本异动因素引入到具体的利率、汇率、资产价格和信贷传导渠道中，通过大量实证分析，得出人民币汇率和利率，尤其是人民币汇率是影响我国短期资本流动，进而影响货币政策传导效应的主要因素的实证分析结论，弥补了这一领域研究体系不完整的

---

① 国际惯例5%的临界点是一国测度国际资本异动状况的非常泛化的标准，不同的国家可以结合自己的情况适当地放宽或者紧缩该标准。

缺陷。

　　第三，本书从国际金融危机的特殊视角，借鉴西方主要国家在金融危机下的货币政策选择，探索当前资本项目不断开放和稳健的货币政策下，如何加强短期资本流动监管和预警，疏通货币政策传导渠道，促进国际监管合作与协调，削弱资本异动的负面影响，提高我国货币政策传导效应。

2　国际资本异动下货币政策传导效应的理论依据

本章将国际资本异动与货币政策相关理论结合，试图从货币政策传导角度研究内外均衡发展问题，为探索不完全开放经济条件下如何提高我国货币政策传导效应奠定了理论基础。

2.1　内外均衡冲突与政策搭配原理

开放经济条件下，一国宏观经济发展目标是同时实现内部均衡和外部均衡，内部均衡主要表现在经济增长、物价稳定和充分就业，外部均衡表现为国际收支均衡。

2.1.1　外部均衡理论的形成和发展

外部均衡理论的产生由来已久，早在 18 世纪的金本位时期，就产生了最早的较为系统的外部均衡理论，其代表人物是英国经济学家大卫·休谟（David Hume）。他把货币数量论应用到国际收支的分析中，于 1752 年提出了著名的"价格—铸币流动机制"（Price – Specie Flow Mechanism）理论。这一理论指出在金本位制度下，一国国际收支失衡将引起黄金的内流或外流，从而影响该国货币供应量及物价水平，导致进出口贸易额发生变化，使国际收支的失衡状况自动得以改善。但"价格—铸币流动机制"理论仅仅从贸易角度探讨了国际收支均衡问题。

此后，一些经济学家从深层次进一步探讨了贸易收支平衡的条件。1937年，英国经济学家琼·罗宾逊（Joan Robinson）以马歇尔的局部均衡分析理论为基础，从进出口供求角度拓展了弹性的范畴，创建了国际收支调节的弹性分析法。1944 年，美国经济学家阿巴·勒纳（Abba Lerner）对弹性分析法做了进一步的补充，推导出进出口需求弹性必须满足"马歇尔—勒纳"条件

（Marshall - Lerner Condition），才能促使本币贬值得以改善贸易收支状况①。1948 年，美国经济学家劳埃德·梅茨勒（Lloyd A. Metzler）在《国际贸易理论》一书中，以英国经济学家查尔斯·毕肯戴克（Charles Bickerdike）和罗宾逊（Joan Robinson）夫人的理论学说为基础，剔除了"马歇尔—勒纳"条件所基于的进出口商品供给弹性无限大的假设前提，归纳出更具普遍意义的"毕肯戴克—罗宾逊—梅茨勒"条件（Bickerdike - Robinson - Metzler Condition，BRM）②。

1943 年，弗里兹·马克卢普（Fritz Machlup）在其《国际贸易与国民收入乘数》一书中，运用凯恩斯的乘数理论，引入收入效应，通过进出口引起的国民收入变化引发进口的变动，进一步影响国际收支状况的分析，提出了乘数论（Multiplier Approach），又称收入分析法。随后，西方学者哈伯格（A. C. Harberger）进一步发展了乘数理论，把收入效应与弹性分析法相结合，提出了哈伯格条件（Harberger Condition）③。

2.1.2 内外均衡理论的萌芽

开放经济条件下，一国经济的内部均衡目标包括经济增长、物价稳定和充分就业。1952 年，詹姆士·米德（James Meade）和西德尼·亚历山大（Sidney Stuart Alexander）在凯恩斯宏观经济学理论基础上，提出了国际收支调节的吸收分析法。该理论从凯恩斯的国民收入方程式入手，着重考察总收入与总

---

① $B = P_x X - e P_m M$，其中 P_x、P_m 分别代表出口和进口商品价格，X、M 分别代表出口和进口商品数量，e 代表直接标价法下的外汇汇率，B 代表本国货币表示的国际收支。由此推导出：$\Delta B \frac{E_x P_x X}{100} - \frac{(1 - E_m) e P_m M}{100}$，其中，$E_x$、$E_m$ 分别代表出口需求弹性和进口需求弹性。假定贬值前贸易收支是均衡的，即 $P_x X = e P_m M$，则 $E_x + E_m > 1$ 时，本币贬值有利于改善贸易收支。$E_x + E_m > 1$ 即为马歇尔—勒纳条件。

② $\frac{E_x E_m (S_x + S_m + 1) + S_x S_m (E_x + E_m - 1)}{(S_x + E_x)(S_m + E_m)} > 0$，其中 S_x、S_m 分别代表出口供给弹性和进口供给弹性，满足上述条件的情况下，本币贬值有利于改善贸易收支，该条件称为"毕肯戴克—罗宾逊—梅茨勒"条件。显然，"马歇尔—勒纳"条件是当进出口供给弹性无限大时"毕肯戴克—罗宾逊—梅茨勒"条件的一个特例。

③ $E_x + E_m > 1 + m$，其中 m 代表边际进口倾向，这一条件即为哈伯格条件，它适用于小国情况。当考虑大国情况时，要将大国的进出口供求对他国的经济影响，即国外回应（Foreign Repercussion）考虑进去，则哈伯格条件进一步修正为：$E_x + E_m > 1 + m + m^*$，其中 m^* 代表贸易伙伴国的边际进口倾向。在进出口供求弹性无限大的情况下，大国只有满足进出口需求弹性之和大于 1 加上本国和贸易伙伴国的边际进口倾向，本币贬值才能改善贸易收支。

支出对国际收支的影响，认为国际收支失衡可能是由国内经济失衡引起的，可以通过对国内经济的调节使国际收支达到均衡。吸收分析法将一国国际收支变动和国内宏观经济状况结合起来进行分析，摆脱了传统理论仅就进出口本身来分析国际收支的局限性，更深层次地将内外部失衡与政策协调联系在一起，为各国政府研究制定宏观经济政策提供了理论依据。

20世纪50年代以前的均衡理论都将贸易收支等同于国际收支，忽略了国际资本流动对国际收支的影响。20世纪60年代后期，美国芝加哥大学的哈里·约翰逊（H. Johnson）、雅格布·弗兰克尔（J. Frenkel）和罗伯特·蒙代尔（R. Mundell）等经济学家将弗里德曼的货币主义学说应用到国际收支分析中，提出了国际收支调节的货币分析法。该理论不仅重视国际收支经常账户的交易，而且将国际资本流动也作为研究对象，强调国际收支的综合差额分析，并把国际收支失衡归结为货币性失衡，认为可以通过调整国内货币政策解决国际收支失衡问题，即实行扩张性的货币政策减少国际收支顺差，实行紧缩性的货币政策减少国际收支逆差。

2.1.3　内外均衡理论的发展——冲突与协调

一国当局为实现内外均衡发展目标，通常采用的政策工具有财政政策、货币政策、汇率政策和直接管制。其中，发达国家极少采用直接管制措施，而财政政策和货币政策主要是通过改变国内支出总量来发挥政策效力的，故统称为支出变更政策，汇率政策是用来在本币与主要货币之间实现转换功能的，故称为支出转换政策。这些政策工具在解决内外均衡问题时可能存在矛盾与冲突，一国当局应怎样合理搭配各项政策措施，以实现内外均衡发展目标，成为第二次世界大战后西方经济学家不断探索的重要课题。

1. 丁伯根法则

荷兰经济学家、首届诺贝尔经济学奖得主简·丁伯根（J. Tinbergen，1969）最早提出将经济目标与政策工具联系在一起的正式模型，即所谓"经济政策理论"，亦称"丁伯根法则"（Tinbergen's Rule）。根据这一法则，一国当局的有效政策工具数目至少要和所需实现的经济目标的数目相等，每一个经济目标的实现至少需要一种有效的政策工具。由此推论出，要实现 N 个独立的经济目标，至少需要 N 种独立有效的政策工具。

以下采用一个简单的线性分析框架论证丁伯根法则。假定只存在两个独立经济目标 T_1 和 T_2 及两种独立有效的政策工具 L_1 和 L_2，政策调控的最佳目标为 T_1^* 和 T_2^*。建立如下政策调控的线性函数：

$$
\begin{cases}
T_1 = a_1 L_1 + a_2 L_2 \\
T_2 = b_1 L_1 + b_2 L_2
\end{cases}
\tag{2.1}
$$

求解（2.1）式，得出：

（1）当 $\dfrac{a_1}{b_1} \neq \dfrac{a_2}{b_2}$ 时，两个政策工具 L_1 和 L_2 是独立的（线性无关），可以求出达到最佳目标水平 $T_1{}^*$ 和 $T_2{}^*$ 时所需要的 L_1 和 L_2 的水平，即：

$$
\begin{cases}
L_1 = \dfrac{b_2 T_1{}^* - a_2 T_2{}^*}{a_1 b_2 - b_1 a_2} \\[2mm]
L_2 = \dfrac{a_1 T_2{}^* - b_1 T_1{}^*}{a_1 b_2 - b_1 a_2}
\end{cases}
\tag{2.2}
$$

（2）当 $\dfrac{a_1}{b_1} = \dfrac{a_2}{b_2}$ 时，两个政策工具 L_1 和 L_2 是非独立的（线性相关），意味着两种政策工具对两个政策目标有着相同的影响，即一国当局仅采用一个独立的工具而试图实现两个目标，由（2.2）式的结果表明这是不可能实现的。

上述推导过程经过扩展后，可以得出如下结论：一国当局应运用至少 N 种独立有效的政策工具进行配合来实现 N 个独立的经济目标。这一重要结论对于经济政策理论研究具有极其深远的意义。但该理论的主要缺陷是没有指明每一种政策工具应侧重实现哪一政策目标，此后的经济学家为此展开了更加深入的研究。

2. 内外均衡的冲突

20 世纪 50 年代，国际货币体系正处在固定汇率制度下，各国货币汇率保持基本稳定，汇率政策无法起到实现经济目标的作用，因此一国当局调控经济的政策工具就只有支出变更政策了。但根据丁伯根法则，一种政策工具是无法同时实现内外均衡两个目标的。例如，当外部失衡表现为国际收支赤字，内部失衡表现为失业人数增加时，运用紧缩性支出变更政策只能解决外部失衡，却会加剧内部失衡状况；相反，实行扩张性支出变更政策只能解决内部失衡，但会加剧外部失衡状况。又如，当外部失衡表现为国际收支盈余，内部失衡表现为通货膨胀时，仅靠支出变更政策也无法同时解决内外失衡问题。上述两种情况无论是达到内部均衡还是外部均衡，都以加重另一种失衡为代价，使支出变更政策陷入了左右为难的困境。这种内外均衡实现过程中的矛盾与冲突是由英国经济学家詹姆斯·米德（J. Meade）于 1951 年在其名著《国际收支》中最早提出的，故称为"米德冲突"。

3. 内外均衡的政策搭配

20 世纪 60 年代，罗伯特·蒙代尔（Robert A. Mundell）为弥补丁伯根法则的缺陷和解决"米德冲突"问题，提出了关于政策指派的"有效市场分类原则"（Principle of Effective Market Classification）。

所谓政策指派是指在许多情况下，不同的政策工具实际上掌握在不同的决策者手中。如果每一种政策工具都被合理地指派给一个经济目标，并且当该目标偏离其最佳水平时按规则进行调控，那么即使在各部门分散决策时仍有可能实现经济的内外均衡。

在政策指派理论基础上，蒙代尔进一步提出了"有效市场分类原则"，即每一目标应当指派给对这一目标具有相对最大的影响力，因而在影响目标上有相对优势的工具。根据这一原则，蒙代尔区分了财政政策和货币政策影响内外均衡的不同效果，认为这两大政策的不同作用主要表现在利率和资本账户上，紧缩性财政政策趋于降低利率，而紧缩性货币政策则会提高利率。其他条件相同的情况下，降低利率会引发资本外流，导致资本账户赤字，而提高利率会引起资本内流，改善资本账户收支。

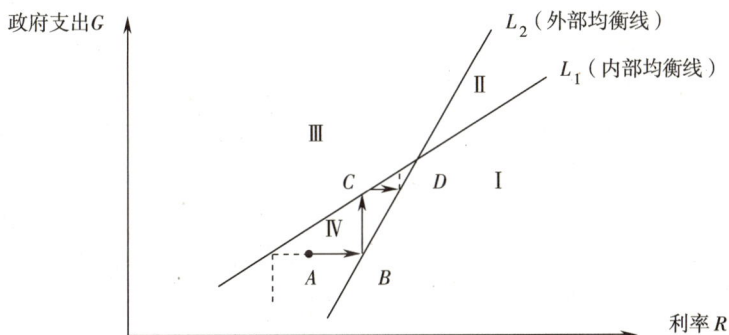

图 2-1　货币政策和财政政策的搭配

图 2-1 给出了货币政策和财政政策的搭配原理。横轴表示利率水平 R，代表货币政策；纵轴表示政府支出水平 G，代表财政政策。L_1 代表内部均衡线，该线上所有的点都表示一定的利率和政府支出水平组合下的国内经济均衡状态；L_2 代表外部均衡线，该线上所有的点都表示一定的利率和政府支出水平组合下的国际收支均衡状态。两条均衡线都是向右上方倾斜的曲线，外部均衡线 L_2 较内部均衡线 L_1 更加陡峭[①]。L_1 和 L_2 相交于 D 点，D 点即为内外均衡点。假定一国经济正处于 A 点状态，即失业和国际收支赤字并存的内外失衡状态。如果采用货币政策解决失业，财政政策解决赤字，则调整的结果只会偏离 D

_____

① 由于利率的变动不仅会通过国内支出的变化影响进口支出，同时还将影响国际资本流动的变化，因此需要财政支出以更大的幅度变动来抵消国际资本流动的影响。

点越来越远，加剧内外失衡状况。相反，如果采用货币政策解决赤字，财政政策解决失业，则调整的结果将会逐渐趋近 D 点，实现内外均衡的目标。

由此，蒙代尔提出了以货币政策实现外部均衡目标、以财政政策实现内部均衡目标的政策指派方案，即所谓"政策搭配"论（Policy Mix Approach）（见表 2 - 1）。

表 2 - 1　　　　　　　　　　　蒙代尔"政策搭配"原则

搭配区间	内外部经济状况	财政政策	货币政策
Ⅰ	失业与国际收支顺差并存	扩张	扩张
Ⅱ	通货膨胀与国际收支顺差并存	紧缩	扩张
Ⅲ	通货膨胀与国际收支逆差并存	紧缩	紧缩
Ⅳ	失业与国际收支逆差并存	扩张	紧缩

蒙代尔的"政策搭配"论对一国当局的经济政策决策具有一定的参考价值，但也存在明显的缺陷：（1）政策选择较为单一，仅涉及财政政策和货币政策，没有考虑汇率政策、直接管制等其他政策的作用；（2）财政政策与货币政策引起的国民收入及货币供给变化反映在对内、对外经济的影响程度上有可能存在差异；（3）仅考虑一国自身政策变化的影响，忽视了来自国外自发性、政策性外部扰动因素的影响；（4）国际资本流动并不仅仅受利率变化的影响，还要受汇率、通货膨胀、外汇管制、政治局势等多种因素的影响；（5）仅考虑国内支出与经常项目变动的关系，忽略了其对资本输出的影响；（6）过分强调货币政策对外部经济失衡的影响，忽略了其对内部经济的重要作用；（7）资本主义国家内外经济的不平衡是资本主义制度基本矛盾的必然产物等。

4. 斯旺图示

澳大利亚经济学家斯旺（Swan，1960）在丁伯根研究的基础上，直观地用图示说明如何使用支出变更政策和支出转换政策配合实现内外部均衡，该图被称为"斯旺图示"（Swan Icon，如图 2 - 2 所示）。

图 2 - 2 中，横轴表示国内支出水平 Y，它代表支出变更政策；纵轴表示直接标价法下的汇率 E，它代表支出转换政策，E 上升表示本币贬值，E 下降表示本币升值。IB 和 EB 分别表示内部均衡线和外部均衡线，两条均衡线相交于 O 点，表示在 O 点同时实现了经济的内外均衡，偏离两条均衡线的任意一点均存在内部和外部的失衡。两条均衡线 IB 和 EB 可以将整个区间划分为四个区域（如图 2 - 2 所示）。当一国经济处于内外失衡状态时，如 A 点，可以通过提高汇率 E 和减少国内支出 Y，使 A 点经过 B 点再到达 O 点，从而实现

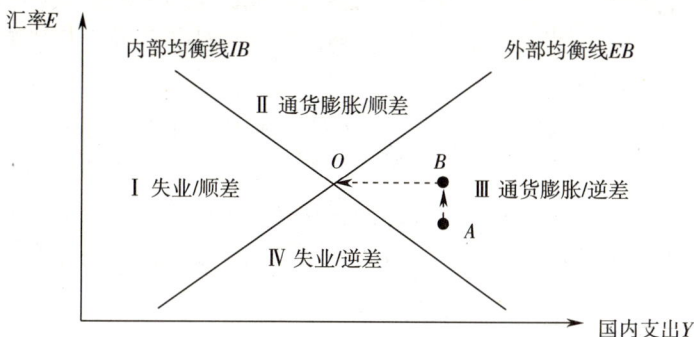

图 2 - 2 斯旺图示

经济的内外部均衡目标。即使经济已经达到内部或外部的一种均衡，同样需要支出变更政策和支出转换政策的配合使用，来实现两个均衡的目标。但政策调整过程中，一段时间内可能会以牺牲一种均衡为代价来趋向达到另一种均衡①，因此，两种政策的协调配合是至关重要的，使内外部经济不会因调整过度而造成更大风险和损失。

斯旺图示可以清晰地反映出支出变更政策与支出转换政策的搭配方向，具有较高的理论价值和政策意义。然而，该理论也存在一定的缺陷：（1）将国际收支等同于国际贸易，忽略了资本流动对国内支出及汇率的影响；（2）如果一国实行相对固定的汇率制度，汇率政策失效或效力微弱，该国只能使用支出变更政策来实现内外部均衡的目标，容易陷入"米德"冲突；（3）难以确定两大政策对调节内部均衡及外部均衡中的政策效果如何，因此在政策指派与搭配问题上存在不确定性。

为了克服上述缺陷，以下分析引入国际资本流动因素，并将支出变更政策划分出独立的财政政策和货币政策，在凯恩斯封闭经济下的 IS - LM 宏观经济模型基础上，建立了开放经济下的 IS - LM - BP 模型，即蒙代尔—弗莱明（M - F）模型。

2.2 蒙代尔—弗莱明模型及其货币政策效应

20 世纪 60 年代，罗伯特·蒙代尔（Robert A. Mundell，1963）和 J. 马库斯·弗莱明（J. Marcus Fleming，1962）运用凯恩斯的总需求理论和一般均衡

---

① 如从 A 到 B 的过程中，提高汇率（即本币贬值）使外部失衡得以改善，但却加剧了内部失衡的程度，因此通过配合使用紧缩性支出变更政策，减少国内支出，从而抵消这一负面影响。

分析方法，将对外贸易与国际资本流动引入封闭的 IS－LM 模型之中，分析了对于一个开放的小型国家来说，不同汇率制度将导致不同的货币政策效果，提出了著名的 M－F 模型[①]。

该模型指出，在没有资本流动的情况下，货币政策在固定汇率下可以影响和改变一国的收入，在浮动汇率下更为有效；在资本有限流动情况下，货币政策效应与没有资本流动时基本一样；而在资本完全可流动情况下，货币政策在固定汇率下对于影响和改变一国的收入方面是完全无效的，但在浮动汇率情况下，货币政策则是有效的。基于此分析，蒙代尔提出"不可能三角"，即货币政策独立性、资本自由流动与汇率稳定这三个政策目标不可能同时达到。因此，政府可以通过相机地选择汇率制度或其他经济政策来实现经济的内外均衡。这一理论标志着开放宏观经济学的形成。

2.2.1 开放经济下的 IS－LM－BP 模型

根据凯恩斯学派的观点，货币短期内是非中性的，长期内是中性的。因此，短期内一国宏观经济政策的变化可能影响总需求，进而影响产量和就业[②]。宏观经济政策与总需求之间的关系可以通过 IS－LM 模型框架加以反映。

IS－LM 模型是由诺贝尔奖得主、英国经济学家约翰·希克斯爵士（Sir John Hicks）于 1937 年首先提出图形框架，研究产品市场和货币市场之间的相互作用。凯恩斯在此基础上，研究了封闭经济下宏观经济政策（主要是财政政策和货币政策）对实际产出的影响。蒙代尔和弗莱明又进一步完善了凯恩斯宏观经济理论，引入国际贸易、资本流动和汇率等复杂因素，推导出开放经济下的 IS－LM－BP 模型，即 M－F 模型。

IS－LM－BP 模型可用三条曲线，即 *IS* 曲线、*LM* 曲线和 *BP* 曲线来表示（见图 2－3）。

图 2－3 中，横轴表示总支出 *Y*，纵轴表示名义利率 *R*。*IS* 曲线上任意一点表示使总支出与总收入相等时的利率 *R* 与总支出 *Y* 的组合，因此 *IS* 曲线称为产品市场均衡线；*LM* 曲线上任意一点表示使货币需求与货币供给相等时的

---

① 蒙代尔有关开放经济下宏观经济政策理论的著名论著是 1963 年 11 月在 *Canadian Journal of Economics and Political Science* 上发表的题为 "Capital Mobility and Stabilization under Fixed and Flexible Exchange Rates" 的文章，以及 1968 年出版的著作 *International Economics*（New York：Macmillan，1968）；弗莱明的经典论著是 1962 年 11 月在 *International Monetary Fund Staff Papers* 上发表的题为 "Domestic Financial Policies under Fixed and Floating Exchange Rates" 的论文。引自：［美］杰弗里·萨克斯、费利普·拉雷恩. 全球视角的宏观经济学（中译本）［M］. 上海：上海三联书店，2004.

② "供给学派"的经济学家认为，宏观经济政策主要影响的是总供给，而不是总需求。

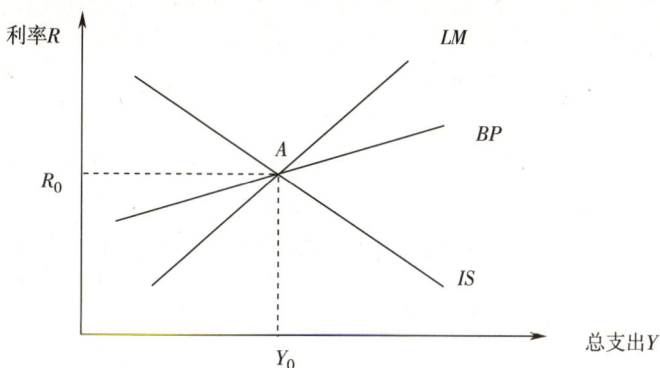

图 2 - 3 IS - LM - BP 模型

利率 R 与总支出 Y 的组合，因此 LM 曲线称为货币市场均衡线；BP 曲线上任意一点表示使国际收支实现均衡时的利率 R 与总支出 Y 的组合，因此 BP 曲线称为国际收支均衡线。三条曲线相交于 A 点，该点反映的是内部与外部均衡同时得以实现的利率 R 与总支出 Y 的组合。

在 IS - LM - BP 模型中，总需求 D 是实际汇率（$\frac{EP^*}{P}$）、可支配收入（$Y - T$）和实际利率（$R - \pi^e$）的函数①，可以表示为

$$D(\frac{EP^*}{P}, Y - T, R - \pi^e) = C(Y - T, R - \pi^e) + I(R - \pi^e) + G$$
$$+ CA(\frac{EP^*}{P}, Y - T, R - \pi^e) \qquad (2.3)$$

（2.3）式中 E 为汇率，P、P^* 分别代表外国与本国商品价格水平，T 为政府税收，π^e 为预期通货膨胀率。模型假定 P、P^*、G、T 都是不变的，根据利率平价理论 $R - R^* = (E^e - E)/E$，可以推导出：

$$E = \frac{E^e}{1 + R - R^*} \qquad (2.4)$$

（2.4）式中 R^* 和 E^e 分别代表外国利率和远期汇率，且假定 R^* 和 E^e 短期内均不变。此外，预期通货膨胀率 π^e 会随着实际产出 Y 大于充分就业产出 Y^* 而上升，则 π^e 可表示为

$$\pi^e = \pi^e(Y - Y^*) \qquad (2.5)$$

---

① 转引自［美］保罗·R. 克鲁格曼，茅瑞斯·奥伯斯特菲尔德. 国际经济学：理论与政策（中译本）［M］. 北京：中国人民大学出版社，2006.

将（2.4）式和（2.5）式代入（2.3）式，得出产品市场总供给等于总需求的均衡条件为

$$Y = D\left[\frac{E^e P^*}{P(1 + R - R^*)}, Y - T, R - \pi^e(Y - Y^*)\right] \qquad (2.6)$$

通过（2.6）式可以给出总需求等于总供给的利率 R 和总支出 Y 的组合，即 IS 曲线。短期内不考虑其他因素的影响，利率 R 下降将通过刺激消费和投资，引起总需求增加，包括部分进口需求的增加。同时，在开放经济下，利率 R 下降会使本币贬值，从而引起出口增加，改善经常项目逆差状况。因此，利率 R 下降所导致的总需求和出口的增加，需要总支出 Y 的上升才能使产品市场依然保持均衡，反之亦然。由此得出，IS 曲线的斜率为负。

货币市场均衡条件可以表示为：$\frac{M}{P} = L(R, Y)$，其中：M 代表名义货币供应量，$\frac{M}{P}$ 即为实际货币供应量，当货币供给等于货币需求时，货币市场实现均衡。从等号右边所表示的货币需求函数 $L(R, Y)$ 来看，利率 R 上升会减少货币需求，甚至在既定产出水平上出现货币的超额供给，因此需要增加总支出 Y 来刺激货币需求，使货币市场实现均衡，反之亦然。由此得出，LM 曲线的斜率为正。

一国国际收支状况通常可以表示为：$BP = E^* - F$，其中 E^* 表示净出口，F 表示净资本流出。当国际收支实现均衡，即 $BP = 0$ 时，$E^* = F$，也就是说任何经常账户的顺差需要相应的资本流出来平衡；经常账户的逆差需要相应的资本流入来抵销。国际收支均衡条件可以表示为

$$CA\left(\frac{EP^*}{P}, Y - T, R - \pi^e\right) = F(\sigma, R^* - R) \qquad (2.7)$$

（2.7）式中，等号右边引入了国际资本流动因素，它受到资本自由流动程度 σ 和两国间利差的影响。σ 越大，表示两国间微小的利差变化都会引起大量资本流动；相反，σ 越小，表示本国金融市场尚未完全开放，存在一定程度的资本管制，即使两国间存在较大利差也不会引起大量资本流动。以下分三种情形加以说明。

第一种情形：当 $\sigma \to \infty$，即资本完全流动时，若 $R > R^*$，资本大量流入本国，资本账户盈余；若 $R < R^*$，资本大量流向外国，资本账户赤字；若 $R = R^*$，本国利率与国外利率相等，两国间的资本流动停止。由于小国不能影响利率，只能在外国利率水平上实现均衡（见图 2-4）。BP 曲线的方程为

$$R = R^* \qquad (2.8)$$

（2.8）式表示在资本完全自由流动的情况下，BP 曲线为一条水平线，IS、

LM、BP 三条曲线相交于一点，在该点经济实现完全均衡。

第二种情形：当 $\sigma \rightarrow 0$，即资本完全不流动时，无论本国利率与国外利率相差多少，均不会引起资本内流或外流，此时国际收支状况仅决定于经常账户，与资本账户无关。BP 曲线为一条垂直线，BP 曲线左侧区域表示国际收支盈余，右侧区域表示国际收支赤字。

第三种情形：当 $0 < \sigma < \infty$，即资本不完全流动时，BP 曲线的斜率为正，因为随着收入增加，进口将增加，国际收支出现赤字，需要提高利率吸引外资流入，使国际收支重新回到均衡。资本流动性越强，利率较小幅度上升就会引起资本大量流入，容易使国际收支赤字尽快得以恢复；相反，资本流动性越弱，较大幅度提高利率才能解决国际收支失衡状况。因此，BP 曲线越平坦，表示资本流动性越强；BP 曲线越陡峭，表示资本流动性越弱。

2.2.2　资本完全流动下的货币政策效应

下面分析资本完全流动情况下的货币政策效应，以扩张性货币政策为例分析，紧缩性货币政策正好相反。首先分析固定汇率制下的货币政策效应（见图 2 - 4）。

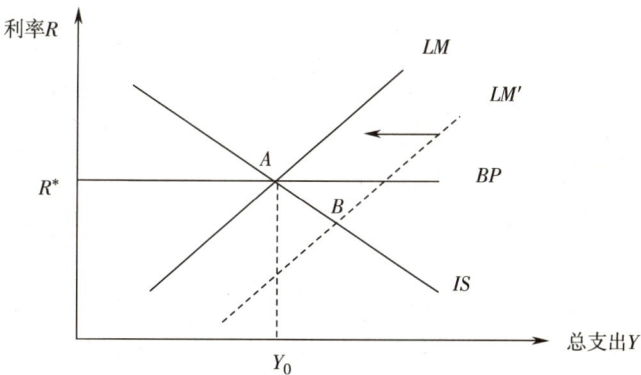

图 2 - 4　资本完全流动的固定汇率制下货币政策效应

前面提到，资本完全流动下，$\sigma \rightarrow \infty$，两国利率的极小差异也会引起巨大的资本流动。图 2 - 4 中，当一国中央银行为刺激经济增长采用扩张性货币政策，使得 LM 曲线向右移动到 LM'，IS 曲线与 LM' 曲线相交于 B 点[①]，此时国内利率 R 低于国外利率 R^*，短期内发生大规模资本外流，国际收支出现赤

---

① 由于 IS 曲线和国际利率并未发生改变，因此经济均衡点仍应在 A 点。

字。在固定汇率制下，中央银行为稳定汇率，将采取抛外币、购本币的公开市场操作，结果使得 *LM'* 向左移动，直至重新回到 *A* 点。此时，中央银行通过减少外汇储备冲销了货币扩张效应，本国实际货币供应量并未发生改变。这一过程说明在资本完全流动的固定汇率制下，一国中央银行无法实行独立的货币政策，要受到主要国家货币政策的制约。

其次分析浮动汇率制下的货币政策效应（见图 2-5）。

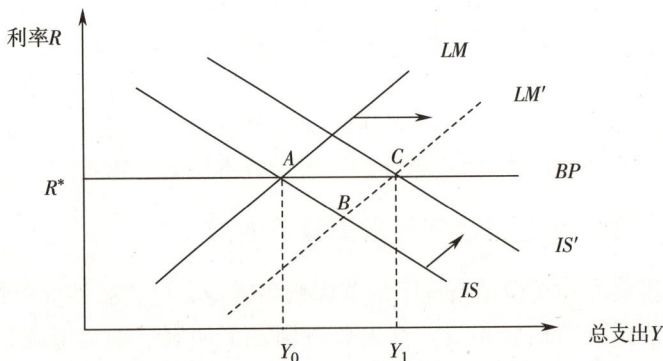

图 2-5　资本完全流动的浮动汇率下货币政策效应

图 2-5 中，在浮动汇率制下，中央银行实行扩张性货币政策，使得 *LM* 曲线向右移动到 *LM'*，*IS* 曲线与 *LM'* 曲线相交于 *B* 点，此时国内利率 *R* 低于国外利率 R^*，短期内发生大规模资本外流，国际收支出现赤字，本币趋于贬值，将导致本国出口增加、进口减少，经常账户得以改善。由于利率按世界利率水平给定（$R = R^*$），本国出口增加使得总需求增加，*IS* 曲线向右上方移动到 *IS'*，与 *LM'* 曲线和 *BP* 曲线相较于 *C* 点，在 *C* 点实现新的经济均衡，此时的总支出 Y_1 大于上一均衡下的总支出 Y_0。因此，资本完全流动的浮动汇率制下，中央银行无义务稳定汇率，具有完全独立性，能够有效刺激经济增长，增加总需求。

2.2.3　资本不完全流动下的货币政策效应

20 世纪 80 年代以后发达国家就已实现资本的自由流动，但对于大多数发展中国家来说，仍存在不同程度的资本管制，它们的利率 *R* 可以不必等于国际市场利率 R^*。

首先分析固定汇率制下的货币政策效应。根据 *BP* 曲线的特性，在固定汇率制下，*BP* 曲线的位置不发生变化（高鸿业，2000）。假定 *LM* 曲线比 *BP* 曲线陡峭，货币政策扩张效应如图 2-6 所示。

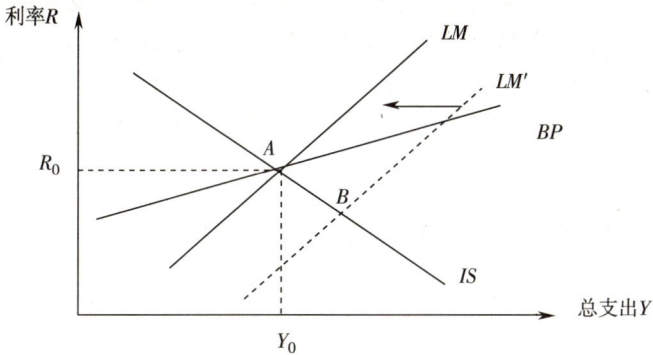

图2-6 资本不完全流动的固定汇率制下的货币政策效应

图2-6中，最初的均衡点在 A 点。一国中央银行采取扩张性货币政策，LM 曲线向右移动到 LM'，与 IS 曲线相交于 B 点，国际收支出现赤字。这是因为利率下降引起资本外流，同时扩张性货币政策的结果提高了收入水平，使得进口需求增加。此外，货币当局为维持汇率稳定，必然动用储备在外汇市场上购进本币，也会影响扩张性货币政策的实施效果。LM 曲线比 BP 曲线平坦时，货币政策扩张效应相同。因此，在资本不完全流动的固定汇率制下，一国中央银行的货币政策在长期内是无效的，不具有独立性。

其次分析浮动汇率制下的货币政策效应。假定 LM 曲线比 BP 曲线陡峭，货币政策扩张效应见图2-7。

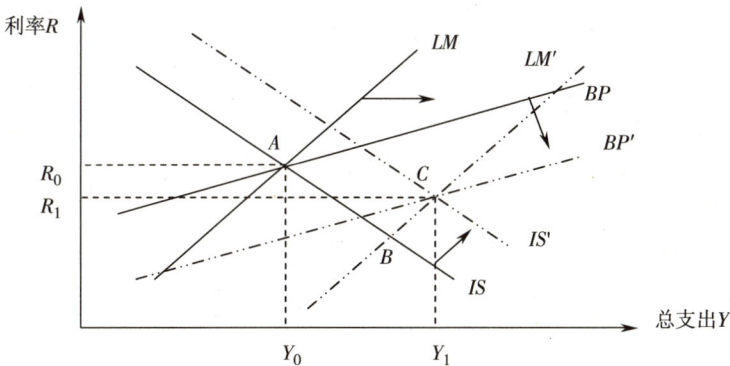

图2-7 资本不完全流动的浮动汇率制下货币政策效应

图2-7中，最初的经济均衡点在 A 点。若一国中央银行采取扩张性货币政策，LM 曲线向右移动到 LM'，与 IS 曲线相交于 B 点，在 B 点国际收支出现

赤字，本币将贬值，刺激本国出口增加，*IS* 曲线和 *BP* 曲线分别向右移动到 *IS'* 和 *BP'*，直到达到新的经济均衡点 *C*。在 *C* 点，实现了经济增长和总需求增加。*LM* 曲线比 *BP* 曲线平坦时，其结论相同，但本币贬值对出口的影响更大一些。因此，资本不完全流动的浮动汇率制下，扩张性货币政策能够刺激经济增长，提高收入水平，货币政策是比较有效的。

2.2.4 资本完全不流动下的货币政策效应

资本完全不流动的情况下，*BP* 曲线是一条垂直线，国际收支均衡与利率高低无关。

首先分析固定汇率制下的货币政策效应（见图 2-8）。扩张性货币政策使 *LM* 曲线向右移动到 *LM'*，与 *IS* 曲线相交于 *B* 点，进口需求增加，国际收支出现赤字，为稳定汇率，中央银行动用储备采取抛外币、购本币的公开市场操作，使 *LM'* 曲线重新回到 *LM* 曲线位置。因此，在资本完全不流动的固定汇率制下，扩张性货币政策不能刺激经济增长，货币政策长期内是无效的。

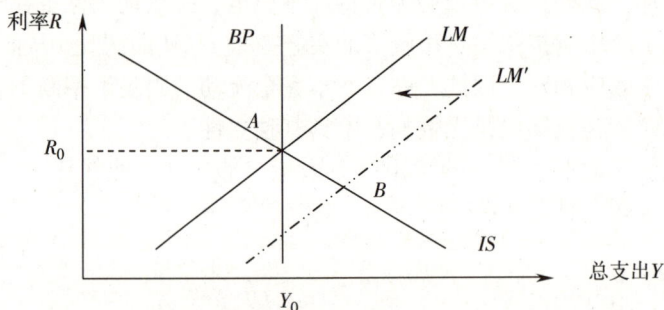

图 2-8 资本完全不流动的固定汇率制下货币政策效应

其次分析浮动汇率制下的货币政策效应（见图 2-9）。扩张性货币政策使 *LM* 曲线向右移动到 *LM'*，国际收支出现赤字，本币贬值，出口增加，*IS* 曲线和 *BP* 曲线分别向右移动到 *IS'* 和 *BP'*，与 *LM'* 曲线相交于 *B* 点，总支出增加。因此，在资本完全不流动的浮动汇率制下，扩张性货币政策能够刺激经济增长，提高收入水平，货币政策较为有效。

2.2.5 大国的货币政策效应

M-F 模型的一个假设前提是针对开放经济下的小国，它们的政策不足以影响世界利率的变化，R^* 都被视为既定。但对于美国、英国、欧元区国家等大国来说，这个假定却不适用，它们的国内政策变化会影响世界利率，即 R^*

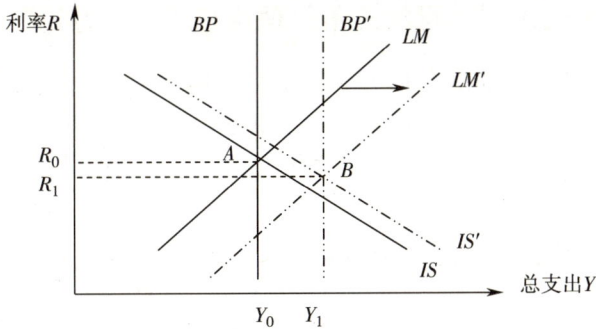

图 2-9 资本完全不流动的浮动汇率制下货币政策效应

可以改变（见图 2-10）。

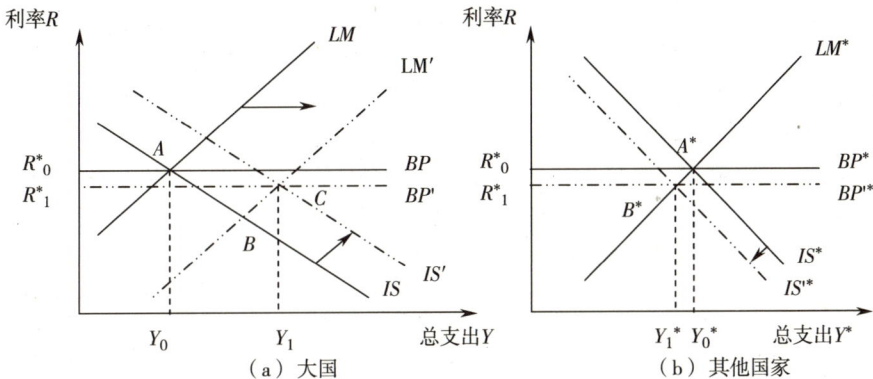

图 2-10 资本完全流动的大国货币政策效应

图 2-10（a）中，大国已实现资本完全自由流动，且实行浮动汇率制，当中央银行采取扩张性货币政策时，LM 曲线向右移动到 LM'，国内利率降低，资本外流使得本币贬值，IS 向右移动到 IS'，与 LM' 相较于 C 点。因此，大国货币扩张会使世界利率稍有下降。

图 2-10（b）中，由于大国资本外流导致其他国家本币升值，出口下降，IS^* 曲线向左移动到 IS'^*，BP^* 曲线下移到 BP'^*，达到新的均衡点 B^*，其他国家的利率水平等于新的世界利率 R_1^*。这就是大国货币政策的传递效应，也称"以邻为壑"的政策，即大国货币政策的扩张效应是以国外的紧缩效应为代价的（杰弗里·萨克斯，费利普·拉雷恩，2004）。

2.2.6　蒙代尔"不可能三角"理论与"三元悖论"原则

20世纪60年代，蒙代尔研究了固定汇率制下的货币政策效应，J. 马库斯·弗莱明进一步分析了浮动汇率制下的货币政策效应，从而形成著名的M－F模型。该模型对于不同程度资本流动下货币政策效应的结论如下（见表2－2）。

表2－2　　　　不同程度资本流动和不同汇率制度下的货币政策效应

汇率制度 / 资本流动性	固定汇率制	浮动汇率制
资本完全流动	无效	有效
资本不完全流动	长期内无效	比较有效
资本完全不流动	长期内无效	比较有效

由表2－2得出了著名的蒙代尔"不可能三角"理论，即货币政策独立性、资本自由流动与汇率稳定这三个政策目标不可能同时达到，只能选择其中两个目标，放弃第三个目标。1999年，美国经济学家保罗·克鲁格曼（Paul Krugman）画出了一个"永恒的三角形"，清晰地展示了蒙代尔"不可能三角"的内在原理（见图2－11[①]）。

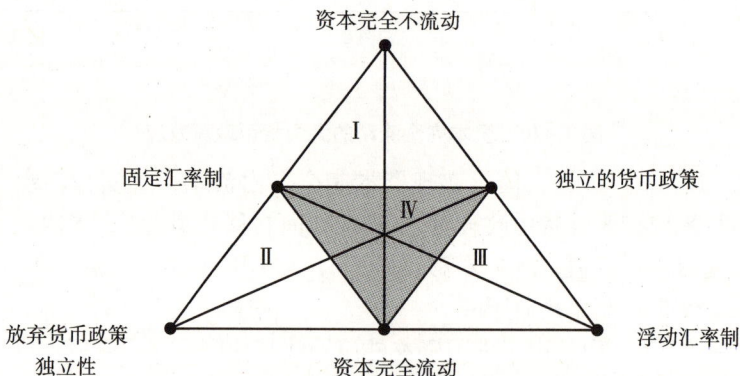

图2－11　蒙代尔"不可能三角"内的原理图

三元悖论（The Impossible Trinity），也称三难选择，它在宏观经济学中的

---

① 转引自Gebauer, Wolfgang. Geld und Waehrung, Bankakademie Verlag, 2004：72（周晴，2008）。

含义非常广泛,.可以运用在许多经济问题的研究中，但最著名的是由美国经济学家保罗·克鲁格曼（Paul Krugman）就开放经济条件下政策选择问题提出的"三元悖论"，它是依据蒙代尔"不可能三角"理论为基础，并扩展了这一理论。

图2-11中，带阴影三角形（Ⅳ）的三个角点分别代表三个目标：固定汇率制、独立的货币政策和资本完全流动，按照蒙代尔—弗莱明模型的结论，这三个目标不可能同时实现，只能在三者中选其二，因此我们把带阴影三角形（Ⅳ）称为蒙代尔"不可能三角"，其余的政策组合（Ⅰ、Ⅱ或Ⅲ）是相互兼容的，三个角点可以同时并存。

第一种政策组合（区域Ⅰ）：保持本国货币政策独立性和汇率稳定，必须牺牲资本的完全流动性，实行资本管制。大多数发展中国家就是实行的这种政策组合。保罗·克鲁格曼（Paul Krugman）曾预言亚洲金融危机的爆发，他指出一些亚洲国家和地区在保持本国货币政策的独立性和实行固定汇率制的同时，过早地全面开放资本市场，违背了"三元悖论"的基本原则，给经济造成了重大损失。

第二种政策组合（区域Ⅱ）：保持资本的完全流动性和汇率稳定，必须放弃本国货币政策的独立性。统一货币欧元的诞生就是这一政策组合的最好印证。根据蒙代尔—弗莱明模型，资本完全流动时，在固定汇率制度下，本国货币政策的任何变动都将被所引致的资本流动的变化而抵消其效果，本国经济将会付出放弃货币政策的巨大代价。

第三种政策组合（区域Ⅲ）：保持本国货币政策的独立性和资本的完全流动性，必须牺牲汇率的稳定性，实行浮动汇率制。美国、英国等一些发达国家所选择的就是这种政策组合。虽然浮动汇率制存在诸多问题，但它确实较好地解决了"三难选择"。对于包括中国在内的广大发展中国家来说，在保持本国货币政策自主性的前提下，如何把握时机逐步实行浮动汇率和放松资本管制，是关系到经济发展与金融安全的重大问题。

当然，一国在经济发展的一定阶段，可以依据国情选取介于角点之间的政策组合。这对于资本市场不发达、汇率制度灵活性较弱的发展中国家来说是十分必要的。

2.3　西方货币政策传导理论

货币政策传导系统是指中央银行运用货币政策工具影响中介目标，进而最终实现既定政策目标的传导途径与操作框架①。西方货币理论研究中关于货币政策传导理论大体可分为货币论和信贷论两大理论学说。米什金（Mishkin，1995）根据货币资产与其他资产之间的不同替代性，将货币政策传导分为两大类，即"货币渠道"和"信贷渠道"。货币论强调货币政策的货币渠道，主要包括利率渠道、汇率渠道和资产价格渠道等具体传导渠道，并且不同传导渠道具有不同的中介传导方式；信贷论强调银行信贷和企业自身资产负债表的信贷渠道，包括银行贷款渠道和资产负债表渠道，主要通过对企业融资、银行信贷以及居民收入状况等的分析，研究货币政策对宏观经济走势的影响。以下分别加以简要阐述。

2.3.1　利率传导理论

利率传导理论是西方国家最早的也是较为成熟的货币政策传导理论。1936年，凯恩斯（John Maynard Keynes）在其发表的《就业、利息和货币通论》中清楚地阐述了货币经由利率传导到收入和产出并影响实际经济活动的过程，指出货币政策会导致利率的变化，进而引起投资水平的变化，最终导致社会总需求和总产出的变化。这一利率传导机制理论后经约翰·希克斯（John Richard Hicks）和汉森（Alvin Hansen）进一步发展为著名的 IS－LM 模型，并形成了利率传导理论，它是主要的西方货币政策传导理论之一。

凯恩斯在其《就业、利息和货币通论》一书中将封闭经济下的商品市场均衡和货币市场均衡分别进行研究，建立了两个市场均衡的联立方程：

商品市场均衡：　$I = I(r)$　　　$S = S(y)$　　　$I = S$　　　　　(2.9)

货币市场均衡：　$L = L(r,y)$　　　$M = M'$　　　$L = M$　　　　(2.10)

商品市场均衡的联立方程（2.9）中，$I = I(r)$ 表示投资曲线，它是利率 r 的函数；$S = S(y)$ 表示储蓄曲线，它是收入 y 的函数；$I = S$ 表示投资等于储蓄，即商品市场达到均衡。

货币市场均衡的联立方程（2.10）中，$L = L(r, y)$ 表示货币需求曲线，它是利率 r 和收入 y 的函数，M 表示货币供给，它由中央银行的货币供应量 M' 确定；$L = M$ 表示货币需求等于货币供给，货币市场达到均衡。

上述理论被称为凯恩斯主义的局部均衡论，该理论认为货币政策主要是通过中央银行运用货币政策工具调整货币供应量，使利率变动，进而影响投资和产出。该理论的明显缺陷是仅注意到货币市场对商品市场的作用，忽略了商品

---

① 弗里德曼（Friedman，1963）将货币政策传导系统解释为货币政策影响实体经济的方式或机制。

市场对货币市场的反作用。

为了克服局部均衡论的缺陷，英国著名经济学家约翰·希克斯（John Richard Hicks）和美国凯恩斯学派的创始人汉森（Alvin Hansen）创立了封闭经济下的 IS－LM 模型，通过模型中利率 r 和收入 y 的适当组合，反映了商品市场和货币市场同时实现均衡的货币政策目标，该模型被称为凯恩斯主义的一般均衡论。

上述分析可以看出，利率传导是凯恩斯主义货币政策传导理论的核心渠道，但货币政策通过利率渠道作用于产出的效果要受到货币需求的利率弹性（Rate Elasticity of Demand）、投资支出的利率弹性（Rate Elasticity of Investment）和投资乘数（Investment Multiplier）的影响，并经历"货币→利率→投资→产出"的传导过程。在"货币→利率"的过程中，如果中央银行实行扩张性货币政策，增加货币供应量，利率下降。当利率下降到极低时，人们就会产生利率上升而债券价格下降的预期，货币需求弹性就会变得无限大，LM 曲线成为一条平行于横轴的曲线，即无论增加多少货币，都会被人们储存起来，不再增加投资，投资支出的利率弹性变得非常低，此时扩张性货币政策失效。这种现象被凯恩斯称为"流动性陷阱"（Liquidity Trap）。

20 世纪 70 年代初，弗里德曼（Friedman，1971）在批判了传统货币数量论和凯恩斯货币理论后，其所代表的货币学派强调收入和支出在货币政策传导中的作用，反对把利率作为制定货币政策的向导，主张中央银行直接控制货币供应量增长率。弗里德曼认为货币供应量变动只能在短期内影响实际产出；从长期看，货币供应量的变动只能影响名义变量而不能影响实际变量，因此，货币从长期看是中性的。货币政策传导途径可以是多种多样的，即在货币市场和商品市场同时进行，通过物价普遍上涨吸收过多的货币量。货币学派认为，从货币供应量变动到物价变动之间有一个较长时间的传导过程，中央银行采取货币行动后，要经过一段时间才能产生真实效果，这就是时滞效应。弗里德曼反对凯恩斯学派"逆经济风向行事"的反循环政策，认为由于存在政策效果的时滞，其结果常使为反循环目的而采取的行动带来额外的、不必要的干扰。因此，货币学派主张制定一个长期稳定的、连续一致的货币政策，强调预期利率、名义所得和通货膨胀对经济的影响，将预期因素纳入到货币传导分析中，形成了"预期效应"。

2.3.2 汇率传导理论

货币政策通过汇率渠道进行传导主要涉及利率与汇率的关系研究，汇率传导过程包括两个阶段：第一阶段是利率变动影响汇率变动，第二阶段是汇率变动后对产出带来的影响，从而实现货币政策目标。从理论层面看，第一阶段涉及汇率决定理论，包括利率平价理论、弹性价格货币模型、粘性价格货币模型、资产组合分析法等，第二阶段涉及汇率政策理论，包括斯旺图示、M－F模型等。由于汇率政策理论已经在上节内容中具体阐述，这里仅就汇率决定理论来说明利率变动对汇率的影响。

1. 利率平价理论（The Theory of Interest Rate Parity）

1923 年，凯恩斯在其著作《论货币改革》中第一次系统地阐述了利率平价理论。凯恩斯认为，在完全开放的市场中，资本都是由低利率国家流向高利率国家的，当投资者利用两国利差套利成功后，资本会流回本国，因此利率低的国家的本币远期呈现升水，利率高的国家的本币远期呈现贴水，当两国利差等于汇差时，套利活动停止。利率平价理论分为抛补的利率平价理论和非抛补的理论平价理论。

抛补的利率平价理论假定：金融市场是发达的，没有交易成本和资本管制，本国资产和外国资产完全可替代，金融工具完备，投资者在套利的同时可以利用远期外汇市场做掉期交易套取利差收益。抛补的利率平价的表达式为

$$\frac{e_f}{e_s} = \frac{1 + i}{1 + i^*} \qquad (2.11)$$

（2.11）式中，e_f 和 e_s 分别表示直接标价法下本国货币的远期汇率和即期汇率，i 和 i^* 分别表示本国和外国货币的利率。从（2.11）式可以看出，若 $i > i^*$，则 $e_f > e_s$；反之，若 $i < i^*$，则 $e_f < e_s$。这说明利率高的国家，其货币远期呈现贴水；利率低的国家，其货币远期呈现升水。

非抛补的利率平价理论是指投资者在套利的同时并未进行任何抛补交易，其所获得的收益等于利差收益加预期汇率变动率。非抛补的利率平价的表达式为

$$\frac{E(e_f)}{e_s} = \frac{1 + i}{1 + i^*} \qquad (2.12)$$

（2.12）式中，$E(e_f)$ 表示投资者对未来即期汇率的预测值。（2.12）式表明两国利差与两国货币即期汇率、预期汇率之间的关系。凯恩斯的利率平价理论说明了利率变化对未来汇率的影响。考虑汇率制度是浮动的，一国货币当局若采取紧缩性货币政策，提高利率，则该国货币远期将贬值，有利于出口，使产出增加；相反，若采取扩张性货币政策，降低利率，则该国货币远期将会升值，不利于出口，使产出下降。因此，一国汇率政策可能与国内货币政策目标相矛盾。

2. 弹性价格货币模型（Flexible－Price Monetary Model）

该模型形成于20世纪70年代浮动汇率制开始的时候，最早由以色列经济学家弗兰克尔（J. Frenkel）于1975年提出，此后经过穆莎（M. Mussa）、考霍（P. Kouri）、比尔森（J. Bilson）等人的发展和完善。它是现代汇率决定理论——资产市场理论中最简单的形式。

弹性价格货币模型的基本假设是：总供给曲线是垂直的，货币需求稳定，购买力平价成立，无资本管制，本国资产和外国资产可以完全替代。

弹性价格货币模型的基本形式为

$$e_t = (m_t - m_t{}^*) - \alpha(y_t - y_t{}^*) + \beta(i_t - i_t{}^*) \tag{2.13}$$

（2.13）式中，e_t 表示两国货币即期汇率的对数形式，由于购买力平价成立，则 $e_t = p_t - p_t{}^*$，m、y、i、p 分别表示货币供应量、实际国民收入、利率、物价水平的对数形式，$*$ 表示外国变量，α 和 β 均为变量系数。从（2.13）式可以看出，两国货币汇率是由本国和外国的货币供给水平、实际国民收入水平和利率水平对两国物价水平的影响而决定的。

根据非抛补的利率平价：

$$E(e_{t+1}) - e_t \approx i_t - i^*{}_t \tag{2.14}$$

（2.14）式中 $E(e_{t+1})$ 表示投资者在 t 时期预测 $t+1$ 期的即期汇率水平的对数形式，将（2.14）式代入（2.13）式中，得到

$$e_t = (m_t - m_t{}^*) - \alpha(y_t - y_t{}^*) + \beta[E(e_{t+1}) - e_t] \tag{2.15}$$

令：$Z_t = (m_t - m_t{}^*) - \alpha(y_t - y_t{}^*)$，$Z_t$ 表示包括 t 时期货币供应量和实际国民收入水平在内的经济基本面状况，则（2.15）式可以简化为

$$e_t = Z_t + \beta[E(e_{t+1}) - e_t] \tag{2.16}$$

整理后得到

$$e_t = \frac{1}{1+\beta}[Z_t + \beta E(e_{t+1})] \tag{2.17}$$

由（2.17）式可以直观地看出，引入汇率预期因素后，即期汇率水平是由即期经济基本面状况和下一期的预期汇率水平决定的。

3. 粘性价格货币模型（Sticky Price Monetary Model）

该模型亦称汇率超调模型（Overshooting Model）。该模型是由美国麻省理工学院教授鲁迪格·多恩布什（Rudiger Dornbusch）于1976年提出的。它的显著特点是将凯恩斯主义的短期分析与货币主义的长期分析结合在一起。

粘性价格货币模型的基本假设与弹性价格货币模型有相似之处，都以对外开放的小国为研究对象，有稳定的货币需求函数，本国资产和外国资产可以完全替代，因此非抛补的利率平价成立。不同的是，粘性价格货币模型认为商品市场和资产市场的调整速度不同，商品市场上的价格水平具有粘性，调整是渐

进的，因此总供给曲线短期内不是垂直的，存在一个调整的过程。而资产市场反应却极其灵敏，利息率将迅速发生调整，使货币市场恢复均衡。购买力平价短期内不成立，但长期内是成立的。

粘性价格调整方程可以表示为

$$p_t - p_{t-1} = \delta(d_t - y_t) \tag{2.18}$$

（2.18）式中，p_t 和 p_{t-1} 分别表示 t 期和 $t-1$ 期的物价水平，d_t 表示 t 期的商品需求，y_t 表示 t 期的实际产出，各变量均为对数形式，δ 为变量系数，$\delta > 0$。等式左边表示通货膨胀率，等式右边括号内表示商品的超额需求。通货膨胀率与商品的超额需求成正比，超额需求越大，通货膨胀率越高。超额需求等于零时，通货膨胀率为零，这时商品市场达到均衡。总需求 d_t 可以用下述函数来表示：

$$d_t = \beta_0 + \beta_1(e_t - p_t + p_t^*) + \beta_2 y_t - \beta_3 i_t \qquad (\beta_0, \beta_1, \beta_2, \beta_3 > 0)$$
$$\tag{2.19}$$

（2.19）式中，β_0 是常数，表示国内各部门（包括居民和政府）的自主需求；$(e_t - p_t + p_t^*)$ 表示实际汇率，$\beta_1(e_t - p_t + p_t^*)$ 反映实际汇率通过贸易差额对总需求的影响程度；$\beta_2 y_t$ 反映实际收入水平通过消费支出对总需求的影响程度；$\beta_3 i_t$ 反映利率水平通过国内投资对总需求的影响程度，总需求是利率的减函数。各变量均为对数形式（但利率 i_t 除外），β_1、β_2、β_3 均为变量系数。

由（2.19）式可以看出，总需求要受到国内自主需求、实际汇率、实际收入水平和利率的影响，国内自主需求增加引起总需求增加，实际汇率上升（本币贬值）通过本国出口增加引起总需求的增加，实际收入水平提高通过本国消费支出增加引起总需求的增加，利率提高通过投资支出的减少引起总需求下降。

将（2.19）式代入（2.18）式，并引入汇率预期因素，可以得到粘性价格货币模型为

$$e_t = a_0 + a_1(m_t - m_t^*) + a_2(y_t - y_t^*) + a_3(p_{t-1} - p_{t-1}^*) \tag{2.20}$$

（2.20）式中，a_i（$i = 0, 1, 2, 3$）为系数，粘性价格货币模型与弹性价格货币模型的不同是，汇率除了取决于即期经济基本面状况外，还与前期国内外物价水平有关。

同时得出汇率超调方程为

$$e_t - \bar{e}_t = -\frac{1}{\alpha\lambda}(p_t - \bar{p}_t) \tag{2.21}$$

（2.21）式中，$\bar{e}_t$ 表示 t 期由购买力平价决定的长期均衡汇率，$\bar{p}_t$ 表示长期均衡价格水平，α 表示货币需求的利率弹性，λ 表示汇率的调整参数，α 和 λ

均大于零。(2.21) 式表明即期汇率对长期均衡汇率的偏离程度 ($e_t - \overline{e_t}$) 与商品价格对长期均衡价格的偏离程度 ($p_t - \overline{p_t}$) 成比例,即价格偏离越大(价格粘性越大),汇率偏离也越大。在货币市场均衡的条件下,如果商品即期价格水平低于长期均衡价格,即 ($p_t - \overline{p_t}$) 为负值,则 ($e_t - \overline{e_t}$) 为正值,说明货币供给突然增加的情况下,货币市场的瞬时出清完全由资本市场承担,汇率水平将高于其长期均衡值,这就是短期内的汇率超调。

粘性价格货币模型可以看出,在浮动汇率制度下,由于价格具有粘性,资金的自由流动会通过货币市场导致汇率超调,较长时间内又重新恢复到新的均衡状态,但这一过程常常会给金融市场和实体经济带来巨大的冲击和破坏,因此货币当局加强宏观调控特别是对国际短期资本流动的有效监管,是十分必要的。

4. 资产组合分析法(Portfolio Approach)

该理论的主要代表人物有考利(Kouri,1976)、布朗森(Branson,1977,1983)、阿伦和凯南(Allen & Kenen,1980)、多恩布什和费雪(Dornbush & Fischer,1980)等。

与粘性价格货币模型相似,资产组合分析法的研究对象依然是开放的小国,居民持有三种资产,即本国货币(M)、本国债券(B)和外国债券(F)。但它认为不同国家的债券具有不同的风险,因此本国资产和外国资产不完全替代,非抛补利率平价不成立。此外,资产组合分析法与粘性价格货币模型相比,也描述了汇率从短期到长期的动态调整过程,所不同的是它在模型中引入了经常项目。例如,在浮动汇率制和无外汇管制的情况下,即使某一时点利率和汇率达到均衡,经常项目也不一定达到平衡。当经常项目出现赤字时,外币升值,本币贬值,如果满足马歇尔—勒纳条件,本币贬值将改善经常账户赤字,使汇率重新回到均衡状态。通过这种动态调整,汇率最终将处于长期均衡状态。

由资产组合分析法的假设前提可以得出一国私人部门(包括居民、企业和银行)的净财富持有额 W,用公式表示为

$$W = M + B + eF \tag{2.22}$$

(2.22) 式中,W、M、B、e、F 分别表示净财富持有额、本国货币、本国债券、汇率和外国债券。

资产组合分析法的基本模型可以表示为

$$e_t = a_0 + a_1(m_t - m_t^*) + a_2(y_t - y_t^*) + a_3(p_{t-1} - p_{t-1}^*) + a_4(w_t - w_t^*) + a_5\lambda \tag{2.23}$$

(2.23) 式中,a_i(i=0,1,2,3,4,5)为系数,w_t 和 w_t^* 分别表示本

国和外国私人部门的净财富持有额，所有变量均为对数形式，λ 表示风险收益，和（2.20）式相比，资产组合分析模型与粘性价格货币模型不同是，汇率除了取决于即期经济基本面状况、前期国内外物价水平外，还增加了两国私人部门相对财富和风险收益两个重要因素。

2.3.3 资产价格传导理论

与利率渠道相比，资产市场对货币政策的传导更加迅速。这里的资产是指包括债券、股票及衍生金融产品在内的各类金融资产。本书主要阐述托宾的"q"理论、财富效应论、非对称信息效应论、流动性效应论和通货膨胀效应论。

1. 托宾的"q"理论

詹姆斯·托宾（James Tobin，1969）发展了凯恩斯的流动偏好论，用多元资产取代二元资产，认为货币政策通过影响证券资产价格进而影响不同资产之间的转换，确立了"q"理论（q - Theory）。

这里的 q 值表示公司市场价值对其资产重置成本的比率。托宾的"q"理论提供了一种关于股票价格和投资支出相互关联的理论。$q > 1$，表明企业的市场价值要高于资本的重置成本。公司可发行较少的股票而买到较多的投资品，投资支出便会增加。$q < 1$，表明公司市场价值低于资本的重置成本。如果公司想获得资本，它将购买其他较便宜的企业而获得旧的资本品，这样投资支出将会降低。以扩张性货币政策为例，股票价格对货币政策的传导机制是：货币供应↑ → 股票价格↑ → q↑ → 投资支出↑ → 总产出↑。相反，实行紧缩性货币政策将会引起股票价格下降，从而导致投资支出和总产出的减少，影响整个经济活动过程。

2. 财富效应论

莫迪利安尼（Franco Modigliani，1971）从生命周期理论的角度提出了货币政策的财富效应论，该理论认为货币政策可以通过股票市场的价格变化使消费者财富增值从而扩大消费来影响实体经济。

莫迪利安尼认为，理性的消费者应根据一生的收入来安排自己的消费与储蓄，使一生的收入与消费相等。家庭的收入包括财产收入和劳动收入，所以，家庭的一般消费函数是：

$$C = aWR + bYL \qquad (2.24)$$

（2.24）式中，C 表示消费额，WR 表示财产收入，YL 表示劳动收入，a 和 b 分别表示财产收入和劳动收入的边际消费倾向。

生命周期理论将人的一生分为年轻时期、中年时期和老年时期三个阶段。

一般来说，在年轻时期，家庭收入低，但未来收入会增加，因此，人们往往把家庭收入的绝大部分用于消费，有时甚至举债消费，导致消费大于收入；进入中年阶段后，随着家庭收入的增加，消费在收入中所占的比例会降低，收入大于消费，人们要把一部分收入储蓄起来用于防老；退休以后，收入下降，消费又会超过收入。因此，在人的生命周期的不同阶段，收入和消费的关系是不断变化的。由此，莫迪利安尼建立了以下总消费函数：

$$C_t = (z_1 + z_2\beta)Y_t + z_3A_t \qquad (2.25)$$

（2.25）式中，C_t 表示现期消费额，Y_t 和 A_t 分别表示现期劳动收入和现期财产收入，z_i（$i=1$，2，3）分别表示现期劳动收入、未来劳动收入和现期财产收入的边际消费倾向，β 表示未来劳动收入折算为现期劳动收入的系数。

从（2.25）式可以得出两点重要结论：一是在人口构成没有发生重大变化的情况下，从长期来看边际消费倾向是稳定的。但是，如果一个社会的人口构成比例发生变化，例如年轻人和老年人的比例增大，则消费倾向会提高，中年人的比例增大，则消费倾向会降低，从而影响整个社会的消费支出和总产出；二是当货币政策等发生变化时，会通过资产价格的变动影响现期财产收入，短期内消费支出可能发生变动，但长期来看，财产与可支配收入的比率大致是不变的。因此，上述消费函数在长期内是稳定性，在短期内可能发生变动，从而影响整个社会的消费支出和总产出。

3. 非对称信息效应论①

它是由伯南克和格特勒（Ben Bernanke & Mark Gertler, 1995）、吉尔克里斯特（Gilchrist, 1996）等提出的。该理论认为银行和企业作为借贷的双方存在着信息不对称，因此银行常以企业的净资产作为发放贷款的约束条件。

企业的净资产可以用下列公式表示：

$$C'_t = C_0 + \Delta C_t - D_t \qquad (2.26)$$

（2.26）式中，C'_t 表示企业在 t 期的净资产，C_0 表示企业发行股票时所筹资本金，ΔC_t 表示企业股票在 t 期的溢价，D_t 表示企业在 t 期的负债额。

如果企业以其净资产到银行申请抵押贷款，银行将按照企业净资产的一定比例发放贷款。由于货币政策调整会引起股票价格的波动，进而导致贷款企业净资产发生变化。例如，扩张性货币政策使股票价格上涨，企业的净资产价值上升，银行发放贷款的道德风险减少，于是银行贷款增加，刺激社会总产出增加，反之亦然。

4. 流动性效应论

---

①　有的文献也称做信贷约束论或资产负债表效应论。

它是由 Amihud 和 Mendelson 于 1986 年提出的。该理论认为，居民或企业在投资某种资产时常常会考虑该资产的流动性。各种资产的流动性存在较大差别，汽车、住房等耐用消费品的流动性较弱，而股票、债券、银行存款等金融资产的流动性较强，很容易在市场上变现。因此，当股票、债券等金融资产的价格上升时，投资者所持有的资产价值将提高，他们对发生财务困境的可能性估计就会降低，因而汽车、住房等耐用消费品的支出将会增加，刺激总产出增加；相反，当股票、债券等金融资产的价格下跌时，投资者所持有的资产价值将下降，他们对发生财务困境的可能性估计就会提高，因而对耐用消费品的支出将会减少，导致总产出下降。由此看出，货币政策将会影响人们对未来财务状况的预期，基于流动性的考虑，人们会在流动性强的金融资产和流动性弱的耐用消费品之间进行选择，从而影响整个社会的消费支出和总产出。

5. 通货膨胀效应论

它是由 Ralph Chami、Thomas. F. Cosimano 和 Connel Fullenkamp 于 1999 年提出。该理论认为企业股东的收益包括股票红利和股票价格上升两个部分，但无论哪一种收入都表现为名义收入，其实际价值取决于价格水平或通货膨胀水平的高低。中央银行通过调整货币政策影响经济社会的一般物价水平（即通货膨胀水平），使股东的名义收入受到通货膨胀影响，股价也会发生波动，这样股东便会要求企业随着通货膨胀率的变化改变其股票的投资回报率，企业为了满足股东的要求就会相应调整生产，最终使总产量上升。这一货币政策传导机制可表述为（以扩张性货币政策为例）：货币供应量↑→物价↑→本期股票真实回报↓和消费↓→企业投资↑→资本存量↑→下一期产出↑。

2.3.4 信贷传导理论

从信贷论来看，货币政策传导的信贷渠道主要包括银行贷款渠道和资产负债表渠道等。伴随着信息经济学的发展，斯蒂格利茨和威斯（Joseph E. Stiglitz & Andrew Weiss，1981）在信息不对称条件下提出了均衡信贷配给理论。伯南克和布兰德尔（Bernanke & Blinder，1988）在《信用、货币与总需求》中探讨了货币政策经由信贷传导的 CC - LM 模型。伯南克和格特勒（Bernanke & Gertler，1995）提出了资产负债表渠道，又称净财富额渠道，由此产生了货币政策的信贷传导主要通过两个途径，即银行贷款渠道和资产负债表渠道。

1. 银行贷款渠道

斯蒂格利茨和威斯（Joseph E. Stiglitz & Andrew Weiss，1981）在其均衡信贷配给理论中指出，除了利率本身影响借款活动外，由于借款人与贷款银行之间存在信息不对称，导致了逆向选择（Adverse Selection）和道德风险（Moral

Risk），由此产生均衡信贷配给，而新古典价格理论通过利率自动调整货币供求的法则在解释信贷配给理论上则是失效的。

伯南克和布兰德尔（Bernanke & Blinder，1988）在封闭经济下的 IS - LM 模型基础上引入银行贷款，产生了 CC - LM 模型。该模型假设前提是：金融资产包括货币、债券和银行贷款三类；不考虑银行信贷配给；借贷双方依据利率高低来选择债券和银行贷款；银行资产包括中央银行的总储备、持有的债券和银行贷款；银行负债仅包括银行各类存款；银行的投资组合由资产的预期回报率决定。于是得到如下方程组：

$$\begin{cases} C^d = C_1(\sigma,i,y) \\ C^s = C_2(\sigma,i,1-\pi) \\ C^d = C^s \end{cases} \tag{2.27}$$

（2.27）式中，$C^d(\cdot)$ 和 $C^s(\cdot)$ 分别表示信贷市场的货币需求函数和货币供给函数，σ 表示银行贷款利率，i 表示债券利率，π 表示法定存款准备金率，$C^d = C^s$ 表示信贷市场的均衡条件，即：

$$C_1(\sigma,i,y) = C_2(\sigma,i,1-\pi) \tag{2.28}$$

（2.28）式即为 CC 模型。货币市场均衡可以用如下方程组来表示：

$$\begin{cases} L^d = L(i,y) \\ M^s = M(i,\pi) \\ L^d = M^s \end{cases} \tag{2.29}$$

（2.29）式中，$L^d(\cdot)$ 和 $M^s(\cdot)$ 分别表示货币市场的需求函数和供给函数，$L^d = M^s$ 表示货币市场的均衡条件，即

$$L(i,y) = M(i,\pi) \tag{2.30}$$

（2.30）式即为 LM 模型。商品市场均衡可表示为

$$y = Y(i,\sigma) \tag{2.31}$$

将（2.28）、（2.30）和（2.31）式联立，可以得到

$$\sigma = \lambda(i,y,\pi) \tag{2.32}$$

$$y = Y[i,\lambda(i,y,\pi)] \tag{2.33}$$

由（2.33）式可以得到将 IS 曲线修正后的 CC 曲线，它与 IS 曲线在图形上是相似的，不同的是，CC 曲线要受到货币政策（π 的变动）以及信贷市场（σ 的变动）影响而发生移动。因此，货币政策的作用通过信贷渠道被放大了。

伯南克和布兰德尔（Bernanke & Blinder，1992）通过对 CC - LM 模型的分析指出，货币政策可以通过商业银行贷款的供给来影响外在融资溢价。由于

在大多数国家，银行贷款仍是借款人的主要资金来源渠道，如果出于某种原因导致银行贷款的供给减少，就会使许多依赖于银行贷款的借款人，特别是中小企业不得不花费大量的时间和成本去寻找新的资金来源渠道，因此，银行贷款的减少将增加外在融资溢价和减少实质性经济活动。中央银行可以通过货币政策改变法定存款准备金率，提高或降低银行准备金规模，间接调控商业银行的贷款能力。当中央银行提高存款准备金率时，商业银行的可贷资金数额减少，贷款利率通常会提高，企业和个人贷款减少，支出水平和总需求下降；相反，当中央银行下调存款准备金率时，商业银行的可贷资金数额增加，贷款利率通常会降低，企业和个人贷款增加，支出水平和总需求将会增加。或者，中央银行在实行紧缩性货币政策时，采用公开市场业务减少商业银行的头寸，就会限制商业银行贷款的供给，通过银行借贷渠道使企业减少投资，收缩生产，产生经济紧缩的效应。在货币需求不稳定和银行贷款占主要外部资金来源的情况下，银行贷款渠道在货币政策传导中的作用会更加明显。

2. 资产负债表渠道

伯南克和格特勒（Bernanke & Gertler，1995）提出了资产负债表渠道，又称净财富额渠道或公司平衡表渠道（Balance – Sheet Channel）。该理论认为，货币政策不仅影响市场利率，而且影响借款者的财务状况。首先，紧缩性货币政策会使有短期或浮动利率债务的借款者增加利息支出，减少净现金流，财务状况恶化。其次，紧缩性货币政策使借款者的资产价格下降，降低借款者的抵押品价值。

当借款人所面临的外在融资溢价取决于借款人融资地位时，中央银行货币政策操作不仅影响到市场利率，还直接或间接影响到借款人的融资地位，就出现了货币政策传导的资产负债表渠道。由于借款人和贷款人之间存在非对称信息，市场的均衡投资水平主要取决于借款人的资产负债表状况。货币政策通过影响借款人的资产负债状况，从而影响银行对借款人的授信，并直接或间接作用于借款人的投资和生产活动，从而达到放大货币政策影响力的结果。

奥利讷和路德布斯克（Oliner & Rudebusch，1996）对资产负债表渠道如何传导货币政策做了一个模型描述（见图 2 – 12）。

图 2 – 12 中，S 表示资金供给曲线，D 表示资金需求曲线，i 表示利率，I 表示总投资，θ 表示无风险利率，F 表示内部融资额。最初均衡状态时，S_0 与 D 相交于 A 点，对应的总融资成本为 i_0，总投资额为 I_0。当中央银行实行紧缩性货币政策时，无风险利率上升，同时由于借贷市场上存在信息不对称和道德风险，使得资金供给曲线上移到 S_1 位置，而非 S_1' 位置，新的均衡点位于 C 点，对应的总融资成本为 i_1，总投资额为 I_1。

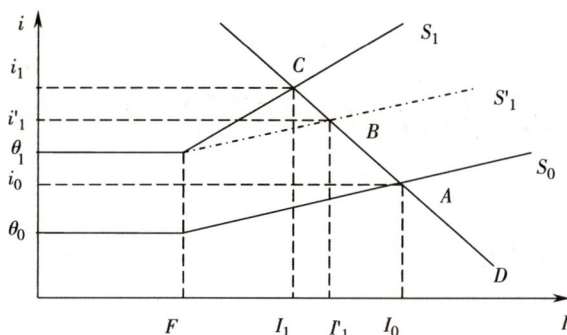

图 2 - 12　资产负债表渠道

本章小结

　　本章是全书的理论基础，从内外均衡理论入手，阐述了开放经济下的IS - LM - BP 模型，即 M - F 模型，该模型研究了不同程度资本流动下的货币政策效应，得出了著名的蒙代尔"不可能三角"理论，即货币政策独立性、资本自由流动与汇率稳定这三个政策目标不可能同时达到，只能选择其中两个目标，放弃第三个目标。这一结论为保持我国货币政策独立性，逐步实行浮动汇率和开放资本市场提供了理论依据。本章最后从利率、汇率、资产价格和信贷四个渠道分析了西方货币政策传导理论，为下文阐述国际资本异动下的货币政策传导效应奠定了理论基础。

3　中国资本异动的测度及其现实影响

亚洲金融危机以来，我国资本流动呈现剧烈波动，尤其是国际短期资本的大规模、非正常、突发性、剧烈流动，削弱了中央银行调控经济的效力，加大了货币政策调控的难度。我国货币当局应具备全球视野，充分考虑我国资本异动状况，制定切实有效的货币政策。

3.1　中国资本异动的测度

本节采用不同的测度方法对亚洲金融危机以来我国短期资本流动规模进行测算，分析国际资本异动状况，以便进一步研究国际资本异动对我国货币政策传导效应的影响。

3.1.1　中国资本异动的 IMF 经验判断

在导论中笔者曾指出，根据国际货币基金组织的经验数据，通常可以比较直观地判断出一国是否出现国际资本异动，即测算国际收支平衡表中"净误差与遗漏"项占该国同期进出口贸易总额的比例，如果这一比例超过5%的经验警戒线，国际上则认为该国出现国际资本异动，反之亦然。笔者结合我国1997—2013 年国际收支平衡表数据，得出我国近年来国际资本异动状况的IMF 经验判断，其结果如表 3 – 1 所示。

表 3 – 1　1997—2013 年我国"净误差与遗漏"项占进出口贸易总额的比例

单位：亿美元、%

年份	净误差与遗漏[①] (1)	进出口贸易总额 (2)	占 比 (3) ＝ (1) ／ (2)
1997	− 222. 54	3 191. 18	− 6. 97
1998	− 187. 24	3 204. 45	− 5. 84
1999	− 177. 88	3 534. 51	− 5. 03
2000	− 118. 93	4 637. 88	− 2. 56

---

① "净误差与遗漏"项为负值表示资本净流出，正值表示资本净流入。

年份	净误差与遗漏 （1）	进出口贸易总额 （2）	占　比 （3）＝（1）／（2）
2001	− 48.56	4 981.33	− 0.97
2002	77.94	6 071.35	1.28
2003	82	8 322	0.99
2004	130	11 278	1.15
2005	229	13 908	1.65
2006	36	17 216	0.21
2007	133	21 242	0.63
2008	188	25 088	0.75
2009	− 414	21 581	− 1.92
2010	− 529	29 086	− 1.82
2011	− 138	35 641	− 0.39
2012	− 871	37 922	− 2.30
2013	− 776	40 781	− 1.90

数据来源：根据国家外汇管理局公布的国际收支平衡表相关年度数据（1997—2013 年）整理得到。

由表 3 - 1 可以看出，1997—1999 年我国"净误差与遗漏"项占进出口贸易总额的比例均大于 5% 的国际公认经验警戒线，2000 年以来这一比例明显下降，且处于 5% 的经验警戒线之内，1997—2013 年，这一比例的平均值为 2.55% ，也处于安全范围，但这并不能说明我国近年来不存在国际资本异动问题，5% 的经验警戒线主要适用于 OECD 国家，因为这些国家市场经济比较完善，资本市场高度发达，而中国贸易项下已全面开放，导致近年来进出口贸易额激增，资本项目尚未完全自由兑换，"净误差与遗漏"项对比发达国家来说规模较小，如果现在就以 5% 来衡量国际资本异动状况，显然标准定得过于宽松。笔者认为，5% 的经验警戒线只能作为市场经济较成熟国家对于是否出现国际资本异动的一个基本经验判断，对于我国当前经济发展和资本市场成熟度来说，这一比例应该有所下降①。图 3 - 1 给出我国近年来"净误差与遗漏"项占进出口贸易总额的比例波动状况。

────────────

①　例如，韩振国、张欣渝运用统计上的置信区间假设对我国 1994—2005 年的数据进行分析，得出结论：在 95% 的置信区间内，"净误差与遗漏"项占货物进出口贸易总额的比例在（− 1.5207% ~ 1.2800%）的区间内是合理的，表明我国这段时期已出现国际资本的异常流动。

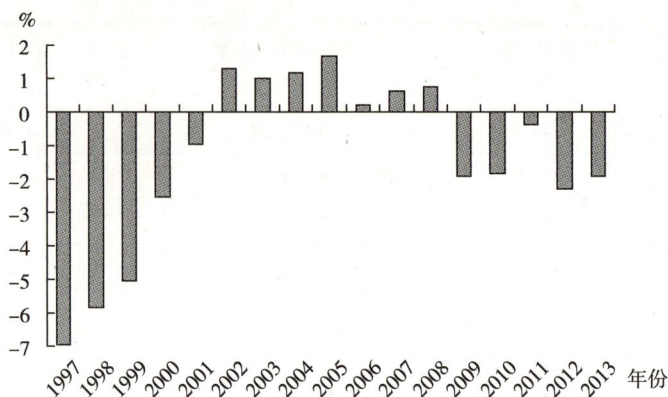

图 3 - 1　我国"净误差与遗漏"项占进出口贸易总额的比例（1997—2013 年）

由图 3 - 1 可以看出，受亚洲金融危机影响，1997—1999 年我国呈现国际资本的快速流出状态。2002—2004 年受人民币升值预期影响，国际资本大量涌入国内。2005 年获利资本向国外大量撤出。2006—2007 年国际资本又小幅回流。2008 年下半年以来，由于受到国际金融危机的冲击，国际资本撤离国内，尽管 2011 年国际资本出现了回流迹象，但 2009—2013 年国际资本总体呈现净流出格局。

3.1.2　我国短期资本流动规模的测算

目前，国际上通行的估算短期资本流动的方法主要有四种：

1. 非直接投资净额调整法

该方法是国际货币基金组织、国际清算银行（BIS）等机构测算国际短期资本流动规模的方法。其计算公式为：

非直接投资净额 = 资本和金融项目差额 - 直接投资差额　　　　　（3.1）

国际收支平衡表中资本和金融项目扣除直接投资，其余各项包括资本项目、证券投资、贸易信贷、贷款、货币和存款、其他投资等均属于非直接投资项。利用（3.1）式，可以得出 1997—2013 年我国非直接投资净额（见表 3 - 2），表中数据正值为净流入，负值为净流出。

表 3 - 2　　　　　　1997—2013 年我国非直接投资净额计算表　　　单位：亿美元

年份	资本项目 （1）	证券投资 （2）	贸易信贷 （3）	贷款 （4）	货币和存款 （5）	其他投资 （6）	非直接投资净额 （7）=（1）+（2） +（3）+（4） +（5）+（6）
1997	- 0.21	69.42	- 150.18	12.56	- 170.90	32.72	- 206.59

60

续表

年份	资本项目 （1）	证券投资 （2）	贸易信贷 （3）	贷款 （4）	货币和存款 （5）	其他投资 （6）	非直接投资净额 （7）＝（1）＋（2） ＋（3）＋（4） ＋（5）＋（6）
1998	−0.47	−37.33	−220.92	−46.79	−46.49	−122.41	−474.41
1999	−0.26	−112.34	−96.31	−39.84	73.39	−142.63	−317.99
2000	−0.35	−39.91	52.73	−208.21	−61.03	−98.84	−355.61
2001	−0.54	−194.06	−17.40	138.23	−27.22	75.17	−25.82
2002	−0.50	−103.42	39.47	−95.31	−21.99	36.76	−144.99
2003	0	114	32	204	−59	−238	53
2004	−1	197	27	−65	218	103	479
2005	41	−47	25	−77	60	47	49
2006	40	−684	−129	148	−13	129	−509
2007	31	164	53	−35	345	−1 008	−450
2008	31	349	−131	−149	−213	−633	−746
2009	39	271	−22	102	136	587	1 113
2010	46	240	−121	581	23	241	1 010
2011	54	196	−330	598	−672	492	338
2012	43	478	−195	−821	−1 642	57	−2 080
2013	31	605	−154	615	738	−423	1 412

数据来源：根据国家外汇管理局公布的国际收支平衡表数据（1997—2013 年）整理得到。

表 3-2 测算出的国际短期资本流动规模存在一定误差，需要进行适当调整。国际上比较常见的做法有两种，一是净误差与遗漏项调整法，二是分项调整法。通过这两种方法调整后的短期资本流动规模能够更加真实地反映我国近年来国际短期资本流动状况，调整后的结果如表 3-3 所示。

表 3-3　　调整后的我国 1997—2013 年非直接投资净额计算表　　单位：亿美元

年份	调整前 非直接 投资（1）	净误差与 遗漏项的 40%（2）	进出口 总额的 1%（3）	经常转移 的40% （4）	外商直接 投资中的 30%（5）	调整后非 直接投资① （6）＝（1） ＋（2）	调整后非 直接投资② （7）＝（1）＋ （3）＋（4）＋（5）
1997	−206.59	−89.02	31.91	20.57	132.71	−295.61	−21.40
1998	−474.41	−74.90	32.04	17.11	131.26	−549.31	−294.00

————————

① 采用净误差与遗漏项调整法计算得出。

② 采用分项调整法计算得出。

续表

年份	调整前非直接投资（1）	净误差与遗漏项的40%（2）	进出口总额的1%（3）	经常转移的40%（4）	外商直接投资中的30%（5）	调整后非直接投资（6）=（1）+（2）	调整后非直接投资（7）=（1）+（3）+（4）+（5）
1999	-317.99	-71.15	35.35	19.77	116.26	-389.14	-146.61
2000	-355.61	-47.57	46.38	25.24	115.20	-403.18	-168.79
2001	-25.82	-19.42	49.81	33.97	132.72	-45.24	190.68
2002	-144.99	31.18	60.71	51.94	147.92	-113.81	115.58
2003	53	32.80	83.22	69.60	148.50	85.80	354.32
2004	479	52.00	112.78	91.60	186.30	531.00	869.68
2005	49	91.60	139.08	95.60	312.30	140.60	595.98
2006	-509	14.40	172.16	112.40	372.30	-494.60	147.86
2007	-450	53.20	212.42	148.40	468.60	-396.80	379.42
2008	-746	75.20	250.88	172.80	514.50	-670.80	192.18
2009	1 113	-165.60	215.81	126.30	393.30	947.40	1 848.91
2010	1 010	-211.60	290.86	162.80	731.10	798.40	2 194.76
2011	338	-55.20	356.41	98.00	840.30	282.80	1 632.71
2012	-2 080	-348.40	379.22	13.60	528.90	-2 428.40	-1 158.28
2013	1 412	-310.40	407.81	-34.80	555.00	1 101.60	2 340.01

数据来源：根据国家外汇管理局公布的国际收支平衡表相关年度数据整理得到（1997—2013 年）。

表 3-3 中，倒数第二栏是采用"净误差与遗漏项调整法"计算的调整后非直接投资净额，它是将国际收支平衡表中的净误差与遗漏项在直接投资和非直接投资两种形式中进行分配，已有研究表明将其中的 40% 作为非直接投资是比较合理的[①]。最后一栏是采用"分项调整法"计算的调整后非直接投资净额，它是具体分析短期资本可能通过经常项目下的对外贸易、经常转移和金融项目下的直接投资等形式流动，可以对这些项目进行分项调整。根据经验估算表明，进出口总额中的 1%、经常转移中的 40%、外商直接投资中的 30% 可以计入非直接投资[②]。

---

① 王信，林艳红. 90 年代以来我国短期资本流动的变化 [J]. 国际金融研究，2005 (12).
② 刘仁武. 国际短期资本流动监管 [M]. 北京：社会科学文献出版社，2008.

上述三种测算结果，即调整前非直接投资净额、净误差与遗漏项调整后非直接投资净额以及分项调整后非直接投资净额所反映出的我国近年来短期资本流动状况可以通过图形加以比较说明（见图3-2）。

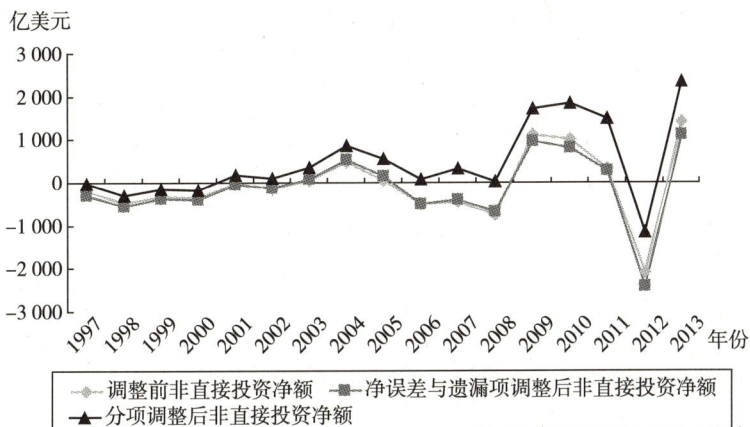

图3-2 我国调整前后的非直接投资净额比较（1997—2013年）

2. 直接测算法

也称直接法、国际收支平衡表法，它是一种较为简单、直观地测算国际短期资本流动的方法，即直接从国际收支平衡表中采集相关数据得出。

直接测算法的基本计算公式是：

短期资本流动净额 = BOP反映的短期资本流动净额 + 净误差与遗漏项

(3.2)

（3.2）式中BOP反映的短期资本流动净额具体包括证券投资中货币市场工具以及其他投资中的短期贸易信贷、短期贷款、货币和存款、其他短期净流入等，将上述各项的净额加总就可以得出BOP反映的短期资本流动净额。此外，一国隐蔽性资本外流或内流常常根据"净误差与遗漏"项近似地估算。因此，通过直接测算法产生的短期资本流动净额是由BOP反映的短期资本流动净额和净误差与遗漏项加总计算得到的，可以较直观地反映出引起我国短期资本流动的主要原因及其影响程度。

根据直接测算法的公式（3.2），笔者结合我国1997—2013年国际收支平衡表中货币市场工具、短期贸易信贷、短期贷款、货币和存款、其他短期净流入和净误差与遗漏项的数据进行加总，测算出了我国1997—2013年的短期资本流动净额（见表3-4）。

依据表3-4中的测算结果通过图形加以反映（见图3-3），能够更加清晰地观测出近年来我国短期资本流动状况的变化趋势。

表 3 - 4　　　　　我国 1997—2013 年短期资本流动直接测算表　　单位：亿美元

年份	货币市场工具（1）	短期贸易信贷（2）	短期贷款（3）	货币和存款（4）	其他短期净流入（5）	净误差与遗漏（6）	短期资本流动净额 (7) = (1) + (2) + (3) + (4) + (5) + (6)①
1997	0.70	- 150.18	- 19.54	- 170.90	2.02	- 222.54	- 560.44
1998	- 0.63	- 220.92	- 21.71	- 46.49	- 97.57	- 187.24	- 574.56
1999	- 0.57	- 96.31	- 42.47	73.39	- 78.22	- 177.88	- 322.06
2001	- 150.98	- 17.40	151.99	- 27.22	140.10	- 48.56	47.93
2002	- 88.13	39.47	- 49.71	- 21.99	36.69	77.94	- 5.73
2003	- 50	32	266	- 59	222	82	493
2004	- 93	11	- 89	218	103	130	280
2005	- 36	22	- 95	60	78	229	258
2006	- 35	- 121	138	- 13	91	36	96
2007	23	50	- 64	345	- 1 014	133	- 527
2008	- 126	- 122	- 150	- 213	- 610	188	- 1 033
2009	34	- 21	612	136	477	- 414	824
2010	- 11	- 113	757	23	245	- 529	372
2011	53	- 321	900	- 672	506	- 138	328
2012	35	- 190	- 355	- 1 642	111	- 871	- 2 912
2013	173	- 149	842	738	- 531	- 776	297

数据来源：根据国家外汇管理局公布的国际收支平衡表相关年度数据（1997—2013 年）整理得到。②

3. 间接测算法

也称间接法、余额法、世行法，它是在 BOP 反映的短期资本流动净额基础上，加上隐蔽性资本流出。其中隐蔽性资本流出净额的测算公式为：

隐蔽性资本流出 = 外债增加 + 外国直接投资净流入 - 经常项目逆差

－ 储备资产的增加　　　　　　　　　　　　　（3.3）

（3.3）式的测算结果若为正值，表明该国出现隐蔽性资本流出；若为负

---

①　表中（1）~（5）项之和为 BOP 反映的短期资本流动净额。

②　2000 年国际收支平衡表中相关各项没有区分长期和短期，因此无法对该年度进行测算，下述方法同。

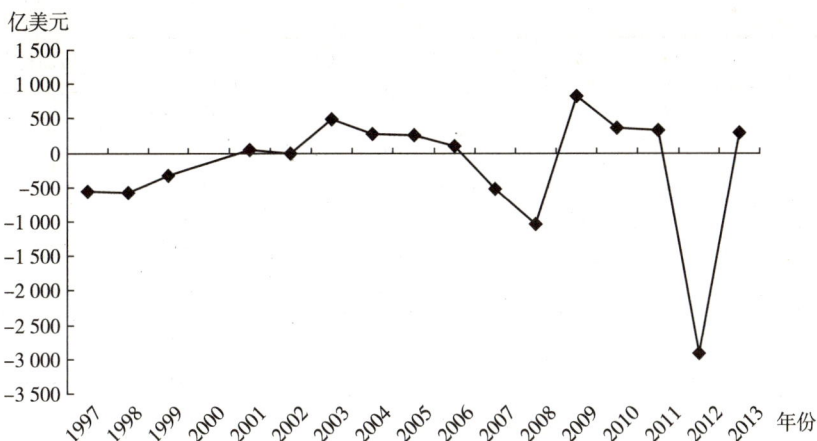

亿美元

图 3-3 直接法测算的我国短期资本流动净额（1997—2013 年）

值，表明该国出现隐蔽性资本流入；若为 0，表明未出现隐蔽性资本流动。

间接法测算短期资本流动净额的公式为：

短期资本流动净额 = BOP 短期资本流动净额 + 隐蔽性资本流动净额　　（3.4）

（3.4）式中的 BOP 短期资本流动净额可以通过下述方法计算得出：采用表 3-4 中最后一列数据（短期资本流动净额）减去倒数第二列数据（净误差与遗漏）就可得出 1997—2013 年的 BOP 短期资本流动净额。

根据（3.3）式和（3.4）式，结合我国历年来的外债统计及国际收支平衡表数据，运用间接法可以测算出我国 1997—2013 年短期资本流动净额（见表 3-5）。

表 3-5　　　　　　　我国 1997—2013 年短期资本流动间接测算表　　　单位：亿美元

年份	外债增加（1）	外国直接投资净流入（2）	经常项目逆差（3）	储备资产增加（4）	隐蔽性资本流出（5）=（1）+（2）-（3）-（4）	BOP 短期资本净额（6）	短期资本流动净额（7）= -（5）+（6）
1997	146.80	442.36	-369.63	357.24	601.55	-337.9	-939.45
1998	150.83	437.52	-314.71	64.26	838.8	-387.32	-1 226.12
1999	57.87	387.52	-211.14	85.05	571.48	-144.18	-715.66
2001	575.76	442.41	-174.05	473.25	718.97	96.49	-622.48
2002	-6.7	493.08	-354.22	755.07	85.53	-83.67	-169.20
2003	167.3	495	-431	1 061	32.3	411	378.70
2004	436.3	621	-689	1 901	-154.7	150	304.70

续表

年份	外债增加（1）	外国直接投资净流入（2）	经常项目逆差（3）	储备资产增加（4）	隐蔽性资本流出（5）=（1）+（2）-（3）-（4）	BOP短期资本净额（6）	短期资本流动净额（7）= -（5）+（6）
2005	335.5	1 041	-1 324	2 506	194.5	29	-165.50
2006	420.5	1 241	-2 318	2 848	1 131.5	60	-1 071.50
2007	506.3	1 562	-3 532	4 607	993.3	-660	-1 653.30
2008	9.4	1 715	-4 206	4 795	1 135.4	-1221	-2 356.40
2009	384.9	1 311	-2 433	4 003	125.9	1 238	1 112.10
2010	1 202.9	2 437	-2 378	4 717	1 300.9	901	-399.90
2011	1 460.6	2 801	-1 361	3 878	1 744.6	466	-1 278.60
2012	419.9	2 412	-2 154	966	4 019.9	-2 041	-6 060.9
2013	1 261.8	2 582	-1 828	4 314	1 357.8	1 073	-284.8

数据来源：根据国家外汇管理局公布的中国外债数据及国际收支平衡表相关年度数据（1997—2013年）整理得到。

上述测算结果可以通过图形加以反映（见图3-4）。

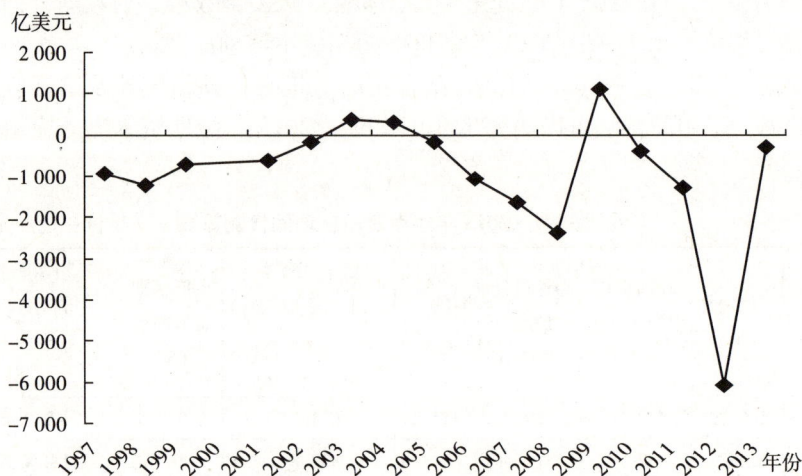

图3-4 间接法测算的我国短期资本流动净额（1997—2013年）

4. 克莱因法

克莱因法是由克莱因（Cline，1987）在摩根公司测算基础上加以改进。摩根信托担保公司（Morgan Guaranty）依据间接法的测算结果，将银行系统的短期外国资产增加额从中减去。克莱因又从摩根法中减去已留在国外的外国资产再投资收益、其他投资收益和经常项目中的旅游及边境贸易收入,这些被认为是合理的资本流动。克莱因法的测算公式是:

隐蔽性国际资本流出 = 外债增加 + 外国直接投资净流入
 − 经常项目逆差 − 储备资产的增加
 − 银行体系和货币当局的短期外币资产
 − 旅游和边境贸易收入 − 其他资本收入 　　　(3.5)

短期资本流动净额 = BOP 短期资本流动净额 + 隐蔽性资本流动净额
(3.6)

根据(3.5)式和(3.6)式,结合外债统计及国际收支平衡表数据,运用克莱因法可以测算出我国 1997—2013 年短期资本流动净额(见表 3−6)。

表 3−6　　克莱因法测算的我国 1997—2013 年短期资本流动净额 单位:亿美元

年份	间接法测算结果 (1)	银行等短期资产 (2)	旅游收入 (3)	投资收益 (4)	短期资本流动净额 (5) = (1) + (2) + (3) + (4)
1997	− 939.45	− 169.02	39.44	− 111.70	− 1 180.73
1998	− 1 226.12	− 243.26	33.96	− 165.36	− 1 600.78
1999	− 715.66	− 139.35	32.34	− 140.93	− 963.60
2001	− 622.48	− 16.39	38.83	− 186.19	− 786.23
2002	− 169.20	− 98.37	49.87	− 146.69	− 364.39
2003	378.70	248	22	− 104	544.70
2004	304.70	− 171	60	− 58	135.70
2005	− 165.50	− 109	75	− 176	− 375.50
2006	− 1 071.50	− 18	96	− 71	− 1 064.50
2007	− 1 653.30	9	74	37	− 1 533.30
2008	− 2 356.40	− 398	47	222	− 2 485.40
2009	1 112.10	625	− 40	− 157	1 540.10
2010	− 399.90	633	− 91	− 381	− 238.90
2011	− 1 278.60	632	− 241	− 853	− 1 740.60
2012	− 6 060.9	− 510	− 519	− 352	− 7 441.9
2013	− 284.8	866	− 769	− 599	− 786.8

数据来源:根据国家外汇管理局公布的中国外债数据及国际收支平衡表相关年度数据(1997—2013 年)整理得到。

克莱因法与间接法测算的我国1997—2013年短期资本流动净额比较见图3-5。

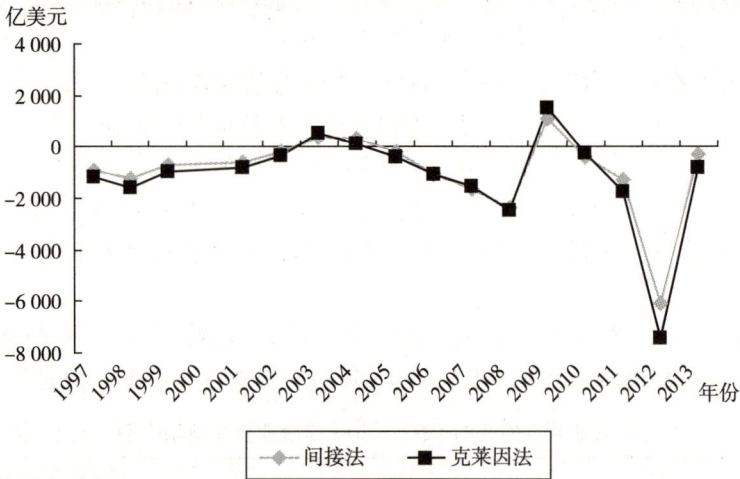

图3-5 克莱因法与间接法测算的短期资本流动净额比较（1997—2013年）

上述五种方法①从不同的角度对短期资本流动净额进行测算，各有特点，但也存在明显的缺陷，如非直接投资净额调整法的调整过程容易受主观判断的影响，直接测算法存在低估短期资本流动规模的可能，间接测算法又存在高估的问题，而克莱因法测算结果波动较大。

这里，我们可以采用将上述五种方法的测算结果求算数平均值，来确定最后较为合理的短期资本流动净额，使其更好地反映我国1997—2013年短期资本流动规模（见表3-7），并用图形表示（见图3-6）。

表3-7　　　　采用上述5种方法测算我国1997—2013年
短期资本流动规模算数平均值　　　　　单位：亿美元

年份	净误差与遗漏项调整法 (1)	分项调整法 (2)	直接测算法 (3)	间接测算法 (4)	克莱因法 (5)	短期资本流动规模算数平均值 (6) = [(1) + (2) + (3) + (4) + (5)] /5
1997	-295.61	-21.40	-560.44	-939.45	-1 180.73	-599.53
1998	-549.31	-294.00	-574.56	-1 226.12	-1 600.78	-848.95
1999	-389.14	-146.61	-322.06	-715.66	-963.60	-507.41

① 其中非直接投资净额调整法可分为净误差与遗漏项调整法和分项调整法两种方法。

年份	净误差与遗漏项调整法（1）	分项调整法（2）	直接测算法（3）	间接测算法（4）	克莱因法（5）	短期资本流动规模算数平均值（6）＝［（1）＋（2）＋（3）＋（4）＋（5）］/5
2001	-45.24	190.68	47.93	-622.48	-786.23	-243.07
2002	-113.81	115.58	-5.73	-169.20	-364.39	-107.51
2003	85.80	354.32	493	378.70	544.70	371.30
2004	531.00	869.68	280	304.70	135.70	424.22
2005	140.60	595.98	258	-165.50	-375.50	90.72
2006	-494.60	147.86	96	-1 071.50	-1 064.50	-477.35
2007	-396.80	379.42	-527	-1 653.30	-1 533.30	-746.20
2008	-670.80	192.18	-1 033	-2 356.40	-2 485.40	-1 270.68
2009	947.40	1 848.91	824	1 112.10	1 540.10	1 254.50
2010	798.40	2 194.76	372	-399.90	-238.90	545.27
2011	282.80	1 632.71	328	-1 278.60	-1 740.60	-155.14
2012	-2 428.40	-1 158.28	-2 912	-6 060.9	-7 441.9	-4 000.30
2013	1 101.60	2 340.01	297	-284.8	-786.8	533.40

数据来源：根据国家外汇管理局公布的中国外债数据及国际收支平衡表相关年度数据（1997—2013 年）整理得到。

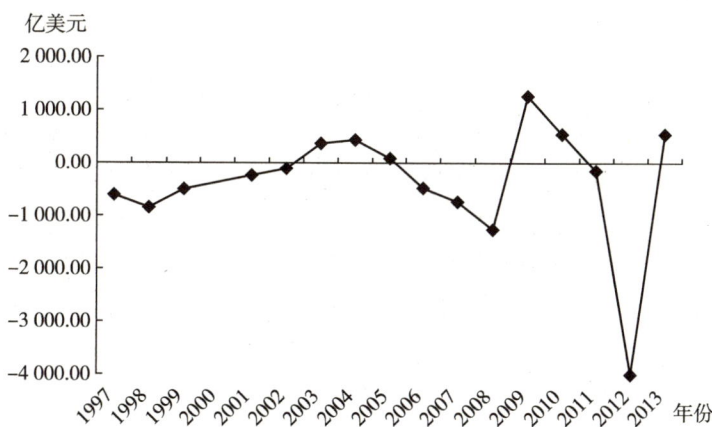

图3-6　我国短期资本流动规模变化趋势图（1997—2013 年）

3.1.3 我国资本异动的六个阶段

从图 3-6 可以看出，1997—2013 年我国经历了六次方向相反的大规模异常资本流动，第一次是 1997—1998 年的资本外流，第二次是 2002 年下半年至 2004 年的资本内流，第三次是 2007—2008 年的资本外流，第四次是 2009 年的资本内流，第五次是 2012 年的资本外流，第六次是 2013 年以来的资本内流。

大量境外资本尤其是国际短期资本纷纷流入我国，势必对我国的经济发展产生深远影响，主要表现在以下几个方面：（1）加大人民币升值压力，影响人民币汇率稳定，进而影响经济增长；（2）国际短期资本大量流入容易对国内经济造成推波助澜的虚假繁荣；（3）加剧通货膨胀压力，影响货币政策的实施效果；（4）对信贷市场的冲击，加大金融体系风险，有可能导致银行危机，不利于宏观调控的稳健运行，热钱大规模撤出还可能引发系统性金融危机；（5）短期内国际资本的大量流入流出，会直接导致国际收支的大幅度变动等。

以下针对亚洲金融危机后我国国际资本异动的六个阶段分别加以阐述。

1. 第一阶段：1997—1998 年的资本外流

从图 3-6 可以看出，我国资本外流规模在 1998 年达到 840 亿美元，1999 年明显下降。从国际收支平衡表看，我国 1997—1999 年货物贸易持续保持顺差，分别为 462.22 亿美元、466.14 亿美元和 359.80 亿美元，资本和金融项目差额分别为 210.15 亿美元、-63.21 亿美元和 51.80 亿美元，其中非 FDI 分别为 -206.58 亿美元、-474.40 亿美元和 -317.99 亿美元，"净误差与遗漏"项目三年均为负值，分别为 -222.54 亿美元、-187.24 亿美元和 -177.88 亿美元。由此可以看出，受亚洲金融危机的影响，1997 年大量游资从我国境内撤出，1998 年达到高峰，1999 年资本流出规模开始下降，其主要原因是由于人民币利率在 20 世纪 90 年代中期达到高峰，大量境外资金混入我国套取利差、汇差，或进入 A 股市场炒作。1997 年下半年亚洲金融危机发生后，形势发生变化，对人民币贬值预期加剧，导致境外"热钱"在 1998 年大量抽逃，国内资本也有一部分避险性质的资本逃逸。随着国家宏观调控日趋成熟，保持稳健的货币政策不变，外汇储备不断增加，人民币贬值预期减弱，同时加大打击走私、逃骗汇和出口骗退税的市场整顿力度，1999 年我国资本外逃规模明显下降。

2. 第二阶段：2002—2004 年的资本内流

从 2002 年下半年起，由于西方主要国家中央银行连续降息导致人民币利率高于美元利率，而且"人民币升值论"兴起，中国经历了大规模的国际资本内流。2002—2004 年我国外汇储备规模大幅度增长，三年增幅分别为 35%、40.8% 和 51.25%，连续多年位居世界第二。从国际收支平衡表来看，2003—2004 年，我国资本和金融项目顺差为 549 亿美元和 1 082 亿美元，分别比上年增长 70.02% 和 97.09%。2002 年，"净误差与遗漏"项目从连续多年的负值转变为正值，该项目在 2002—2004 年分别为 77.94 亿美元、82 亿美元和 130 亿美元，2003 年和 2004 年分别比上年增长 5.21% 和 58.54%。

这一阶段，外资在中国享受着超内资的"国宾待遇"，为了获取对外资的政策优惠，以"外资"面目回流的外逃内资构成了中国变相资本内流的重要组成部分。账面统计的中国内地最大外资来源地香港实际上是中国内地资本外逃然后回流的中转站。此外，商务部研究院课题组 2004 年完成的一份研究报告显示，英属维尔京群岛、西萨摩亚、开曼群岛、百慕大等若干离岸金融中心已成为我国重要的外资来源地，按实际投资额排名，2002—2003 年，英属维尔京群岛连续两年位居我国第二大外资来源地。中国驻外的离岸公司也已数以万计，虽然方便了海外上市，但离岸金融中心的确给中国资本流动带来了风险，必须重视离岸金融中心在我国跨境资本流动中的重要作用。

2002 年下半年以来，国际游资大规模内流给人民币升值造成了沉重压力，缩小了政府宏观调控的空间，严重干扰了人民银行遏制信贷增长的货币政策。面对国际游资大量内流，我们需要对外汇实行平衡管理，改变过去歧视性的、"宽进严出"的不对称政策框架，有效化解国际游资冲击的风险。

3. 第三阶段：2007—2008 年的资本外流

2007 年下半年美国次贷危机爆发，危机迅速波及实体经济，2008 年下半年次贷危机演变为国际金融危机。此次危机已经导致世界范围的经济大衰退，不少新兴市场出现资本外流、储备下降、汇率贬值，而中国面对严重的外部冲击和内部结构调整困难，对外经济依然保持较平稳运行，国际收支状况逐步改善，外汇供求关系逐渐趋于平衡，内外部经济总体保持协调发展。

从国际收支平衡表看，2007 年我国全年货物贸易顺差 3 159 亿美元，2008 年达到 3 606 亿美元，比 2007 年上涨 14.15%。从资本和金融项目来看，2007 年下半年和 2008 年下半年均出现资本外流，该项目差额分别为 -139 亿美元和 -318.31 亿美元，其中非 FDI 也呈现出大规模净流出，分别为 -949 亿美元和 -1 072.16 亿美元。2007—2008 年，我国外汇储备增长与资本和金融账户波动趋势相同。"净误差与遗漏"项目在 2007 年下半年和 2008 年下半年均出现大幅度下降，相比上半年来说，下降数额分别为 83 亿美元和 154.66 亿美元（见图 3-7）。2008 年上半年，中国的宏观经济仍延续着外汇储备保值增值压力加大，外汇占款过多，通货膨胀压力不断增大的"过热"态势。而国际收支的"双顺差"加上国内经济趋热,使货币当局处于两难抉择,为了收缩流动性,必然会导致利率上升,人民币升值压力加大。进入 2008 年下半年,随着全球经济形势的迅速恶化,国内出口额增速放缓,中国证券投资由 2008 年上半年的 198. 22 亿美元下降到 2008 年下半年的 150. 78 亿美元,降幅为 23. 93%,对外证券投资流出及外国对华证券投资流入大幅缩水,"双顺差"形势不变,但外汇储备增速放缓,由 2007 年下半年的增长 32. 63% 下降到 2008 年下半年的增长 4. 84%。这表明受国际金融危机影响,全球主要经济体的经济出现不同程度的恶化,亚洲等新兴市场国家的出口增速下降,发达国家金融市场出现流动性短缺和信贷紧缩,导致其金融机构不得不从海外抽回资金,短期资本从发展中国家回流至发达国家。由于国际资本流动活跃程度降温,国际游资逐渐从国内流出。

亿美元

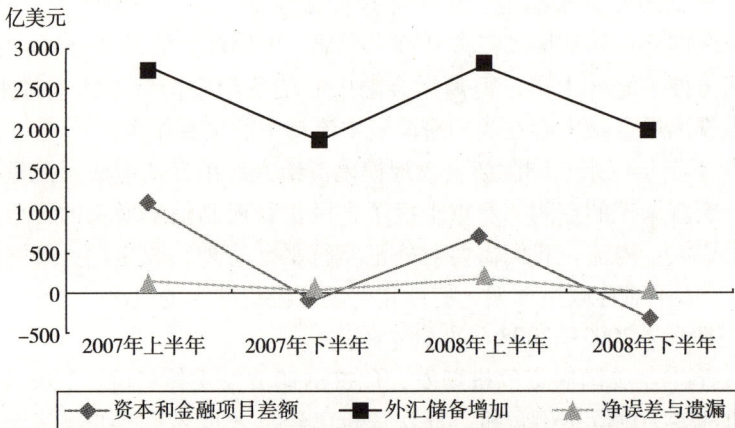

数据来源:根据国家外汇管理局公布的国际收支平衡表相关年度数据(2007—2008 年)整理得到。

图 3 - 7　我国 2007—2008 年国际资本流动趋势图

由图 3 - 7 可以看出,2007 年下半年以来资本外流的主要原因有两个:第一,受国际金融危机影响,国内出口增速放缓,人民币升值预期降低。2008 年上半年货物贸易顺差比 2007 年同期下降 2. 8%,2008 年下半年,受主要发达国家经济全面下滑以及国际大宗商品市场价格急剧下跌影响,我国货物贸易进出口增速放缓,其中进口增速下降更为显著,货物贸易顺差止跌回升,增长 27%。第二,人民币资产的投资收益下滑,境外对中国证券投资也显著减少。从 2007 年下半年开始,境内机构(主要是银行部门)对外证券投资加速回流,我国证券投资项下呈净流入态势,其中外国来华证券投资净流入下降 60. 44%,为 108 亿美元。2008 年上半年境外证券投资净流入同比下降

50.49%，2008 年下半年大量国际资本为求自保，纷纷投向安全性相对较高的金融资产或在去杠杆化过程中向母国加速回流，我国资本和金融项目差额为 -318.31 亿美元。

由此看出，2007 年下半年以来，我国呈现出明显的资本外流，但存在一定程度的震荡调整。货币当局应做好国际收支形势逆转的风险防范和应急预案，密切跟踪国际金融形势变化，完善国际收支统计监测预警机制和外汇账户系统，实现对全口径外汇收支的全程监控、及时预警，以便适时调整政策方向，保障宏观经济持续、健康发展。

4. 第四阶段：2009 年的资本内流

2009 年，在大规模经济刺激政策的作用下，各主要经济体中央银行维持接近零利率，世界经济出现企稳回升，但主要经济体复苏内在动力不足，就业形势尚未好转。新兴市场经济体，特别是亚洲经济体，则出现了较为明显的恢复性增长。2009 年初，国际热钱就先于世界经济复苏，重新进入大宗商品市场，通过参与大宗商品期货市场的交易获益，并引发资产价格泡沫，使新兴经济体面临输入型通货膨胀压力。同时，热钱进入资本市场和房地产市场，使本处于高位的资产泡沫进一步上行。由于西方主要国家中央银行利率接近零的水平，跨境逐利资本流向新兴经济体的股市、房地产市场，使新兴经济体资本市场成为国际热钱的主要流入地。

根据国家外汇管理局公布的数据显示，2009 年我国对外经济呈现出经常项目、资本和金融项目"双顺差"的格局，经常项目顺差 2 433 亿美元，较 2008 年下降 42.15%，资本和金融项目顺差 1 985 亿美元，较 2008 年增长 395.01%。2009 年末，外汇储备达 23 991.52 亿美元，较 2008 年增加 4 531.22 亿美元。2009 年上半年，资本和金融项目差额由 2008 年下半年的 -318.31 亿美元转为顺差 1 066 亿美元，比 2008 年同期增长 48.2%。2009 年上半年"净误差与遗漏"项目差额为 -440 亿美元，下半年该项目为顺差 26 亿美元。截至 2009 年末，我国外债余额为 4 286.5 亿美元，同比增长 9.87%。其中，登记外债余额为 2 669.5 亿美元，同比增长 2.45%；占外债余额的 62.28%；短期外债余额为 2 592.6 亿美元，同比增长 14.57%，占外债余额的 60.48%，总体来看表明国际资本已有回流迹象。

2008 年 10 月至 2009 年 11 月共有逾 5 000 亿港元热钱流入香港，其规模是前所未有的。"国际热钱大量入港的真实目标是，期望人民币快速升值后能带来与内地相关在港人民币资产的上涨。"交通银行首席经济学家连平说。2009 年第三季度我国外汇储备增加了 1 410 亿美元，而第三季度贸易顺差与利用外资额仅为 600 亿美元左右，还有 800 亿美元无法解释清楚。此外，9

月我国新增外汇占款超过 4 000 亿元，10 月也达到 2 200 亿元，均远远超过月均 1 000 多亿元的增长规模①。这表明 2009 年下半年国际短期资本已大量流入我国。此次热钱重新流入的套利动机主要包括套取人民币与美元之间的利差、人民币升值收益以及中国资本市场的价格溢价三种可能。大量热钱的流入将会加剧国内的流动性过剩，进一步推升资产价格。一旦美联储重新加息，热钱流向可能再度逆转，从而使资产价格泡沫破灭，给国内资产市场带来剧烈震荡。

5. 第五阶段：2012 年的资本外流

2012 年，欧美债务危机持续发酵，全球经济复苏放缓，国际金融继续动荡，新兴市场增速回落，资本双向流动明显。我国经济继续保持稳中发展，人民币汇率趋向合理均衡水平。

2012 年，我国国际收支总规模较 2011 年增长 6%，初步形成"经常项目顺差、资本和金融项目逆差"的国际收支平衡新格局，外汇储备增长明显放缓。其中，经常项目顺差 2 154 亿美元，较 2011 年增长 58.27%，其中，货物贸易顺差 3 216 亿美元，较 2011 年增长 32.07%。资本和金融项目逆差 318 亿美元，较 2011 年减少 2 973 亿美元，为亚洲金融危机以来首次逆差，主要反映在非直接投资项目逆差较大。2012 年，我国新增外汇储备资产 987 亿美元，较 2011 年下降 74.35%。截至 2012 年末我国外汇储备余额达 3 3115.89 亿美元，比 2011 年增长 1 304.41 亿美元，增速下降 7.62%。跨境资本流动短期变化明显，资本和金融项目差额在第一季度呈现顺差，第二、第三季度转为逆差，第四季度又重现顺差（见图 3 - 8），其原因是 2012 年第一季度，随着国际市场环境回暖，资本和金融项目由 2011 年第四季度的逆差 290 亿美元转为顺差 448 亿美元。第二、第三季度，由于全球经济复苏乏力、欧债危机深化蔓延、市场避险情绪上升等因素，资本和金融项目差额分别为 - 237 亿美元和 - 579 亿美元。第四季度，国内外经济呈现企稳迹象，加上主要发达国家推出新的量化宽松货币政策，国际资本又重新回流我国，资本和金融项目差额重新转为顺差 50 亿美元。

2012 年资本和金融项目差额呈现逆差的主要原因是非直接投资形式的资本流动呈现净流出。2000—2012 年，我国直接投资净流入格局较为稳定，但非直接投资项目差额有 6 年为顺差，7 年为逆差。2012 年，非直接投资项目逆差达 2 081 亿美元，而 2011 年为顺差 338 亿美元。2012 年各季度非直接投资项目差额也存在较大波动，综合各季度外汇储备增加额和净误差与遗漏项目的

---

① 《5 000 亿港元热钱涌入香港》，载《新民晚报》，2009 - 11 - 26。

亿美元

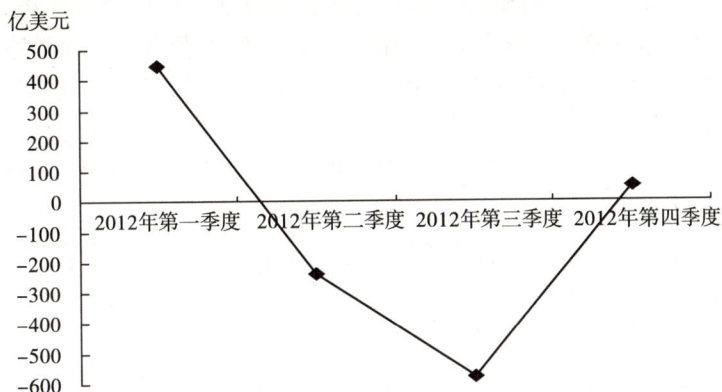

数据来源：根据国家外汇管理局公布的国际收支平衡表相关年度数据（2012年）整理得到。

图3-8 2012年各季度我国资本和金融项目差额比较

变化状况来看，其波动趋势总体相同，2012年第一季度呈现顺差，第二、第三季度转为逆差，第四季度又重现顺差（见图3-9）。

亿美元

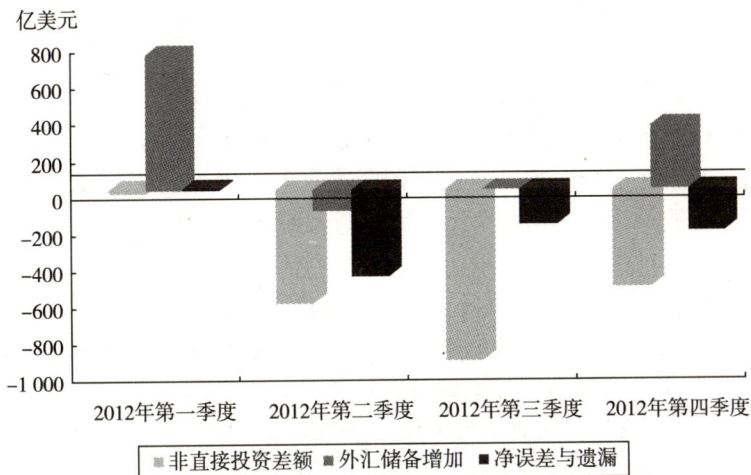

■非直接投资差额 ■外汇储备增加 ■净误差与遗漏

数据来源：根据国家外汇管理局公布的国际收支平衡表相关年度数据（2012年）整理得到。

图3-9 2012年各季度国际资本流动趋势图

2012年，我国跨境资金流动双向变动明显，"经常项目顺差、资本和金融项目逆差"的国际收支平衡新格局初步形成，外汇供求关系总体保持平衡。跨境资金流动状况进一步改善，体现了近年来我国坚持实施"调结构、扩内需、减顺差、促平衡"的政策成效，符合宏观调控的目标，是拓宽资本流出渠道、推进"藏汇于民"的积极结果。同时，也反映了因国内外经济金融环境变化，境内主体调整财务运作，由 2011 年的"资产本币化、负债外币化"转向 2012 年前三个季度的"资产外币化、负债本币化"，导致跨境资金净流出增加。但这种行为具有较强的顺周期性，2012 年第四季度，国内外形势好转，加上季节性、政策性等因素推动境内主体重回"资产本币化、负债外币化"的财务运作行为。因此，2012 年我国跨境资金流动形成了较明显的短周期波动，跨境资金流动自我平衡的基础有待进一步巩固。

从市场因素看，国内外环境变化导致我国跨境资金流出增加。一方面，自欧美债务危机恶化以来，2012 年国际资本流动的波动性较大，第一季度，欧洲在应对债务危机方面推出一系列措施，国际市场避险情绪有所减弱，使得包括我国在内的许多新兴经济体重现资金流入。但从第二季度起，由于西班牙、意大利等欧洲债务国的经济指标持续不佳甚至恶化，市场关于欧债危机蔓延的担忧加重，避险情绪再次升高，新兴经济体开始普遍面临资本流出压力。第三季度末，随着主要发达经济体新一轮量化宽松货币政策相继实施，以及一些应对债务危机措施的出台，第四季度国际金融市场趋于稳定，市场投资风险偏好整体有所回升，新兴经济体也普遍重现资本回流[①]。

6. 第六阶段：2013 年以来的资本内流

2013 年 1 ~ 4 月延续了 2012 年底的外汇大量净流入态势，5 ~ 8 月，受国内外环境变化以及政策和季节因素影响，净流入规模有所回落，9 月以来再次反弹至较高水平。这表明，2013 年我国国际收支重回"双顺差"，外汇储备增长较多，市场普遍认为人民币汇率已接近均衡，跨境资金流动双向变动的市场条件基本具备。

2013 年我国国际收支经常项目顺差 1 828 亿美元，资本和金融项目顺差 3 262 亿美元，较经常项目顺差大幅超出 78.45%，主要反映在非直接投资项目顺差较大。2013 年，我国新增外汇储备资产 4 327 亿美元，较 2012 年大幅上涨 338.40%。截至 2013 年末我国外汇储备余额达 38 213.15 亿美元，比 2012 年增长 5 097.26 亿美元，增速上涨 11.29%。2013 年各季度及 2014 年第一季度，我国跨境资本一直呈净流入，资本和金融项目顺差明显，分别为 901 亿美元、286 亿美元、805 亿美元、1 270 亿美元和 940 亿美元。但 2014 年第二季度，我国跨境资本开始呈现净流出，资本和金融项目逆差是 - 162 亿美元（见图 3 - 10）。

2013 年以来，我国资本和金融项目差额呈现顺差的主要原因是非直接投

---

① 国家外汇管理局.2012 年中国跨境资金流动监测报告［R］.2013 - 02 - 28.

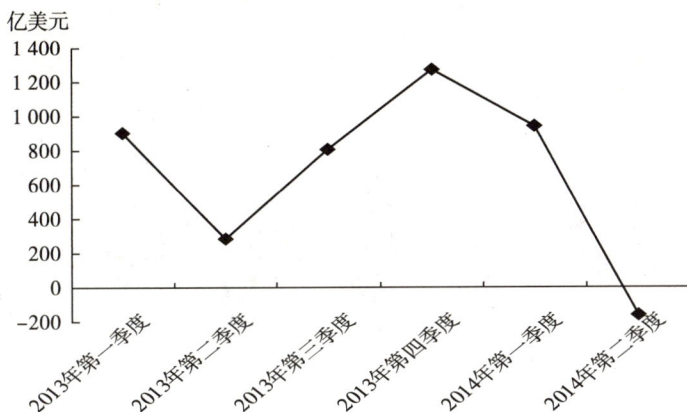

数据来源：根据国家外汇管理局公布的国际收支平衡表相关年度数据整理得到（2013 年至 2014 年第二季度）。

图 3 - 10 2013 年至 2014 年第二季度我国资本和金融项目差额比较

资形式的资本流动总体呈现净流入。2013 年，非直接投资项目顺差达 1 412 亿美元，而 2012 年为逆差 2 081 亿美元，2014 年第一季度非直接投资项目顺差达 403 亿美元，2014 年第二季度非直接投资项目逆差达 −555 亿美元。综合各季度外汇储备增加额和净误差与遗漏项目的变化状况来看，其波动趋势存在差异（见图 3 - 11）。

2014 年，我国跨境资金延续较大净流入的因素依然存在。一是 2014 年全球经济表现将好于 2013 年，我国出口增长将得到改善。2014 年第一季度，中国经济开局平稳，国内生产总值（GDP）同比增长 7.4%，居民消费价格（CPI）同比上涨 2.3%，经济运行速度保持在合理区间，经济结构呈现积极变化，居民收入增长较快，为国际资本流入提供良好的经济基础；二是主要发达经济体维持低利率货币政策，使得国内外继续维持正向利差，将导致外汇资金净流入增多。但是一些潜在市场因素有可能促使我国跨境资金双向流动。一是 2013 年 12 月 18 日，美联储正式宣布将于 2014 年 1 月启动缩减量化宽松货币政策，这对于部分新兴经济体可能再次受到冲击；二是我国经常项目顺差与 GDP 之比进一步收窄，容易出现跨境资金的波动，也可能引发短期资金流动发生短暂的、剧烈的变化。从长远来看，我国短期资金流动双向波动将成为新常态。我国跨境资金净流入规模反弹和双向变动的内外部因素依然存在，容易出现经济金融环境向好时吸引资金持续流入，经济金融环境转坏时又形成资金大量流出，这表明当前我国跨境资金流动自我平衡的基础尚不稳固，跨境资金流动形式越来越多样化、关系越来越复杂化，应加强货币当局宏观调控的灵活

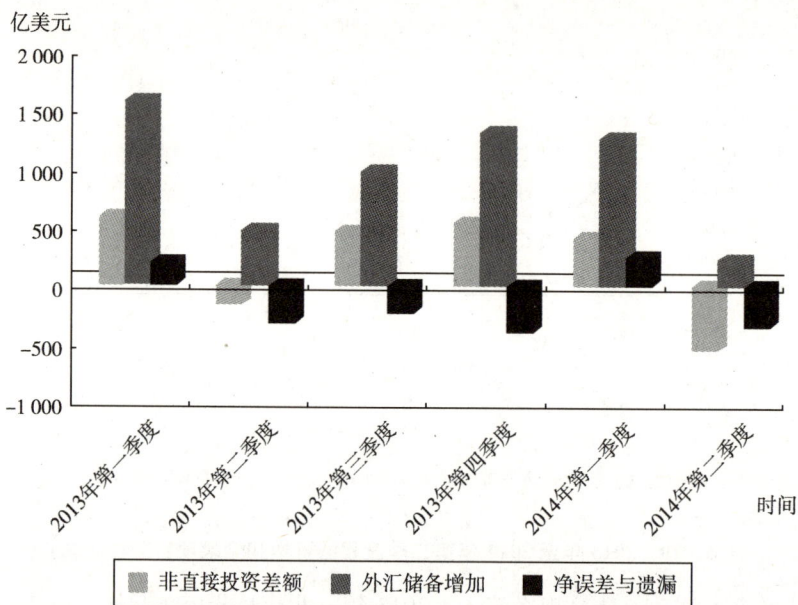

数据来源：根据国家外汇管理局公布的国际收支平衡表相关年度数据整理得到（2013 年至 2014 年第二季度）。

图 3 - 11　2013 年至 2014 年第二季度国际资本流动趋势图

性、前瞻性和协调性，加快建立健全可持续的国际收支平衡体制机制，构筑防范跨境资金流动冲击的有效防线。

3.2　中国资本异动的主要途径

3.2.1　BOP 反映出的近年来我国资本异动状况

1997 年以后，我国开始采用《国际收支手册》第五版①，反映国际短期资本流动的是金融账户下的证券投资和其他投资中偿还期限在 1 年以下的部分，具体包括证券投资中货币市场工具、其他投资中的短期贸易信贷、短期贷款、货币和存款等。通过分析国际收支平衡表可以得到我国 1997—2013 年国际短期资本流动的情况（见表 3 -8）。

———————————

① 2009 年以后采用国际货币基金组织最新公布的《国际收支手册》（第六版）。

表 3 - 8　国际收支平衡表反映的我国 1997—2013 年国际短期资本流动情况

单位: 亿美元、%

年份	短期资本流入		短期资本流出		BOP 短期资本流动净额
	绝对额	比上年增幅	绝对额	比上年增幅	
1997	217.12	—	555.02	—	-337.9
1998	201.82	-7.05	589.13	6.15	-387.31
1999	322.39	59.74	466.58	-20.80	-144.19
2001	391.50	21.44	295.00	-36.77	96.50
2002	545.37	39.30	629.04	113.23	-83.67
2003	1 443	164.59	1 032	64.06	411
2004	2 602	80.32	2 452	137.60	150
2005	3 229	24.10	3 200	30.51	29
2006	5 325	64.91	5 265	64.53	60
2007	7 243	36.02	7 905	50.14	-662
2008	6 716	-7.28	7 939	0.43	-1 223
2009	5 652	-15.84	4 414	-44.40	1 238
2010	7 972	41.05	7 071	60.19	901
2011	10 081	26.46	9 617	36.01	464
2012	9 165	-9.09	11 208	16.54	-2 043
2013	12 081	31.82	11 006	-1.80	1 075

数据来源: 根据国家外汇管理局公布的相关年度国际收支平衡表数据 (1997—2013 年) 整理得到。

由表 3 - 8 可以看出, 我国 1997—2013 年短期资本流动情况的变化趋势 (见图 3 - 12)。

由图 3 - 12 可以看出, 近年来我国短期资本流动主要表现为以下特点:

(1) 短期资本流动规模明显增大。1996 年及以前, 我国短期资本流动规模较小, 1997 年短期资本流量开始迅猛增加, 其中可能有国际收支统计口径调整的因素, 但主要原因是真实短期资本流量的增加, 2003 年短期资本流入额和短期资本流出额均首次超过千亿美元, 分别达到 1 443 亿美元和 1 032 亿美元, 短期资本净流入为 411 亿美元, 达到亚洲金融危机以来的峰值。2008 年受国际金融危机影响, 短期资本流出净额增加到 1 223 亿美元。2012 年国际资本流动的波动性加大, 国内外环境变化导致我国跨境资金流出增加, 全年短期资本净流出额为 2 043 亿美元, 创近年来新高。2013 年以来, 延续了 2012

亿美元

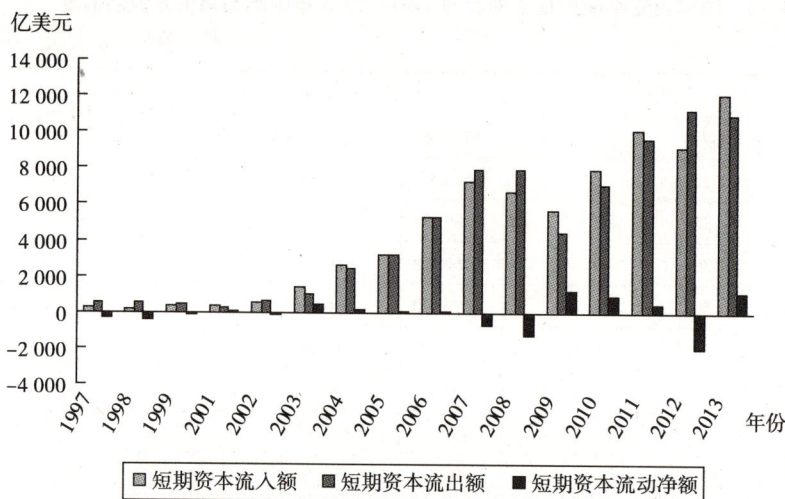

图 3 - 12　国际收支平衡表反映的我国短期资本流动情况（1997—2013 年）

年第四季度的外汇大量净流入态势，全年短期资本净流入额为 1 075 亿美元。

（2）短期资本流向呈双向波动。近年来，我国短期资本的流向有比较明显的阶段性变化，既有内流也有外流。1997—1999 年短期资本表现为净流出，2003—2004 年短期资本表现为大量净流入，2007—2008 年短期资本又呈现大幅流出局面，2009 年短期资本重新大量流入，2012 年短期资本又呈现大量流出的格局，2013 年以来又呈现出国际资本大量流入的态势。

（3）短期资本剧烈波动的原因较为复杂。2003—2004 年短期资本流入激增，其主要来源是国外向我国提供的短期贷款、短期贸易信贷和其他短期负债，在 BOP 中表现为其他投资中的各项短期负债的变化。2005 年，我国短期资本流入增势大大放缓，主要由于汇率改革使得前两年预期人民币升值而进入国内的短期资金获利出局造成的。2007—2008 年短期资本出现了大量流出的局面，其中最直接的原因就是美国次贷危机导致的全球流动性匮乏，因此，国际短期资本呈现加速流出中国的状况。2009 年初，在大规模经济刺激政策的作用下，各主要经济体中央银行维持接近零利率，世界经济出现企稳回升，国际逐利热钱先于世界经济复苏重新回流新兴市场，我国短期资本呈现净流入格局。2011 年欧元区主权债务危机全面升级，世界经济复苏步伐也因此被严重拖累，全球资本流动规模显著下降。从发达国家整体来看，资本持续呈现净输入，但规模继续缩减。受国际资本流动的影响，我国短期资本从 2011 年第二季度开始表现为净流出，且有逐渐扩大趋势。2012 年初这一局面出现反转，净流出规模逐渐减小，主要是发达经济体持续实行量化宽松货币政策，导致全球需求增加，促使我国外贸出口回升，国际市场对人民币升值预期增强，特别是 2012 年下半年后，国际金融市场趋稳，市场风险偏好普遍回升，国际短期资本重新回流我国，但 2012 年全年短期资本流动净额仍处于净流出的状况。2013 年我国经济温和回升继续支持国际资本流入，但波动性依然存在。

3.2.2 经常项目下的资本异动

经常项目指经常发生的国际经济交易，也是国际收支平衡表中最基本、最重要的项目。国际短期资本可以通过经常项目下的货物和服务贸易、投资收益、经常转移等贸易与非贸易渠道流入和流出，其中贸易渠道是经常项目下资本异动的主要渠道。从国际收支平衡表看，2005 年开始我国贸易顺差出现大幅上涨，在此期间，我国贸易结构并没有发生明显变化，因此在一定程度上可以将此期间贸易顺差的异常变化理解为与贸易渠道的热钱流入有关。2001—2004 年我国贸易顺差年均增长率为 25%，由此可以推算 2005—2010 年的实际贸易顺差，然后根据账面贸易顺差与实际贸易顺差的差额估算热钱流入规模，得出 2005—2013 年的"热钱"累计流入达到 5 541.79 亿美元。"热钱"通过经常账户进入我国主要有以下几个渠道。

1. 贸易渠道

（1）进出口高低报。"进出口高低报"是采用伪报价格（即转移定价），以达到变相资本流动的目的。高报进口、低报出口，结果是资本外流；高报出口，低报进口，结果是资本内流。在进口时，一些企业与国外供货商相互勾结，高报进口商品的价格，由国外供货商开出高于实际货值的发票，骗取外汇对外支付货款，并将非法所得留存在国外。在出口时，一些企业大肆压低出口商品的价格，或者采用发票金额远远低于实际交易额的做法，将货款差额由进口商存入出口商在国外的账户，从而达到资本外逃的目的。反之，高报出口，低报进口，可以达到资本内流的目的。

（2）伪造贸易单据。这是通过编造无真实贸易基础的进出口单据来套取资金，即"假进口真融资"，利用现代国际贸易结算以单据为依据的特点，以T/T、远期信用证或远期托收的"合法"形式，制作货到付款的假合同和假进口单据，骗购外汇。特别是异地购付汇业务中，由于进口付汇核销的"二次核对"时间长、管理难度大，"假委托，真骗汇"，重复购汇现象十分突出。

（3）利用转移定价策略逃避资本管制。跨国公司根据不同国家或地区税收与资本管制的差异，在母公司与子公司之间或不同子公司之间进行商品或劳务交易，通过压低出售价格或提高进货价格实现资本转移。

（4）通过服务贸易转移外汇。企业或个人通过国际间支付特许权使用费、管理费、咨询费、佣金、国外旅游费用、支付投标保证金、海运航运部门的国际联运费、电信业务费等名义，进行短期资本流动，以达到投机的目的。

（5）其他方式。主要包括：伪造进口发票骗取外汇汇往境外、伪造出口报关单、虚开增值发票骗取国家退税资金等。

2. 非贸易渠道

（1）通过投资收益项目进行短期资本流动。投资收益项目包括直接投资项下的利润、利息支出和再投资收益，也存在着高低报问题。如对外投资时低估投资资产的价值，直接导致账面记录的应收回的投资收益的减少，而实际的投资收益应收差额则被存入在国外的其他账户上；或者隐瞒、截留境外投资收益和溢价收入用于再投资；或者通过在跨国公司内部的价格转移，以提高从国外公司进口商品的价格，降低向国外公司出口商品价格的方式，将利润转移给国外公司以达到利润滞留在国外的目的。

（2）通过经常转移项目进行短期资本流动。短期资本流动主要通过经常转移项目下的"其他部门"科目来实现，例如个人通过留学、侨汇等形式向外汇指定银行购汇，利用多次出入境的机会，采取"蚂蚁搬家"的战术，通过化整为零、逃避海关监管的方式将资金携带出境。1997—2012 年，该项目差额均呈现正值，2013 年该项目差额为负值。1997—2013 年，累计净流入 3 085.51亿美元，且存在明显波动（见图 3 - 13），主要受国内利率较高和人民币升值预期吸引境外资本流入所致。

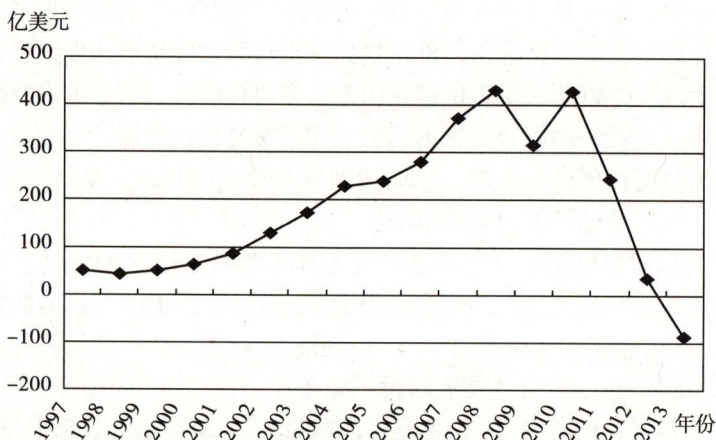

数据来源：根据国家外汇管理局公布的国际收支平衡表相关年度数据（1997—2013 年）整理得到。

图 3 - 13　我国经常转移差额情况（1997—2013 年）

3.2.3　金融项目下的资本异动

BOP 中的金融项目包括直接投资、证券投资和其他投资，它是我国"热钱"流动的主要渠道之一。我国已经实现人民币经常项目下的可自由兑换，对经常项目外汇收支实行真实性审核，对资本项目仍实行较严格的资本管制。在这种外汇管理框架下，跨境资本异常流动主要通过以下渠道进行：

1. 外商对华直接投资（FDI）

我国外商直接投资额多年位居发展中国家之首，巨额外商直接投资为短期资本流动提供了隐藏空间。短期资本流动不仅隐藏在外商直接投资的跨境支付和债权债务调整中，而且还通过"虚增"外商直接投资资本金实现短期资本的流动，部分外汇指定银行违规为企业办理资本项目超限额入账和结汇、擅自为企业开立资本项目外汇账户。许多境外投机资本通过 FDI 渠道流入境内结汇后，投向股票、房地产以及信贷市场，具体表现形式有：

（1）外商投资企业在资金汇入境内完成验资后，即以预付进口货款或者以投资收益的名义分批汇出，实现资本抽逃。

（2）外商以向中国境内投资为由，实际资本金不到位，而收益按协议照常汇出。以合作企业的名义对外借债，资金不进入，却正常以还本付息的名义向外付汇。

（3）中、外方合谋，以高报外方实物投资价值或中方替外方垫付投资资金的方式，通过设立合资企业向境外转移境内资产或权益。

（4）一些中介机构为外商投资企业虚假验资，高报外商直接投资额，并以利润汇回或清盘形式要求换汇汇出等。

国际收支平衡表的 FDI 数据与商务部公布的实际利用外资数据存在差异，这种差异表明 FDI 中有部分资金没有用于实体经济部门，可以简单地看做是通过 FDI 渠道流入的热钱。2005 年以来，这一差距显著拉大，2011 年通过该渠道流入热钱达到 1 640.89 亿美元，2013 年达到 1 406.14 亿美元。2005—2013 年累计达到 8 708.95 亿美元（见图 3-14）。

2014 年第一季度，外国在华直接投资（FDI）达到 661 亿美元，实际使用外资额 315.49 亿美元，通过 FDI 渠道流入的热钱达到 345.51 亿美元。自 2013 年 2 月以来，FDI 数据已经连续保持正增长，远超预期的 FDI 数据，这暗示热钱涌入中国正在加剧。在人民币升值预期、国内外利差持续存在的情形下，不排除有部分套利资金通过外商直接投资渠道进入我国投机的可能。

2. 中国对外直接投资中的资本外逃

近年来，国内企业对外投资明显增加，其中多数企业是为了提高国际竞争

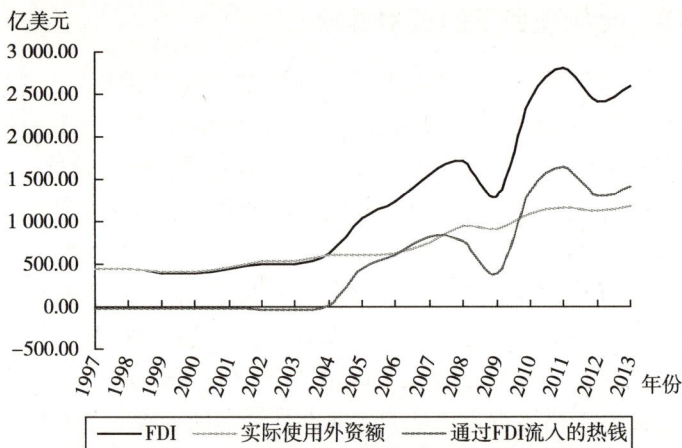

数据来源：根据商务部及国家外汇管理局公布的国际收支平衡表相关年度数据（1997—2013年）整理得到。

图 3 - 14　我国通过 FDI 流入的热钱（1997—2013 年）

力，开拓国际市场，但也有一些企业假借对外直接投资将资金转移到境外，主要有以下形式：

（1）国内企业在对外投资过程中，擅自改变国内批准的投资方向和投资计划，隐瞒、截留境外投资收益和资产溢价收入，用再投资的名义滞留于境外，甚至以外资名义向国内进行再投资，再将利润以外资收益的名义汇出。

（2）一些国企法人代表假借对外投资的名义，在境外设立投资公司或贸易公司，将资本转移到国外，以个人名义注册，将国有资产变成私人财产。

（3）境外投资企业将应当汇回国内的投资收益以外商投资的名义投入国内的母公司，再以外商投资收益的名义将国内资产转移出国。

（4）对外投资时低估资产的价值，在前几年的买壳上市、国际企业收购和兼并中，有大量的国有资产流失在境外等。

3. 非 FDI 渠道

通过非 FDI 渠道在国际间转移短期资金主要有以下形式：

（1）贸易信贷渠道。国际贸易与国际短期资本流动有着非常密切的关系，许多国际投机者利用贸易信贷方式进行投机套利活动。2013 年末，我国贸易信贷余额 336.5 亿美元，占全部外债余额的 38.98%。因此，可以看出当前短期贸易信贷是影响我国短期外债波动的重要因素，具体方式主要有：

一是采用出口预收货款、进口延期付款等。例如，我国进口商接受国外出口商提供的延期付款，以及出口商预收的货款，构成资金内流；我国进口商支付的预付货款和对国外进口商提供的延期收款，构成资金外流。

二是利用远期信用证项下贸易融资进行资本非法流出。一些国内企业打着进口的幌子申请开出进口远期信用证，外方收到远期信用证后可以到当地银行申请打包放款而获得贸易融资，然后汇回国内企业以出口收汇名义买汇汇出，由外方偿还当地银行贷款。

三是利用海外应收账款转移短期资金。我国一些外贸企业为了规避外汇管理并向海外转移资金，将这部分资金列入应收账款科目进行挂账。

（2）借用短期外债。借用外债方式分两种：一种是明确借用，如外资金融机构或外资企业从国际金融市场拆借用于国内；一种是变相借用，如预收货款。在一些发展中国家，由于东道国政府对直接投资给予多种政策便利，外商直接投资企业往往利用东道国政府给予的国外借贷政策便利套取利差和汇率收益。近年来，在人民币升值预期和套利动机驱动下，我国短期外债余额迅速增长。截至 2013 年底，我国外债余额为 8 631.67 亿美元，其中短期外债余额为6 766.25 亿美元，占外债余额的 78.39%，比 2005 年增加了 5 049.9 亿美元，增长率为 294.21%。

（3）合格境外机构投资者。2014 年 1 月，中国证监会新批准了 7 家合格境外机构投资者（QFII）和 5 家人民币合格境外机构投资者（RQFII），至此，我国 QFII 机构数量达到 258 家，RQFII 机构数量增至 48 家，共批复了 235 家QFII 机构的 514.18 亿美元额度以及 57 家 RQFII 机构的 1 678 亿元人民币额度。中国开放 QFII 正值人民币升值预期兴起，部分投资者不是着眼于中国内地股市而是着眼于潜在的人民币汇率升值收益而向 QFII 投入资金。QFII 来源复杂，一部分为主权投资基金，还有一部分为套利资本，套利资本的稳定性较差，在国内证券市场波动较大时 QFII 的稳定性也会受到影响。

（4）离岸银行业务。离岸银行主要为非居民服务，经营境外自由兑换货币，所经营的外汇存贷款利率可以参照国际市场利率，容易受到国际资本投机活动的影响。银行如果未按有关规定严格区分在岸、离岸资金往来，就容易造成离岸资金与在岸资金的交叉混用，导致资金风险的转移。国外机构可以利用离岸银行管理上的不足使用各种手段将短期资本汇入，如外汇质押担保人民币贷款，将资金结汇为人民币流入境内达到逃避资本项目管理的目的。另外，外资金融机构向中资企业以及非居民如跨国公司提供在岸和离岸的金融服务，也将不可避免地促进本跨境流动，而这种流动的复杂性使资本管制有时也无能为力。

（5）其他渠道。其他非 FDI 渠道主要有：一是通过平行贷款在国外投资；

二是通过货币互换进行资本外逃；三是本国企业在境外发行股票或债券后，任意改变所筹资金的用途，或通过有关金融机构改变认购或包销证券的条件，隐瞒或截留一部分资金于境外等。

3.2.4　地下渠道

地下渠道主要是通过"地下银行"、"地下钱庄"、货币走私等形式进行。

1. "地下钱庄"

"地下钱庄"是指游离于金融监管体系之外，从事非法买卖外汇、跨境资金转移、资金存储及借贷等非法金融业务的组织。其做法是：换汇人在境内将人民币现金和汇票直接交给地下钱庄或存入其指定的账户，地下钱庄则按照当日外汇黑市价格计算出应当支付的外币并以电话或电传的方式告诉其在境外特定的人接收，客户会得到一个密码或其他可证明其身份的东西，据以在境外取钱，而该密码或其他证明也会以电传或电话的形式通知给境外负责支付行为的人，或者由境外合伙人直接从境外的账户上直接支付外汇到客户指定的账户上。

地下钱庄的平衡账户最主要还是利用走私商品和进出口来实现的。地下钱庄与走私集团相互合作，走私集团协助地下钱庄直接运货币至境外，或走私商品出境以平衡账户，而地下钱庄则帮助走私集团洗钱出境，共同导致资本外逃的实际结果。有的地下钱庄干脆就是走私集团自己设立的分部，地下钱庄的这种专业化、职业化，意味着走私和洗钱的同时升级。地下钱庄还可以通过商品的进出口来实现境内外资金的平衡，比如，与香港的公司相互配合做假单证，签订假的购货合同把钱汇出去，有时还可以雇佣有合法贸易资格的贸易商，采取进出口高低报的形式来平衡账户。

地下钱庄的发展，部分归因于我国控制严格的外汇管理体制无法满足各种频繁经济活动的迫切外汇需求，更重要的是，非法收入合法化以及协助资金出入境已经成为地下钱庄的双重功能。据财政部统计，我国每年通过地下钱庄洗出去的资金高达 2 000 亿元人民币，占我国国内生产总值的 2%。其中走私收入洗黑钱的约为 700 亿元人民币，官员腐败收入洗黑钱的约为 500 亿元人民币，其余的是一些外资企业与私营企业将收入转移到境外，以逃避国家的税收与监管。

2. "手机银行"

"手机银行"的做法是：由专做外汇非法交易的掮客，与境外机构或个人建立了非常紧密的联系，只需打一个电话，就可以做成一笔汇兑生意，境内是人民币从一个账户转到另一个账户，境外是外币从一个账户转到另一个账户。

在我国沿海的部分地区，这些人几乎成为半公开的经纪人，并建立了"良好的信誉"。

3. 货币走私

货币走私指违反国家规定非法跨越国境转移现金，如携带大额外币现钞入境、通过地下钱庄洗钱入境、使用国际信用卡境内大额转账、携带旅行支票或银行本票入境，以及境内外企业通过签订互换本外币资金的协议在对方国家进行直接投资等。例如，我国外汇和海关管理制度规定，旅客出境可携带人民币现金 6 000 元，可携带外币现金折合 5 000 美元，没有银行和外汇管理部门签发的货币携带证件，旅客不得擅自携带超出限量的货币。但一些个人或企业无视国家有关规定，通过货币走私的形式，引起大量非法资金进出我国，扰乱国内金融秩序。

综上所述，国际短期资本进出我国的渠道有合法与非法、公开与隐蔽之分，有的短期资本流动并不是一开始就是以投机为目的，如贸易信贷。只是在我国本外币正向利差及人民币汇率预期升值的背景下，持汇企业与个人作为理性经济人自然会进行一些套利行为。而另一些短期资本则纯粹是出于投机目的，或利用我国资本项目管理中的漏洞，混入经常项目或直接投资项等进入我国，或干脆通过地下钱庄等非法渠道流入我国。

3.3　资本异动的全球化特征及对中国的现实影响

20 世纪 90 年代以来，经济全球化促进了国际资本的快速发展，并呈现出一些重要特征，而我国经济正处在全球化、一体化的发展时期，特别是当前国际金融危机对我国经济既是严峻挑战又面临重大机遇，掌握国际资本异动对我国的现实影响，有助于增强我国的金融风险预警能力，提高货币政策实施效率。

3.3.1　资本异动的全球化特征

20 世纪 90 年代以来，国际资本异常活跃，呈现出一些全球范围的重要特征，主要表现在以下几个方面。

1. 私人资本占据主导地位

第二次世界大战后相当长的一段时期内，包括各国政府和国际组织在内的官方资本在国际资本流动中占据主导地位。20 世纪 80 年代末，包括跨国企业、各类基金、银行与非银行金融机构等为主体的私人资本得到迅速发展，并已取代官方资本成为国际资本流动的主体。21 世纪以来，国际私人资本流动已占全球资本流动的 3/4 左右，这些过剩资本通过经济全球化获得了更多的跨国投资和盈利机会，特别是许多发展中国家实行市场经济改革以及放松金融管制，为私人资本流动创造了前所未有的条件。目前，跨国公司对外直接投资总额已占全球对外直接投资总额的 80%。跨国公司以其拥有的巨额资本、先进的科学技术、全球化经营战略、现代化管理手段以及世界性的销售网络，成为世界经济增长的引擎，为"无国界经济"的发展起到重大的推动作用。截至2013 年底，中国企业累计对外投资 6 600 亿美元，其中 1.5 万个企业对外投资达两万多个项目。

2. 股权流动成为国际资本流动的主要形式

21 世纪，跨国股权流动（国际直接投资和国际股票投资）已经取代先前的跨国债权流动（国际债券投资和国际银行信贷），成为国际资本流动的主要形式。在发达国家的国际资本流动中，有 75% 以上是直接投资，跨国并购成为直接投资的重要方式。进入 21 世纪，全球并购与世界经济同步表现出明显的波动性，2007 年达到 4.2 万亿美元的高点后步入下行轨道，2013 年前 7 个月较上年同期下降近 1/3。发达国家仍是跨国并购的主体，然而，国际金融危机爆发后发展中国家的跨国并购日益兴起，逐渐成为世界关注的焦点。2013年 6 月 26 日联合国贸易和发展会议发布的《2013 年世界投资报告》显示，2012 年全球外国直接投资（FDI）流量比 2012 年下降了 18%，降至 1.35 万亿美元。2012 年发达国家的 FDI 流入量下降了 32% 至 5 610 亿美元，几乎是十年前的水平，其 FDI 流出量也下降到了接近 2009 年低谷的水平。2012 年，发展中国家吸收的 FDI 尽管比 2011 年略微减少了 4%，但首次超过发达国家，占全球 FDI 流量的 52%；亚洲以及拉丁美洲和加勒比地区发展中经济体吸收的 FDI 仍保持在历史高位，但增长势头有所放缓；非洲的 FDI 流入量有所增加；包括最不发达国家、内陆发展中国家和小岛屿发展中国家在内的结构薄弱的经济体吸收的 FDI 也在上升。2012 年吸收 FDI 前三位的经济体依次为美国、中国和中国香港。2012 年，发展中经济体的 FDI 流出量达 4 260 亿美元，创纪录地达到世界总量的 31%。其中发展中亚洲是最大的 FDI 来源，占发展中国家对外投资总量的四分之三。非洲的直接外资流出量几乎增加了两倍。总之，由于全球经济的脆弱性和政策不确定性，投资水平回升至较强劲水平所需时间将比预期要长。

2014 年 9 月 9 日，商务部、国家统计局、国家外汇管理局联合发布的《2013 年度中国对外直接投资统计公报》显示，2013 年，中国对外直接投资流量创下 1 078.4 亿美元的历史新高，首次突破千亿美元大关，同比增长22.8%。联合国贸易和发展会议的报告显示，2013 年中国对外投资总额排名世界第三位，仅次于美国和日本，对外投资存量上升至第 11 位，中国被列为最有前途的外国直接投资来源地。据商务部统计，2012 年，中国企业实施对外投资并购项目 455 个，实际金额 426.2 亿美元，直接投资 268 亿美元，境外融资 158 亿美元。中国企业跨国并购成功率为 40%，高于全球 25% 的平均水平。中国对外直接投资的增速也高于全球平均增速。2012 年和 2013 年，中国企业海外并购多达 858 个，超过 10 亿美元的大型跨国并购 19 个，合计交易额582.8 亿美元，占同期跨国并购交易总额的 60%。收购主体中央企业 17 家，地方国企 2 家。在并购渠道的选择上，一种是母公司直接并购，另一种是通过设立境外子公司等实施并购。2012—2013 年，直接并购占交易项目数的45.1%，交易金额的 25.8%；通过境外子公司的并购占项目总数的 54.9%，占交易金额的 74.2%，规模较大的跨国并购大多采取设立境外子公司的绕道并购。中国对外投资项目的存量在 GDP 当中的份额为 7%，日本是 20%，美国、德国是 40%，中国的海外直接投资还有更多的潜力有待开发。

3. 风险投资国际化趋势日益增强

风险投资的英文名称是 Venture Capital（VC），又称创业投资，它是由投资者将资本投向新兴的、迅速发展的、蕴含着巨大竞争潜力的未上市企业（主要是高科技企业），培育企业快速成长，然后通过企业上市、兼并或股权转让等方式退出投资，取得高额回报的一种投资方式。随着金融全球化的发展，所有发达国家、新兴市场国家和一些发展中国家都已从事风险投资，并逐步实现风险投资的国际化。根据 Venture One（2004）的统计，美国、欧洲、亚洲的风险投资公司投资于国外的比例分别是 13%、25% 和 26%，而三地接受国外风险投资的比例分别是 8%、47% 和 52%。此外，包括中国、印度、俄罗斯等新兴市场国家的风险投资也快速升温。2006 年，美国、欧洲、以色列、中国和印度的风险投资总计 352 亿美元，新兴市场国家风险投资比成熟市场增长的更加迅猛，投资额增长幅度达到了 58%。风险投资家越来越多地愿意到中国、印度等新兴市场国家寻找投资机会。新兴市场国家也同样进行风险投资的海外发展。

4. 新兴发展中国家和地区成为国际资本关注焦点

从发达国家来看，世界前五大资本输入国（美国、英国、西班牙、澳大利亚和法国）的占比从 1995 年的 57% 上升到 2005 年的 82%（美国为65.1%）。美国始终是世界最大的资本净流入国，占全球资本净流出量的 70%左右。欧盟经历了从 20 世纪 90 年代的资本净流出到 21 世纪初的资本净流入，最近几年又出现了资本净流出。发达国家的资本输出比例近年来有所下降，由1995 年的约 70% 下降到 2005 年的 53%。日本是最大的资本输出国，提供了世界资金需求的 20% 左右，1995 年为 39%，2005 年降至 14%。2006 年，发达国家的国际直接投资规模超过 1 万亿美元，这些资金绝大部分流向了其他发达国家。2010 年全球外国直接投资流入量达到 1.24 万亿美元。2012 年全球外国直接投资流入量达到 1.32 万亿美元，比上年下降 18%。其中，发达国家 FDI 流入量下降了 32%，降至 5 610 亿美元，接近过去十年来的最低水平。同时，发达国家的对外投资下降到了接近 2009 年低谷的水平。在经济前景不确定的背景下，发达国家的跨国公司不得不对新的投资持观望态度甚至撤回国外资产，而不是进行积极的国际扩张。2012 年，38 个发达国家中有 22 个国家的对外直接投资下降，降幅为 23%。2013 年全球 FDI 流入量增长了 11%，从 2012 年的 1.32 万亿美元上升至约 1.46 万亿美元。流入发达国家、发展中国家和转型经济体的 FDI 均出现上升。

从发展中国家来看，受发展中国家高投资回报率和优惠政策的吸引，国际资本流入发展中国家的比例逐年上升，2000 年为 18.2%，2003 年为 30.7%，2005 年上升到 36.5%。特别是亚洲地区等新兴市场国家的资本流入数量正在逐渐增加，但 2008 年有所下降。近年来，新兴发展中国家开始从资本净流入状态转入资本净流出，并呈逐渐上升趋势，1995 年资本净流入 927 亿美元，2000 年变为资本净流出 657 亿美元，2008 年上升为资本净流出 6 460 亿美元，但是新兴市场国家在 FDI 领域则保持净流入状态。2010 年发展中国家吸引外资量首次超过发达国家。

2012 年发展中国家吸收 FDI 有史以来首次超过发达国家，占全球总流量的 52%。发展中经济体的 FDI 流入量在 2012 年实际上略减少 4%，但仍处于历史第二高位，达到 7 030 亿美元。在对外投资方面，发展中经济体也占了全球近三分之一，继续了稳步上升势头。在发展中经济体中，流向亚洲以及拉美和加勒比地区的外国直接投资仍保持在历史高位，但增长势头有所放缓。非洲吸收的 FDI 较上年有所增加，最不发达国家、内陆发展中国家和小岛屿发展中国家吸收的外国直接投资也在上升。虽然 2012 年中国吸收外资也小幅下跌了 2%，但吸收外资保持在 1 210 亿美元的高水平，是美国以外第二大外资流入国，流入内陆及高科技产业、高端制造业的 FDI 继续快速增长。同时，中国对外直接投资创下了 840 亿美元的历史纪录，首次成为世界第三大对外投资国，仅次于美国和日本。中国公司对外投资的行业和范围非常广泛，海外基础设施投资增长很快，被列为最有前途的外国直接投资来源地。

2013 年，发展中经济体延续了 2012 年的良好表现，FDI 继续超过全球总量的一半，达到 7 590 亿美元，主要由拉丁美洲和加勒比海地区以及非洲推动所致。作为全球接收外资最多的地区，亚洲发展中经济体 2013 年吸引的 FDI 达 4 060 亿美元，与 2012 年基本持平。南亚 FDI 流入量达 330 亿美元，增长 3%；东南亚达 1 160 亿美元，增长 2%；东亚达 2 190 亿美元，增长 1%；西亚达 380 亿美元，下降 20%。2013 年，中国的 FDI 流入量达 1 240亿美元（含金融和非金融部门），稳居世界第二，与美国的差距进一步缩小到 350 亿美元。截至 2014 年 7 月，我国 FDI 流入量总额已超过 1.5 万亿美元。

5. 短期投机性资本异常活跃

国际短期投机资本增长迅速，增加了国际金融体系的风险。据 IMF 统计，20 世纪 80 年代初的国际短期资本为 3 万亿美元，到 1997 年底增加到 7.2 万亿美元，相当于当年全球国民生产总值的 20%。2002 年以后，由于美国推行扩张性货币政策，导致世界货币供应量大幅增加，造成大量的过剩资金沦为国际短期资本。目前，活跃在国际金融市场上的对冲基金就超过 8 000 多只，控制着 1 万多亿美元的资本。

国际短期投机资本的大规模流动可能带来不利影响。第一，国际短期资本流动的加剧容易发生金融危机。东南亚金融危机的导火索就是投机性短期资本的冲击。第二，国际资本流动还会加快金融风险在全球范围内的传染。当前的国际金融危机就是很好的例证。第三，国际资本流动规模扩张会使银行体系越来越脆弱。因为短期资本的大量流入会带来金融资产的迅速扩张，容易出现过度贷款的倾向，加大银行体系的风险。第四，资本市场的全球一体化使新兴市场国家的证券市场易受发达国家证券市场溢出效应的影响。总之，资本流动通过银行体系和证券市场带来了巨大的负外部性，使一个国家在巨大的、突然的短期资本流动的变化面前极易遭受伤害，即使是发达国家也很难摆脱这一负面影响。

国家外汇管理局的统计数据表明，2013 年 4 月我国银行代客结售汇顺差 343 亿美元，这是自 2012 年 9 月以来连续第 8 个月出现顺差。2012 年结售汇顺差总额为 1 106 亿美元，2013 年 1～4 月累计结售汇顺差为 2 037 亿美元，接近 2012 年全年的 2 倍。银行结售汇顺差的显著大幅增长，表明新一轮"热钱"再次流入中国的可能性加大。由于主要经济体继续维持量化宽松的货币政策、国内外利差持续存在、人民币升值预期再现以及中国金融当局对资本流动和汇率波动管制的放松等都为"热钱"再次冲击中国提供了可能。2014 年 3 月以来，银行结售汇顺差已大幅下降。截至 2014 年 3 月底，结售汇顺差尚有 2 466 亿元，2014 年 4 月这一数据骤降至 597 亿元，此后仍继续下滑。这与近期人民币汇率快速贬值，部分"热钱"流出，企业和居民持汇意愿持续上升，减缓结汇导致银行结售汇数据大幅下行有关。因此，对货币当局来说，密切关注跨境资金流动，加强资金流动的合规性监管，了解"热钱"流入中国的途径和渠道，采取适当的政策措施影响资金流向，是十分必要的。

6. 国际资本异动加大了货币政策调控的难度

国际资本异动改变了国内经济主体的资金供求状况，资金需求者可以在全球范围内筹集资金，降低了对国内资金的依赖；资金供给者可以在全球范围内进行投资，也降低了对国内经济环境的依赖。因此，资金的融通超出国界，货币政策运行的金融环境发生了重大变化，货币当局进行调控的不确定性和复杂性都显著增加，调控能力大大减弱。中央银行很难判断流入资本属于长期投资还是短期投机，加大了中央银行调控的难度。

目前，除了地下钱庄之外，"热钱"也伪装成各种正规渠道流入中国境内。与香港资本项目高度开放不同，内地对资本项目实行管制，热钱性质的资金主要通过贸易、个人汇款、外商直接投资以及外债等渠道混入，热钱流出也主要是通过贸易、FDI 清算撤资、投资收益汇出、个人汇款等渠道。

国际短期资本异动加大了中国货币当局政策调控的难度，如果中央银行执行宽松的货币政策，则通货膨胀与资产泡沫的风险便会加大；如果中央银行执行紧缩的货币政策，则可能扼杀中国经济的增长势头，而且随着大宗商品价格上涨，人民币升值面临升值压力，贸然紧缩货币可能会使企业经营受到双重挤压。

3.3.2 蒙代尔"不可能三角"理论在中国的扩展及运用

在第 2 章中，笔者在凯恩斯的封闭经济学框架基础上分析了开放经济中的蒙代尔—弗莱明模型，并给出了蒙代尔"不可能三角"的基本论述。这里将联系我国近年来的实际情况，探讨蒙代尔"不可能三角"在中国的扩展及运用。

从资本项目看，1996 年 12 月我国实现了经常项目的可自由兑换，成为国际货币基金组织的"第八条款国"，但资本项目尚未实现完全可自由兑换。根据国家外汇管理局的报告，到 2004 年底，按照国际货币基金组织分类的 43 项资本项目交易中，我国有 11 项实现可兑换，11 项较少限制，15 项较多限制，严格管制的仅有 6 项。近年来经过改革，较多限制和严格管制的项目越来越少，截至 2009 年 3 月底，中国尚有 11 项资本项目不可兑换，主要是外资不可直接投资人民币证券产品，人民币也不可对境外投资，开放的格局已基本形成。截至 2012 年 6 月底，人民币在 40 项资本项目上没有完全不可兑换的，有的是部分可兑换，有的是基本可兑换，规定不可兑换的项目事实上也做了可兑换。2013 年 9 月 29 日，中国（上海）自由贸易试验区获批，自贸区将推出多项金融领域的改革，其中最核心的是，通过改革在上海自贸区率先实现资本项目的可自由兑换，这有利于加速人民币国际化的步伐，以增长方式的转换支撑"升级版"的中国经济。为了实现这一目标，未来包括人民币可自由兑换等一系列政策措施会随即推出，包括金融产品的创新、银行等外资机构的准入问题、推出证券商品等。自贸区相当于境内的国际化市场，通过自贸区来试验人民币国际化的方式和路径，为以后全面推进提供示范作用，也有利于进一步推进人民币国际化进程。

从汇率制度看，1994年1月1日我国取消了双重汇率制，人民币官方汇率与市场汇率并轨，实行以市场供求为基础的、单一的、有管理的浮动汇率制。亚洲金融危机后人民币汇率处于超稳定状况，并钉住单一货币美元。2005年7月21日，我国开始实行以市场供求为基础、参考一篮子货币进行调节、有管理的浮动汇率制度。现行人民币汇率制度包括三个方面的内容：一是以市场供求为基础的汇率浮动，充分发挥汇率的价格信号作用；二是根据经常项目主要是贸易平衡状况适时、动态地调节汇率浮动幅度，发挥"有管理"的优势；三是参考一篮子货币看待人民币汇率，而不是片面地关注人民币与某个单一货币的双边汇率。今后我国可根据国际汇率走势，进一步改革汇率形成机制，实施真正的可上下浮动的、有目标区间的汇率制度，增强人民币汇率双向浮动弹性，由此渐进地过渡到更加灵活的汇率制度，使市场供求在汇率形成中发挥更大作用，保持人民币汇率在合理均衡水平上的基本稳定。2012年4月16日，中央银行将银行间即期外汇市场人民币兑美元交易价浮动幅度由0.5%扩大到1%。逐步扩大人民币浮动区间一直是我国人民币汇率改革的重要方向，人民币浮动区间在不远的将来会进一步扩大。2014年2月以来，人民币兑美元汇率中间价整体呈现有贬有升、在一定区间内震荡波动的态势，人民币汇率升值速度明显放缓。我国应加快推进人民币汇率形成机制，继续扩大人民币汇率波动区间，进一步增强人民币汇率弹性，是实现人民币可自由兑换和资本项目全面开放的前提条件。

从货币政策的独立性看，改革开放以来我国始终坚持独立自主的货币政策，信贷工具是货币调控的主要手段。随着金融市场化程度的不断提高，与国际金融市场的关联度不断上升，由于西方国家主要运用利率、汇率等市场化工具调控本国货币供应量，为了与国际接轨，使利率、汇率更能反映市场货币供求，近年来我国货币当局开始运用多种数量、价格等货币政策工具组合，合理运用公开市场操作、存款准备金率、再贷款、再贴现及其他创新流动性管理工具组合，调节好银行体系流动性，引导市场利率平稳运行。健全宏观审慎政策框架，灵活调控货币供应，保持合理的市场流动性，引导货币信贷及社会融资规模平稳适度增长，同时兼顾内外经济均衡发展的目标，提高货币政策的独立性和有效性。

1. "不可能三角"角点解外的政策选择

"不可能三角"的三个角点分别代表三个目标：固定汇率制、独立的货币政策和资本完全流动，按照蒙代尔—弗莱明模型的结论，这三个目标不可能同时实现，只能在三者中选其二，但三个角点都是较为极端的政策目标，不适合包括中国在内的大多数发展中国家的实际情况，因此需要加以扩展研究。

随着我国加入世界贸易组织五年过渡期的结束，经济金融全球化、一体化不断深入，使得渐进式资本开放程度不断加大，为继续保持我国货币政策独立性，实现资本的完全流动，必须牺牲汇率的稳定性，实行真正的浮动汇率制，这是美、英等发达国家所选择的政策组合，也是中国未来的改革方向。虽然浮动汇率制存在诸多问题，但它较好地解决了"三难选择"。对于包括中国在内的广大发展中国家来说，在保持本国货币政策自主性的前提下，应把握时机逐步实行浮动汇率和放松资本管制。

2. 更加灵活的汇率制度

1994 年人民币汇率制度改革后，人民币汇率制度虽属管理浮动，事实上是钉住汇率制，汇率形成机制不合理，且处于超稳定状态，并钉住单一货币美元。2005 年新一轮人民币汇率制度改革后，人民币汇率不再钉住单一货币美元，汇率形成机制更富有弹性（见图 3 – 15）。今后我国汇率改革的目标是进一步完善市场汇率形成机制，实行事实浮动的、更加灵活的汇率制度。一方面有助于抑制通货膨胀和资产泡沫。特别是对于我们这种资源比较缺乏的国家，需要大量进口初级商品，灵活的汇率调整更有助于缓解输入型通货膨胀压力。另一方面，僵化的汇率体制容易受到投机力量的攻击，引发货币危机。灵活的汇率制度有助于直接应对各类外部经济冲击，增强一国应对货币危机的能力以及宏观经济的"韧性"。

3. 我国货币政策独立性检验

利率市场化改革是我国金融体制改革的热点问题之一。从 1996 年放开银行间同业拆借市场利率起，我国利率市场化改革已走过 18 年的历程，未来人民币利率市场化改革的主要任务是存贷款利率市场化，而存贷款利率要想完全由市场决定，首先应确立市场基准利率。基准利率是无风险或风险最低的投资收益率，是人们公认的、普遍接受的、具有重要参考价值的利率，它在整个利率体系中处于核心地位。从世界主要国家基准利率的选择来看，以同业拆借利率和回购利率为主。其中，金融市场比较发达的国家大都采用同业拆借利率作为基准利率，例如：英国（Libor）、美国（FFR）、欧元区（Euribor）等。为

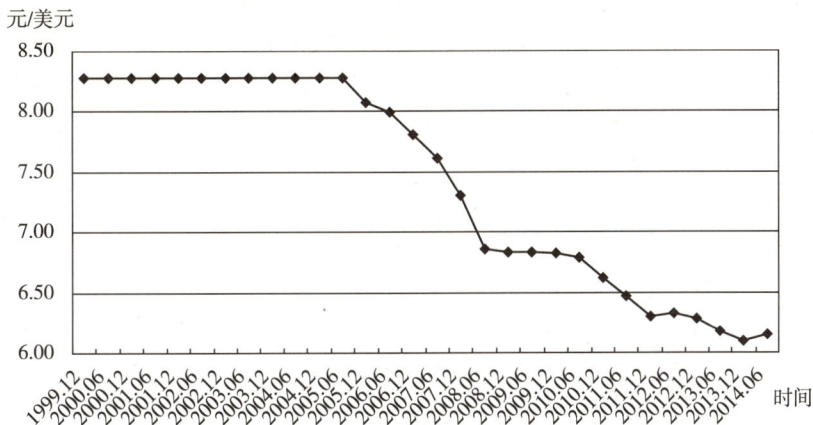

数据来源：中国人民银行公布的人民币兑美元中间汇率（1999—2014 年）。

图 3 – 15　我国人民币兑美元期末中间汇率变动趋势（1999—2014 年）

了与国际接轨，并结合我国国情，可考虑采用同业拆借利率作为我国的基准利率。

2007 年 1 月 4 日，上海银行间同业拆借利率（Shibor）经过一段时间试点后正式推出，旨在进一步推动利率市场化，培育中国货币市场基准利率体系，提高金融机构自主定价能力，指导货币市场产品定价，完善货币政策传导系统。经过几年的建设，Shibor 在我国货币市场利率体系中的基准地位逐步确立，逐渐成为货币市场、票据市场、债券市场以及衍生产品市场的定价基准。尽管 Shibor 当前的运行还存在一些问题，但随着利率市场化改革的继续深入，Shibor 终将发展成为真正意义上的基准利率。下述实证研究针对 2009 年 4 月至 2014 年 8 月上海银行间同业拆放利率（Shibor）与美国、英国及欧元区 3 个月银行间同业拆放利率的月度数据进行相关性检验，分析当前我国货币政策的独立性（见图 3 – 16）。

（1）实证数据说明。以下实证分析所涉及的主要经济指标包括：上海银行间同业拆借利率（Shibor）、美国联邦基金利率（FFR）、伦敦银行间同业拆放利率（Libor）、欧洲银行间同业拆放利率（Euribor），这里分别用 Rs、Rf、Rl 和 Re 代表上述四个利率指标。数据采集范围包括 2009 年 4 月至 2014 年 8 月的月度数据，各种利率均为金融机构 3 个月拆借利率。

（2）检验与分析。在进行具体分析之前，首先对原始数据取其自然对数，并用 LRs、LRf、LRl、LRe 分别表示上述变量。运用 Eviews5. 0 计量经济学分析软件对以上各变量采用 ADF 检验法和 PP 检验法进行单位根检验，检验结果见表3-9。

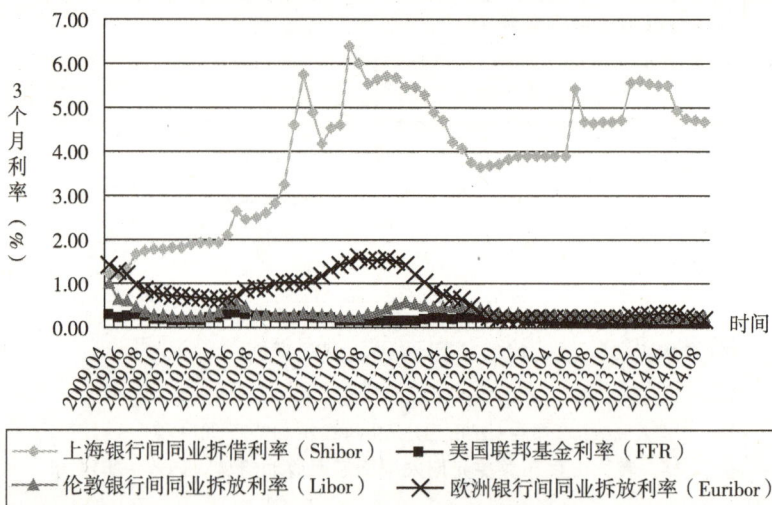

数据来源：上海银行间同业拆放利率（Shibor）、美国联邦储备银行（FRB）、英国银行家协会（BBA）和欧洲中央银行（ECB）等官方网站。

图3-16　中国、美国、英国及欧元区国家利率变动趋势比较（2009.4—2014.8）

表3-9　　　　　　　　　　　　　　单位根检验结果

检验变量	未差分的 ADF 检验		ADF 检验		PP 检验	
	t 统计量	临界值	t 统计量	临界值	t 统计量	临界值
LRs	-2.504817	-3.536587	-6.900177 *	-3.538362	-6.838562 *	-3.538362
LRf	-1.607592	-3.536587	-7.495311 *	-3.538362	-7.510297 *	-3.538362
LRl	-2.777260	-3.538362	-4.606954 *	-3.542097	-3.628736	-3.536587
LRe	-1.093071	-3.538362	-7.216367 **	-3.542097	-11.30153 **	-3.540198

注：单位根检验的方程只含常数项，且解释变量的滞后项数为10。＊代表差分次数（即协整阶数）差分后的检验值大于1%置信水平下的临界值。

表3-9的数据显示，4个变量均是非平稳的时间序列。其中，LRs、LRf、LRl 为 I（1）单整变量，LRe 为 I（2）单整变量。对于非平稳的时间序列，我们不能采用普通回归分析方法来检验它们之间的相关性，而应采用协整方法进行检验。以下分析将采用约翰逊（Johansen）协整检验法对四个变量进行协整检验，检验结果见表3-10。

表 3 – 10　　　　　　　**约翰逊（Johansen）协整检验结果**

Hypothesized No. of CE（s）	Eigenvalue	Trace Statistic	0.05 Critical Value	Prob. **
None	0.374074	47.68054	47.85613	0.0519
At most 1	0.162293	18.63207	29.79707	0.5196
At most 2	0.088205	7.652675	15.49471	0.5033
At most 3	0.030612	1.927593	3.841466	0.1650

由表 3 – 10 可以看出，4 个变量之间在 5% 的显著性水平上不存在协整方程，说明这 4 个变量之间不具有长期稳定的均衡关系，由此得出：国际金融危机爆发后，我国 2009 年 4 月至 2014 年 8 月的货币政策独立性逐渐增强，受主要国家货币政策调整的影响并不大。

4. 资本开放度的测度与分析

国内外关于资本开放度的研究大致可归纳为约束式测度方法和开放式测度方法两大类。其中约束式测度方法是从 IMF 的《汇兑安排和汇兑限制年报》（AREAER）出发，根据各国资本账户下各子账户的管制程度设立虚拟变量进行评分，从而获得对该国资本项目管制的一个总体评价，便于进行国际间比较。该方法具体包括份额法、强度法和代码法等。开放式测度方法主要通过一些实际经济变量来进行一定的模型计算，主要包括占比法（直接投资、证券投资等占 GDP 的比重）、FH 检验法（资本流动与国内储蓄和投资的关系）、利率平价模型（国内利率与世界利率的联系）等方法，开放式测度方法反映了一个国家实际的资本流动情况。这两大测度方法各有侧重，从不同角度衡量一国的资本账户开放程度，综合多种方法进行测度能够更全面地反映资本账户开放状况。

国内采用约束式方法测度我国资本开放度指标的研究成果已有不少。陈雨露等运用强度法和代码法对 1991—2003 年 AREAER 手册中中国、中国香港、日本、韩国、印度、印度尼西亚、马来西亚、菲律宾、泰国、新加坡 10 个国家和地区的资本开放度指数进行了测算，结果显示我国资本开放度仅高于印度和菲律宾。倪权生等采用改进的约束式测度法对 2006 年 G20 中的 19 个成员国（除欧盟组织）的资本开放度进行测算，中国在 G20 国家中的资本开放度是最低的（<0.6 分），属于低开放度，这主要是由于中国在证券投资领域的管制较多、得分较低的原因。

以下笔者运用开放式测度法中传统的 FH 检验法测度我国的资本开放度。FH 检验法是由费尔德坦和霍瑞克（Feldtein and Horioka）在 1980 年首次提出的，他们通过检验国内储蓄率和投资率的关系来测度资本的流动性。根据该方法，在资本完全流动的国家，国内储蓄和投资之间没有关系或者有微弱关系。FH 检验法的基本理论模型如下：

$$(I/Y)_t = \alpha + \beta (S/Y)_t + \varepsilon \qquad (3.7)$$

（3.7）式中，I 代表投资，S 代表储蓄，Y 代表国内生产总值，该式反映一国储蓄率与投资率之间的关系。通过检验储蓄率与投资率的相关性，可以判断一国的资本账户开放程度。但（3.7）式忽略了二者的动态变化，因此，FH 模型又进一步加以修正，得到如下动态模型：

$$\Delta (I/Y)_t = \alpha + \beta \Delta (S/Y)_t + \varepsilon \qquad (3.8)$$

$$\Delta (I/Y)_t = \alpha + \beta \left[(S/Y)_{t-1} - (I/Y)_{t-1} \right] + \varepsilon \qquad (3.9)$$

（3.8）式反映储蓄率与投资率短期内的动态关系，（3.9）式反映二者长期的动态关系。以下运用 FH 模型对我国 1980—2011 年储蓄率与投资率的相关性进行测度，分析我国的资本开放度（见表 3－11）。

表 3－11　　　　　　　　　　　　　　FH 检验结果

分析状态	常数项	自变量回归系数	R^2	F 统计量	F 统计量相伴概率
静态	0.377059 (39.13786)	0.582065 (2.080093)	0.122479	4.326787	0.045874
短期	0.004879 (2.300126)	−0.811183 (−6.870056)	0.611387	47.19767	0.000000
长期	0.132803 (4.400815)	0.363358 (4.424434)	0.394864	19.57562	0.000118

注：括号内分别为常数项和自变量回归系数的 t 统计量。

由表 3－11 中数据分析得出如下结论：（1）从静态层面分析，我国储蓄率与投资率存在正相关，储蓄率的回归系数是 0.582，说明储蓄率每增加 1%，投资率约增加 0.582%，我国储蓄率对投资率的解释性较强，因此储蓄的增长在一定程度上可以解释这一时期投资的快速增长，这一时期中国的资本控制是比较强的，但两变量相关性测度的拟合优度并不高。（2）从短期看，储蓄率的一阶差分回归系数为 −0.811，F 统计量相伴概率为 0，这表明储蓄率与投资率短期内存在较大的负相关性。这个结果表明我国近年来资本账户开放程度有所加大，资本的频繁流动对国内投资有较大影响。（3）从长期看，自变量的回归系数为 0.363，F 统计量相伴概率为 0.000118，可决系数 R^2 高于静态结果，这表明在长期内储蓄率与投资率存在一定的正相关性，储蓄的增长从长期来看可以促进投资的增长，中国的资本控制是可控的，我国资本市场将进一步全球化和一体化。

5. 实证分析结论

上述实证分析得出如下结论：

（1）按照蒙代尔"不可能三角"理论，我国在继续保持货币政策独立性的前提下，逐步开放资本市场，必然要求汇率制度更加趋于浮动汇率制。因此，完善市场汇率形成机制，实行事实浮动的、更加灵活的汇率制度必将加大货币当局调控货币供给和实施汇率政策的难度。

（2）我国货币政策独立性削弱，市场利率受欧美市场利率的影响较大。较长时期以来，中央银行主要依据国内经济发展和资金供求变化，适时调整货币政策，通过冲销干预等手段解决国际资本流动对我国货币政策效应的冲击。一方面表明我国贯彻独立自主的货币政策的决心，另一方面也表明我国经济金融全球化、一体化程度仍然较低，有待进一步加快金融市场的开放步伐，努力实现稳增长、调结构和控通胀有机协调的目标。近年来我国市场利率受欧美市场利率的影响较大，特别是 2008 年国际金融危机爆发以来，欧、美、日等发达经济体纷纷推出量化宽松货币政策。2012 年 9 月，美联储又推出第三轮量化宽松政策（QE3），将当前低利率的保持时间从 2014 年底延长至 2015 年中，这意味着美联储已将非常规货币政策工具进行常态化运作，势必引发全球货币的"竞争性贬值"，推高全球大宗商品的价格，再次推动新兴经济体进口价格上涨，引发输入型通货膨胀，从而加大我国货币政策调控难度，人民币兑美元汇率升高引起国际资本流入、外汇占款增加，外汇储备资产也面临再度缩水的风险，考虑到国内 CPI 与房价增长的压力，又不能大规模放松货币政策，这使得我国整个经济的外部环境和货币政策都会受到主要国家货币政策调整的影响。

（3）近年来随着我国资本开放程度不断加大，短期内国际资本流动对我国投资率的影响显著增加，但从长期来看，中国的资本控制是可控的，开放资本市场是我国经济发展的必然趋势，应当加强资本流动监管，防范国际金融风险的冲击。

3.3.3 国际金融危机下资本异动对中国的影响

国际金融危机爆发后，受全球经济形势影响，中国面临的外部经济环境更加复杂。2008 年下半年以来，我国跨境资金流入明显放缓。2008 年 10 月至 2009 年 3 月的半年时间内，中国面临持续的短期国际资本净流出，流出的总规模达到 1 352 亿美元。2009 年 3 月，资本涌入压力已初见端倪，该月中国外汇储备新增416亿美元，当月顺差和FDI之和为269亿美元，两者相差147亿美元。无法解释的外汇储备增长可能意味着热钱又卷土重来。2009年4月到2009年9月的半年时间内，中国面临持续的短期国际资本净流入，流入的总规模达到1 475亿美元，略高于前半年的净流出。2010年上半年，国际短期资本仍持续流入中国。2012年受欧债危机加剧的影响，我国短期资本又呈现净流出的局面。由此看出，国际金融危机对我国防范国际短期投机资本的冲击、保持国家经济金融安全提出更大的挑战，但同时也带来重大机遇。

1. 国际金融危机下资本异动对中国的挑战

金融危机使国际资本从我国大量撤离，我国境外资产也出现严重缩水，国内经济面临严峻挑战，主要表现在：

（1）外汇储备价值面临巨大的潜在损失。根据中国人民银行公布的数据，截至2014年6月，我国外汇储备余额已经达到3.9932万亿美元。在中国的外汇储备构成中，美元资产占70%左右、日元约为10%、欧元和英镑约为20%，其中至少1万亿美元投资于美国国债与机构债。随着金融危机下美元汇率的持续走弱，以美元计价的庞大的中国外汇储备面临缩水的担忧。中国社科院世界经济与政治研究所国际金融研究中心研究员张明指出，中国在外储问题上面临的潜在资本损失包括两类。第一类是外汇储备资产的市场价值下跌，如美国国债收益率曲线的上扬将造成存量美国国债的市场价值下跌，从而给债权人带来资本损失；第二类是外币兑本币贬值而造成的资本损失，即汇率变动造成的资本损失[1]。

2008年末美国的未清偿国债余额为10.7万亿美元，2009年美国政府需要举债2万亿美元，一旦新增国债供给量（约占存量国债的20%）超过市场需求量，新增国债的收益率将会显著上升，导致存量国债市场价值显著下跌，则中国持有的数额巨大的美国国债将面临严重损失。此外，如果美国政府通过印刷钞票、制造通货膨胀来降低救市成本，这将导致美元贬值，使得占中国外汇储备大约70%的美元资产遭受巨额损失。

实际上，只要中国持有庞大的外汇储备，就不可能躲避全球金融危机的系统性风险，中央银行也不可能通过外汇储备多元化管理来降低系统性风险。虽然美元资产面临信用等级下降和美元贬值的风险，但欧元资产的前景也不容乐观，日元资产的收益率太低。从长期来看，如果我国不积极调整出口导向政策，不及时让市场来决定人民币汇率水平，外汇储备规模将会继续扩大，我国也将持续面临巨大的外汇储备缩水的风险。

---

① 张明. 如何缓解中央银行面临的潜在"资本损失"［J］. 第一财经日报，2009 - 11 - 19。

（2）国际资本异动加剧了金融风险。2009 年上半年，由于国际机构投资者依然在进行去杠杆化（Deleveraging），这将导致国际短期资本继续从新兴市场国家流向发达国家，导致新兴市场国家资产价格泡沫破灭、本币贬值，部分新兴市场国家可能因为资本外流而再度爆发金融危机。2009 年下半年，随着去杠杆化进程的结束，国际机构投资者在趋利动力的驱使下，短期国际资本的流向可能再度逆转，新兴市场国家可能出现更加汹涌的资本流入，形成资产泡沫。

从我国短期资本流动对资本市场的影响来看，尽管我国依然保持着比较有效的资本管制，但国际短期资本依然可能从两条渠道作用于中国资本市场。其一，在过去几年里，外汇占款已经成为中央银行发行基础货币的唯一渠道。这意味着资本流入导致的外汇储备增长会通过增加基础货币的形式来作用于资本市场；其二，短期国际资本（即所谓热钱）通过各种方式规避资本管制，进入中国境内后直接投资于资本市场。短期国际资本对中国股票市场与房地产市场的渗透是惊人的。外资在 A 股市场的实际投资规模远远超过合格境外机构投资者（QFII）的额度，外资也大量购入了中国的房地产，介入对中国开发商的私募融资。2008 年上半年以前，大量国际短期资本的流入推高了中国股市与房地产市场价格。2008 年下半年国际金融危机爆发后，短期资本大量流出，加剧了我国资本市场的价格调整。随着 2009 年下半年国际短期资本的流向再度逆转，中国资本市场可能再度出现泡沫。由此看出，大量国际短期资本的进出对资产价格泡沫调整起到了推波助澜的作用。

从国际金融危机爆发到 2012 年 12 月，美联储先后推出四轮量化宽松政策（实际上 QE4 只是 QE3 的延续），由于美联储 QE 政策持续时间长，使得全球出现流动性泛滥，市场利率接近于零，在此背景下，吸引了更多的国际资本流入经济增长率和投资回报率更高的新兴经济体，导致这些国家资产价格上升，通胀压力增加，同时加大了包括中国在内的新兴经济体跨境资本流动管理的难度，主要表现在对国际套利资本流动风险的监管方面。近期，相当数量的境外套利资本以虚假贸易等形式绕开资本管制流入中国。一旦美联储宣布退出 QE，可能意味着资本流向的逆转，国际套利资本短期内可能快速撤离新兴市场国家，影响包括中国在内的新兴经济体金融市场的稳定，极端情况下还可能引发新的金融危机。

（3）人民币汇率机制改革面临挑战。国际金融危机爆发后，我国出口和进口双双下降，但贸易顺差反而大幅扩大，国际资本流动也有逆转的倾向，人民币应当面临较大的升值压力，但实际却是人民币出现了贬值压力。第一，美元呈现出强烈的升值趋势。2008 年下半年以来美元对欧元等货币升值幅度高达20%，有效汇率升值也高达12%以上。由于美元的大幅升值，使得人民币对其他货币也已大幅升值，短期内人民币已经没有了继续升值的空间。第二，国际资本流动出现异常。一些外国金融机构由于去杠杆化已调回在发展中国家的投资，大量投机资本也因为金融危机纷纷撤出，人民币面临贬值的压力，但是人民币贬值必然会遭到以美国为首的发达国家的反对，而且人民币贬值可能会进一步诱发资本外逃，使通过贬值促进出口的策略半途而废。

受国际金融危机爆发后我国政府出台的4万亿元经济刺激计划的影响，加剧了房地产泡沫和地方政府债务累积。从2010年第三季度开始，由于内需增速缓慢，外需及投资需求不足，GDP增速从2009年第四季度的12.2%跌至2012年第二季度的7.6%，累计跌幅高达37.7%。2012年2月，我国单月贸易逆差达到319.25亿美元，创单月贸易逆差的新纪录。2012年4月中央银行将人民币汇率波动空间从原来的0.5%调整到1%。2012年年中我国经济增速放缓及出口持续不振的状况在一定程度上打压了市场信心，导致投资者开始看跌人民币。2012年9月，欧美各国开启了新一轮量化宽松的货币政策。其中，美联储启动了QE3，欧洲中央银行启动了"直接货币交易计划"（OMTs），这必将导致全球资本的逆向流动，美元、欧元出现新一轮的回落态势。全球资本有90%流向了新兴经济体，而其中的80%都流进了中国香港和内地，人民币汇率被动升值。2012年人民币汇率运行轨迹是单边的双向运动，且波幅之大是2005年新一轮人民币汇率制度改革后从未有过的，人民币的日均价格浮动也多次达到1%。2013年，欧美国家的市场利率仍将维持在极低水平，同时2013年我国经济增速仍维持高位，GDP增速为7.7%，远远高于欧美等发达国家1%~2%的年均增幅，人民币升值的基础依然存在，但幅度有限。

2014年1月14日起，人民币汇率持续贬值。2014年3月17日，银行间人民币兑美元即期交易价浮动幅度由1%扩大至2%，这一政策上的调整被看做是中央银行推动人民币贬值的一个重要举措。此后数日人民币汇率继续下跌，2014年3月24日创出了6.2370的低位，人民币兑美元的即期汇率在年内贬值1970个基点，幅度近3.26%，完全抹平了2013年全年3%的升幅。

纵观近年来的人民币汇率改革，市场对人民币汇率变动的适应能力和风险管控能力在逐步加强。如果未来人民币汇率的波动空间能够进一步扩大，那么人民币真正的双边波动才会实现，而不仅仅是持续单向（升值或贬值）的双边波动格局。

2. 中国面临的机遇

国际金融危机使国际资本流动出现剧烈波动，使我国经济面临严峻挑战，但同时也为我国经济的未来发展提供重大机遇，主要表现在以下方面。

（1）增强中国资本形成能力。这次金融危机导致全球经济由 2007 年增长 5%，降为 2009 年增长 1%，全球股市下跌 40% 左右，全球资产缩水 50 万亿美元。金融危机对我国出口产生巨大影响，但对金融业影响较小，金融危机对中国金融发展更多的是历史机遇。面对这场危机，我们要加速增强中国资本形成能力。资本来自企业积累和财政分配，但更多的是通过发展资本市场，把城乡居民、工商企业、各级政府暂时闲置的资金转化为社会资本，改变当前直接融资比例不升反降、社会资金使用结构不合理的状况，通过投资银行、资产管理机构等采用多渠道扩大社会资本。

一是巩固和扩大股票市场，鼓励企业通过直接融资扩充资本金。2008 年，国务院在《天津滨海新区综合配套改革试验总体方案的批复》中指出，要为在天津滨海新区设立全国性非上市公众公司股权交易市场创造条件。在这一政策背景下，天津市政府于 2008 年 5 月批准天津产权交易中心建立私募股权交易市场。2008 年 9 月天津股权交易所挂牌成立，为企业特别是中小企业建立了以商业信用为基础的小额、快速、低成本的融资渠道。截至 2013 年 12 月底，天津股权交易所累计挂牌企业数量已达 412 家，市场总市值超过 332 亿元，挂牌企业分布在全国 28 个省、直辖市和自治区，股本规模在 1 000 万元至 3 000 万元的中小企业和成长型企业占比超过 50%。运行五年来，天津股权交易所为挂牌企业实现各类融资超 210 亿元，其中实现直接融资 60.43 亿元，直接融资带动间接融资 150.48 亿元。我国创业板市场历经十年酝酿和筹备，于 2009 年 10 月 23 日在深交所正式启动，2009 年 10 月 30 日首批 28 家创业板公司在深交所挂牌上市，这意味着面向成长型、高科技企业的"中国式纳斯达克"正式启动，我国多层次资本市场建设迈上新台阶。

二是大力发展债券市场。目前我国资本市场快速发展，但直接融资与间接融资不平衡、股权融资与债权融资不平衡、政府债权融资与企业债权融资不平衡等资本市场结构性矛盾依然突出。企业融资仍过度依赖银行贷款，企业融资中银行贷款的占比高达 90% 以上，银行长期以来承担了大量债务风险，不利于整个国家金融体系的稳定。2007 年 8 月 14 日，中国证监会正式公布了《公司债券发行试点办法》，公司债券试点工作正式拉开帷幕。大力发展公司债券市场，对拓宽企业融资渠道，特别是丰富中小企业融资渠道意义重大。同时，我国应逐步增加债券的发行规模和期限品种，不断丰富固定收益类证券投资工具，重点发展公司债、国债和各种抵押贷款债，包括国债期货、投资国债的投资基金等，满足各类风险偏好投资者的投资需求。截至 2009 年 3 月，全国各种债券总额为 15.2 万亿元，企业债、公司债只占 5%，这种状况既不适应企业融资，也不利于为国外提供投资工具以推进人民币国际化。此外，国家发改委核准发行企业债，证监会核准发行公司债，人民银行核准发行企业票据，债券管理模式分散。国发〔2009〕26 号文已提出"完善债券市场化发行机制、市场约束与风险分担机制，逐步建立集中统一的债券市场监管规则和标准"。2012 年国内企业债市场空前增长，全年市场共发行企业债 484 只，发行规模达到 6 499.31 亿元，是 2009 年 3 252.33 亿元纪录的两倍。2012 年公司债市场规模也稳步扩大，全年沪深两市共有 272 只公司债发行，募集资金 2 599.43 亿元，比 2011 年分别上涨了 228% 和 101%。2013 年，全国债券市场共发行各类债券（含央票）87 016.27 亿元，较 2012 年上涨 9.05%，增速较 2012 年下降了 2.61%。全年沪深两市发行公司债和中小企业私募债共计 331 只，发行量 2 717.30 亿元，占债券市场发行总量的 3.12%。2013 年国债发行 13 374.40 亿元，同比增加 11.15%；企业债券发行 4 752.30 亿元，同比下降 26.88%；政策性银行债发行 19 960.30 亿元，同比下降 6.73%；商业银行债发行 1 117.00 亿元，同比下降 71.60%。政策性银行债和国债发行量合计约占发行总量的 59.05%①。2014 年上半年，全国企业债券和股票净合计融资 1.5 万亿元，比 2013 年同期增加 1 635 亿元；其中，企业债券融资 1.30 万亿元，同比增加 861 亿元，创历史同期最高水平。

三是发展基金市场。中国基金业自 20 世纪 90 年代起步以来正在迅速成长，截至 2007 年 8 月，管理资产规模已达到 17 990 亿元，比 2005 年底的 3 390 亿元增长了 5 倍多，个人基金投资者有 1 500 万人。截至 2014 年 4 月底，我国境内共有基金管理公司 91 家，其中合资公司 48 家，内资公司 43 家，管理资产合计 51 369 亿元，其中管理的公募基金规模 37 349 亿元，非公开募集资产规模 14 020 亿元。基金子公司 67 家，管理资产规模达 1.61 万亿元。今后，外资基金公司与本土基金公司的竞争更加激烈，基金产品将更加多元化，股权、固定收益、货币市场基金、养老金产品、保本产品、ETF 以及房地产基金都将获得不同程度的发展。我国证券机构应在完善对证券投资基金、风险投资基金管理的同时，也要加快发展股权投资基金。

（2）积极扩大对外投资。这次国际金融危机为中国海外投资提供了难得的时机。金融危机启动了全球资本市场的风险重估，金融机构与企业的股票价格大幅下跌，投资价值明显上升。为缓解危机，发达国家政府对发展中国家主权财富基金投资的态度由原来的警惕和抵制转向谨慎欢迎。因此，国际金融危机为中国政府在发达国家金融市场进行股权投资提供了难得的机遇。

我国在继续吸引外资的同时，应积极扩大对外投资，从商品输出大国逐步

---

① 数据来源：中国债券信息网。

过渡到同时又是资本输出大国。近年来，我国通过出口廉价商品获得大量贸易顺差，形成超量外汇储备，再将外汇重点投资美国国债，虽然这是我国参与经济全球化的必然阶段，但是，这使我国付出大量社会成本，增加通货膨胀压力，也积聚了外国资产缩水的风险，已损害到我国根本利益。因此，扩大对外投资已成为改善国际收支、维护我国战略利益的必要措施。2009 年 3 月，商务部公布《境外投资管理办法》，把商务部核准的境外投资从 3 000 万美元提高到 1 亿美元，并提供一系列投资便利。2009 年 5 月，国家外汇局发布《境内机构境外直接投资外汇管理规定（征求意见稿）》，明确境内机构可使用自有外汇资金、国内外汇贷款、人民币购汇、实物或留存境外利润等多种资金来源形式进行境外投资。商务部等部门公布的数据显示[1]，2012 年，在全球外国直接投资流出流量较 2011 年下降 17% 的背景下，中国对外直接投资创下流量 878 亿美元的历史新高，同比增长 17.6%，首次成为世界三大对外投资国之一。截至 2012 年底，中国对外直接投资累计净额（存量）达 5 319.4 亿美元，居全球第 13 位。中国 1.6 万家境内投资者在国（境）外设立对外直接投资企业近 2.2 万家，遍及全球 179 个国家和地区。但由于中国对外直接投资起步较晚，与发达国家相比尚有较大差距。2012 年，中国企业共实施对外投资并购项目 457 个，实际交易金额 434 亿美元，两者均创历史之最。其中，直接投资 276 亿美元，占 63.6%，境外融资 158 亿美元，占 36.4%。2012 年我国境内投资者共对全球 141 个国家和地区的 4 425 家境外企业进行了直接投资，累计实现非金融类直接投资 772.2 亿美元，同比增长 28.6%。其中，对俄罗斯投资实现高速增长，达 117.8%，对美国、日本、东盟、中国香港的投资均实现两位数的较快增长。从境内投资者构成来看，地方对外直接投资 281.9 亿美元，占同期对外直接投资总额的 36.5%，同比增长 38.9%。2013 年全球跨国投资总规模接近 2012 年的水平，全球并购活动甚至出现下降，是 2010 年以来并购增长最慢的一年。2013 年，我国吸收外资增长了 5.25%，我国境内投资者共对全球 156 个国家和地区的 5 090 家境外企业进行了直接投资，累计实现非金融类直接投资 901.7 亿美元，同比增长 16.8%。其中股本投资和其他投资 727.7 亿美元，占 80.7%，利润再投资 174 亿美元，占 19.3%。截至 2013 年底，我国累计非金融类对外直接投资 5 257 亿美元[2]。2013 年，我国双向投资表现都明显优于全球的水平。2014 年，全球直接投资仍将保持稳定，预计

①《2012 年度中国对外直接投资统计公报》，商务部、国家统计局、国家外汇管理局，2013 年 9 月 9 日。

② 数据来源：中国商务部官方网站。

全球 FDI 的流量将会达到 1.6 万亿美元，我国利用外资的规模将继续保持平稳发展。

（3）推进人民币国际化进程。这次国际金融危机产生的根源是多方面的，其中一个重要原因是国际货币体系不合理。美元长期垄断国际储备货币地位，美联储在维护本国利益实施货币政策时，往往严重损害他国利益。解决这一问题的可行办法，就是国际社会加强对美国财政、贸易赤字的监督，促其维护美元汇率稳定，同时促进国际货币多元化。国内外普遍预测未来几年中国经济总量将赶超美国成为世界第一。根据国家统计局数据显示，2003 年至 2011 年，中国经济年均增长 10.7%，而同期世界经济的平均增速为 3.9%。中国经济总量占世界经济总量的份额，从 2002 年的 4.4% 提高到 2011 年的 10% 左右，排序从 2002 年的第 6 位上升至 2010 年的第 2 位，2011 年依然保持着这一位置。2008 年下半年至 2010 年，为抵御国际金融危机，中国果断实施了一揽子刺激计划扩内需、保增长，经济增速在全球率先反转，重新回到两位数平台，2010 年达到 10.3%。我国经济在全球的快速增长必然要求加快推进人民币的国际化进程，提高人民币的国际化地位。2012 年 6 月 1 日和 2013 年 4 月 10 日，人民币分别实现了与日元和澳大利亚元的直接兑换，这不仅有利于双边贸易的开展，同时标志着人民币国际化又迈出了重要的步伐。2014 年 9 月 29 日，中国外汇交易中心宣布在银行间外汇市场开展人民币对欧元直接交易。开展人民币对欧元直接交易，有利于形成人民币对欧元直接汇率，降低经济主体汇兑成本。在中欧贸易规模日益庞大、人民币跨境贸易结算不断增加的背景下，这一举措对于推进人民币国际化又迈出了坚实一步。至此，人民币实现直接交易的币种包括日元、澳大利亚元、新西兰元、英镑及欧元等，但从近期情况来看，人民币与非美元货币直接交易的活跃度有限，发展速度并不快，这与交易规模小带来的流动性不足、汇率大幅波动导致汇率风险增加，以及汇兑成本下降有限有关。

人民币国际化的体现应反映在国际结算和支付体系中为国际社会的接纳度，这一方面是中国经济实力增强以及对外贸易发展的重要表现，同时也为人民币离岸市场的建设创造有利条件。人民币离岸市场从 2010 年起步，到 2012 年其流动性已经激增了 2.5 倍，达到近 9 000 亿元人民币的规模。2012 年 4 月 18 日，伦敦离岸人民币中心启动，当日汇丰银行在伦敦发行了第一只规模为 10 亿元人民币债券，这标志着人民币国际化又迈出一大步。2013 年在伦敦外汇市场上，日均人民币外汇交易量达到 253 亿美元，连续两年增速超过 50%。汇丰银行 2013 年初研究报告显示，预计 2015 年境外人民币规模将达到 5 000 亿~6 000 亿美元，截至 2015 年人民币跨境贸易结算总额预计达到 2 万亿美元，届时人民币有望成为继美元、欧元后的第三大世界结算货币。

为此，人民币应该发展为重要的国际储备货币和国际投资货币，国际金融危机的爆发有可能加快这一进程。如果中国经济在美国经济陷入衰退时依然保持较快增长，那么中国经济对全球经济的拉动作用将凸显出来，中国经济的引擎效应将会更加明显。同时，人民币在许多国家与地区，特别是东南亚，均被作为支付货币和结算货币①。中国政府应把握时机推进人民币国际化进程，提高人民币的国际地位。

本章小结

20世纪90年代以来，国际短期投机资本增长迅速，加大了货币政策调控的难度。本章采用五种方法对亚洲金融危机以来我国短期资本流动规模进行测算，指出我国经历了六次规模较大的资本内流或外流，经常项目、金融项目和地下渠道是我国"热钱"进出的主要途径，实行浮动汇率和放松资本管制已成为我国今后的发展方向，特别是国际金融危机下资本异动对我国经济金融安全提出了严峻挑战，但同时也要看到危机带来的重大机遇。

---

① 目前，人民币作为支付货币与结算货币的国家和地区有18个，包括俄罗斯、缅甸、老挝、哈萨克斯坦、阿富汗、印度、尼泊尔、中国台湾、吉尔吉斯斯坦、塔吉克斯坦、泰国、孟加拉国、马来西亚、印度尼西亚、菲律宾、新加坡、朝鲜、韩国。

4 国际资本异动下的货币政策传导效应

国际资本大规模、突发性、剧烈运动对一国货币政策可能产生较强的负效应，依据第 2 章关于货币政策传导理论可以看出，货币政策传导主要通过利率、汇率、资产价格和信贷等渠道进行，因此，国际资本异动也会通过这几个渠道影响货币政策效应。构建国际资本异动与货币政策传导之间的理论分析框架，从新的视角深入探寻国际资本异动通过不同传导渠道影响货币政策的实施效果，为完善我国货币政策传导系统奠定理论基础。

4.1 国际资本异动下的利率传导效应

4.1.1 国际资本异动下的利率传导一般原理

中国一直对利率实行较严格的管制，主要通过调节货币供应量影响物价变动，进而改变实际利率水平来影响企业和居民的经济行为。当发生通货膨胀时，实际利率下降，国内储蓄减少，由于我国资本市场尚不发达，难以促进资本有效形成，实际利率下降导致股权投资收益上升，必将吸引国际股权资本流入增加；当发生通货紧缩时，实际利率上升，国内投资需求下降，债券投资收益增加，必将吸引国际债权资本流入增加。图 4－1 给出了国际资本异动下货币政策利率传导的一般原理。

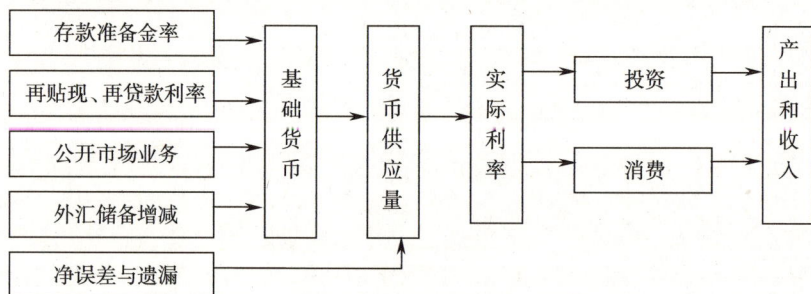

图 4－1 国际资本异动下利率传导一般原理

由图 4-1 可以看出，一国短期资本流动通过利率传导作用于实际产出和收入主要通过两个途径：一是资本项目差额引起外汇储备增减，进而导致中央银行基础货币投放的变动，并通过金融机构使货币供应量发生变化，虽然我国当前名义利率存在较严格的管制，但货币供应量的变动使物价发生变化，从而改变实际利率水平，通过影响投资和消费，作用于产出和收入；二是国际收支平衡表中的净误差与遗漏项目主要反映了货币当局未统计的短期资本流动，这部分短期资本通过非法渠道进出我国，影响货币供应量的变化，进而影响投资和消费，使产出和收入发生变化。

4.1.2　资本异动对储备资产的影响

资本项目与储备资产的关系可以用下述公式表示：

$$\Delta B_t = -(\Delta X_t + \Delta C_t + \Delta \varepsilon_t) \tag{4.1}$$

（4.1）式中，ΔB_t 表示第 t 期储备资产增减额[①]，ΔX_t 表示第 t 期经常项目差额，ΔC_t 表示第 t 期资本项目差额，$\Delta \varepsilon_t$ 表示第 t 期误差与遗漏项目差额，这里假定汇率固定不变。

资本项目的增减可以直接作用于外汇储备的变动，同时也可以通过经常项目间接影响外汇储备资产的变动。近十年来，我国资本项目一直保持较大的顺差增幅，外贸顺差对外汇储备的贡献逐年减弱，而外商直接投资数额稳步增长，成为支撑我国外汇储备增长的重要力量。这与我国广阔的市场潜力、相对低廉的劳动力资源和加入世界贸易组织后投资环境的改善吸引了大量外商投资有着直接联系。同时，大量投机资金（也称"热钱"）受到利益驱动通过各种渠道（包括资本与金融项目）进入我国，也是造成储备资产激增的重要原因。

4.1.3　资本异动对基础货币的影响

资本项目通过储备资产来影响基础货币，储备资产是货币当局基础货币资产方的重要成分。资本项目通过影响储备资产的增减不仅可以影响当期基础货币，而且可以影响下一期基础货币，这种明确的关系为中央银行货币政策超前反应提供了依据。笔者以 1994 年通货膨胀为例，说明资本项目大幅变动对基础货币乃至物价的影响。由于我国储备资产在 1994—1997 年的超速增长（资本项目从 1993 年开始大幅顺差），带动了基础货币迅速增加，1990 年外汇储备仅占基础货币的 8.2%，到 1999 年已占 39.8%，比例最高的 1998 年达41.9%。从新增基础货币看，1994—1997 年，通过外汇市场发行货币成为货

[①]　我国储备资产中绝大部分为外汇储备资产，故储备资产增减对货币供应量变动影响较大。

币发行的主渠道，其中1994年、1995年通过外汇市场发行的货币分别占当年新增基础货币的72%和74%。由于难以得到更详细的资料，无法分析中央银行面对储备资产变化所采取的冲销政策。1994年是外汇储备增长最快的一年，但中央银行没有实行明显的紧缩手段，甚至对政府债权也仍在增加。也就是说，面对外汇储备的大幅增加，中央银行没有采取力度足够大的冲销政策，从而导致了1994年高达24.1%的通货膨胀率。1998年，外汇储备增幅迅速减少，同时中央银行继续收回对存款货币银行的再贷款，而没有实行必要的扩张政策，导致当年基础货币绝对额减少，通货膨胀率下降0.8个百分点。

4.2 国际资本异动下的汇率传导效应

4.2.1 国际资本异动下的汇率传导一般原理

国际资本异动通过影响本币与外币之间的供求变化，直接导致本币汇率发生显著变动，但同时市场对本币汇率预期又反过来影响国际资本流动的方向和规模。本币汇率的变动通过进出口和资本项目作用于消费和投资，最终影响产出和收入（见图4-2）。

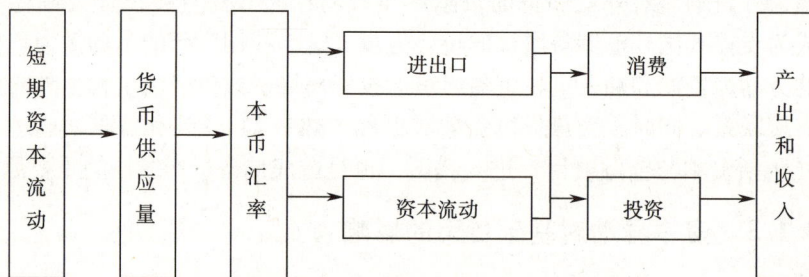

图4-2 国际资本异动下汇率传导一般原理

图4-2给出了国际资本异动通过汇率传导渠道影响实体经济的作用原理。大规模、突发性短期资本流动导致货币供应量变动，当一国实行紧缩性货币政策时，实际利率上升，短期资本大量进入，本币汇率趋于升值，本国出口减少、进口增加，国际收支状况恶化，而短期内国际资本会因本币升值流入本国，但当套汇资本获利撤出时，又会引起国际资本大量流出本国，使投资减少，影响本国实际产出和收入的下降；相反，当一国实行扩张性货币政策时，实际利率下降，短期资本大量流出，本币趋于贬值，本国出口增加、进口减少，国际收支状况改善，而短期内国际资本会因本币贬值而流出本国，但当套

汇资本重新进入时，又会引起国际资本大量流入本国，使投资增加，导致本国实际产出和收入增加。

4.2.2 我国近年来资本异动与汇率、利率的关系

笔者结合我国2001—2013年国际资本异动状况与人民币汇率、利率的相关数据分析三者之间是否存在稳定的关系（见图4-3和图4-4）。

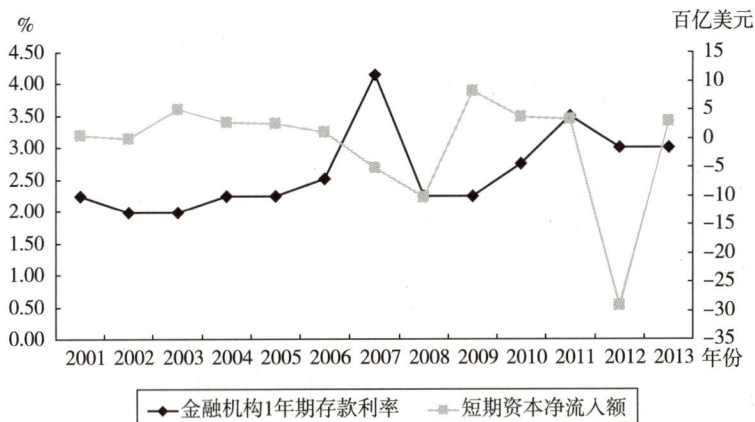

数据来源：根据中国人民银行、国家外汇管理局公布的相关数据（2001—2013年）整理得到。

图4-3　我国2011—2013年国际资本异动与人民币利率变动走势图

图4-3中短期资本净流入额是采用直接法测算得出的。从图4-3可以看出，2002—2003年国际资本开始大量流入国内，我国2004年采取了提高利率的政策，加剧了资本异动状况。2005年国际短期资本获利大量流出，我国利率水平保持不变。2006年为解决国内流动性过剩，货币当局继续提高利率，引起短期资本内流增加，加剧国内流动性问题。2007年由于受美国次贷危机的影响，短期资本大量外流，我国仍然采取提高利率的货币政策措施，导致货币政策出现了失误，直到2008年下半年才使货币政策与国际资本流动保持一致性。2009—2011年我国继续提高利率，受国际金融危机的影响，短期资本流出增加，2012年短期资本净流入为 -2 912亿美元，2013年我国利率水平与2012年保持一致，而短期资本净流入为297亿美元。上述分析表明我国货币政策的制定滞后于国际资本异动反应，货币政策缺乏前瞻性和预见性。

图4-4中短期资本净流入额是采用直接法测算得出的。从图4-4可以看出，人民币兑美元汇率中间价2005年前基本稳定在8.2770左右。2005年新一轮汇率改革后，人民币几乎不回头地一路升值，从2005年到2013年，连续

元/美元   百亿美元

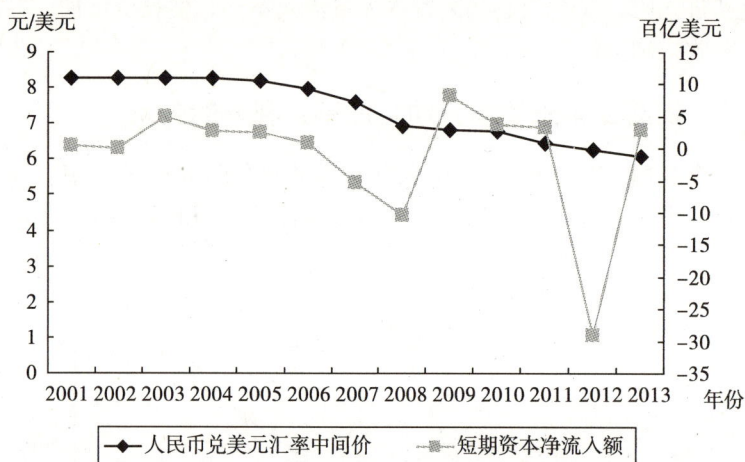

数据来源：根据中国人民银行、国家外汇管理局公布的相关数据整理得到（2001—2013 年）。

图 4 – 4　我国 2001—2013 年国际资本异动与人民币汇率变动走势图

9 年升值，升值幅度达到 27%。其中，2007 年和 2008 年，连续 2 年升值幅度
都超过 6%。2014 年第一季度，人民币兑美元即期汇率由 2013 年底的 6.0539
滑落至 2014 年 3 月底的 6.2180，下跌 1 641 个基点，贬值幅度达到 2.64%。
这一数据接近 2013 年人民币即期汇率 2.9% 的升值幅度。这期间国际短期资
本经历了从大量流入到大量流出的变化过程，可见人民币汇率的市场化机制尚
未形成，国际资本异动与人民币汇率波动的关联度不高。

4.3　国际资本异动下的资产价格传导效应

4.3.1　国际资本异动下的资产价格传导一般原理

证券市场国际化是开放经济下的必然选择。证券市场国际化程度的高低，
不仅反映一国资本市场的发展水平，而且在一定程度上反映一国参与国际分工
的深度，以及国民经济发展的总体水平。

证券市场国际化符合当前国际资本流动证券化的总体趋势。第 3 章已经阐
述了当前国际资本流动的新特点之一就是以银团贷款为主的间接融资比重下
降，以公开上市发行证券为主的直接融资比重上升，再加上金融创新的推动作
用，使国际资本流动证券化的趋势日益明显。国际短期资本的剧烈运动通过股
市将会影响股票价格，进而影响上市企业的投资和社会消费，最终影响产出和

收入（见图 4 - 5）。

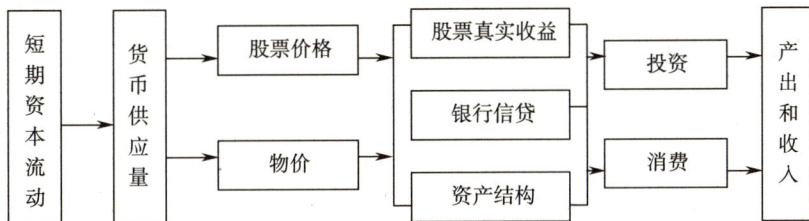

图 4 - 5　国际资本异动下资产价格传导一般原理

图 4 - 5 给出了国际资本异动通过资产价格传导渠道影响实体经济的作用原理。大规模、突发性短期资本流动导致货币供应量变动，一方面影响股票价格波动，另一方面引起物价变动，通过股票真实回报、银行信贷和多元化资产选择引起投资和消费的变化，最终影响到实际产出和收入变化。

4.3.2　我国证券市场的国际化发展

证券市场国际化是生产国际化和资本国际化发展的必然结果。经过十几年的努力，中国在证券筹资、投资、证券商及其业务以及证券市场制度的国际化等方面都有了很大程度的发展。但由于中国资本市场的开放程度、制度建设、上市公司的治理结构等多种因素的制约，目前我国证券市场国际化的水平还不高。因此，必须规范国内证券市场、继续扩大规模、积极创造有利的外部条件，逐步分阶段地实现我国证券市场国际化。

1. 发行国际债券融资

1982 年 1 月，中国国际信托投资公司在日本东京资本市场上采用私募方式发行了 100 亿日元的债券，期限为 12 年，利率为 8.7%，标志着我国证券市场对外开放得到国际债券市场的认同。此后，中信公司、中国银行、交通银行、建设银行、财政部、上海国际信托投资公司等金融机构先后在东京、法兰克福、新加坡和伦敦等国际金融市场发行了日元、美元、德国马克等币种的国际债券。

2005 年 2 月 18 日，中国人民银行、财政部、国家发展和改革委员会、中国证券监督管理委员会共同制定了《国际开发机构人民币债券发行管理暂行办法》。2005 年 9 月，国际金融公司（IFC）和亚洲开发银行（ADB）成为首批在华发行人民币债券（熊猫债券）的国际多边金融机构，这是我国债券市场走向国际化的一个重要里程碑。2013 年 5 月 27 日，汇丰（HSBC）与渣打（Standard Chartered）成为首批在新加坡发行人民币计价债券的银行，开创了一个可能称为"狮城"债券的新市场。这两家银行共计发行 15 亿元人民币（合 2.45 亿美元）债券，所发行的债券都将在新加坡交易所上市，该交易所还推出了首个人民币债券存托服务。

2. 向境外投资者发行 B 股

1990 年和 1991 年，上海、深圳证券交易所相继开业。1992 年上海证券交易所上市了第一只人民币特种股票——上海真空电子 B 股。2001 年 2 月 19 日，B 股对境内持外币的投资者开放。B 股市场在我国证券市场国际化进程中仍具有十分重要的地位，其意义不仅在于筹集到一定数额的外汇资金，更重要的是开辟了一条在人民币尚未自由兑换的情况下通过股票市场向境外投资者筹集外资的渠道。

3. 中资企业海外直接上市

1993 年，青岛啤酒率先在香港联合交易所挂牌上市，首开中资企业境外上市的先河。此后，部分企业在美国纽约证券交易所发行股票，称为 N 股。进入 2000 年后，部分民营高科技企业到香港创业板和美国 NASDAQ 上市筹集资金，标志着我国证券市场的国际化进入一个新的发展时期。自 2013 年 1 月 1 日起，中资企业在符合境外上市地上市条件基础上，可直接向证监会提出境外发行股票和上市申请，无须先获得地方政府批准，这意味着对境内企业赴海外上市不再设立门槛。

4. 中资企业海外间接上市

间接上市是指中资企业不直接在境外发行股票挂牌上市，而是利用在中国香港或海外注册成立公司，再在境外资本市场发行上市。具体来说有两种形式：买壳上市与造壳上市。20 世纪 90 年代以来，很多中资企业通过入股、买壳、分拆业务等方式在中国香港或纽约上市。

5. 外资收购境内上市公司非流通股

1995 年 8 月，日本五十铃和伊腾忠联合以协议方式收购了北旅股份，开创了我国证券市场上外资协议收购上市公司非流通股先河，但由于对国有资产的保护和相应的配套法律法规尚不完善，1995 年 9 月，国务院暂停向外商转让上市公司国家股和法人股。到 2002 年 11 月，中国证监会、财政部、国家经济与贸易委员会联合颁布《关于向外商转让上市公司国有股和法人股有关问题的通知》，使得向外商转让上市公司非流通股的大门重新开启，这对我国上市公司和证券市场国际化产生重要影响。

6. 实施 QFII 和 QDII 制度

我国证券市场从 2002 年 12 月 1 日起开始实施 QFII（Qualified Foreign Institutional Investor）制度，境外合格机构投资者可以在我国境内进行证券交易。

境外机构投资者只有在注册资本数额、财务状况、经营期限、是否有违规违纪记录等符合一定条件后，才能被相关部门允许进入我国证券市场。QFII 制度建立了资本可兑换的一条通道，对合格境外投资者开设专门资金账户，其流程在我国外汇管理局监督下进行，可以有效地避免短期资金（Hot money）行为，防止资本市场过度投机。

2007 年 5 月 11 日，中国银监会发布通知，允许商业银行办理投资在境外证券交易所上市股票的代客理财业务。QDII（Qualified Domestic Institutional Investor）制度正式确立，意味着银行系合格境内机构投资者投资渠道进一步拓宽，中国证券市场国际化步伐加快。

7. 证券业监管的国际化

我国证券监管部门与国际证券监管机构间的合作与交流日益得到加强。截至 2013 年 8 月底，中国证监会已与 50 个国家和地区的证券期货监管机构签署了 54 个监管合作谅解备忘录，并积极参与和支持国际证监会组织以及其他国际组织的多边交流和合作，有力地增进了中国证监会与国际证监会组织其他成员国及其他国际组织的相互了解与信任。

总之，我国应选择符合中国国情的证券市场开放路径，把握好开放的度和节奏，防止带来负面冲击和损失，坚持对内开放与对外开放并举。吸引国际资本，逐步加大外资投资于中国证券市场的比例和范围，鼓励更多符合条件的境内企业、证券公司、基金公司在境外设立分支机构或合资公司，通过参与国际竞争和合作，熟悉和掌握国际证券市场的规则、技术和管理经验，提高中国企业和机构的国际竞争力。同时，加强与国外证券期货监管机构、国际证监会组织及其他国际组织的交流与合作，共同防范跨境金融风险。在立足于中国国情的基础上，借鉴国外成熟证券市场发展的成功经验，提高证券行业核心竞争力，以提高中国证券市场在国际证券市场的地位。

4.4 国际资本异动下的信贷传导效应

4.4.1 国际资本异动下的信贷传导一般原理

第二次世界大战后，伴随着跨国公司在海外的扩张，银行等金融机构也开始在海外拓展其业务，母银行通过其国外子银行大量输出资本，成为国际短期资本运动的重要形式之一。这些跨国银行利用贸易信贷、短期投资贷款等形式参与东道国投资，最终影响东道国的产出和收入（见图 4-6）。

图 4-6 给出了国际资本异动通过信贷传导渠道影响实体经济的作用原理。

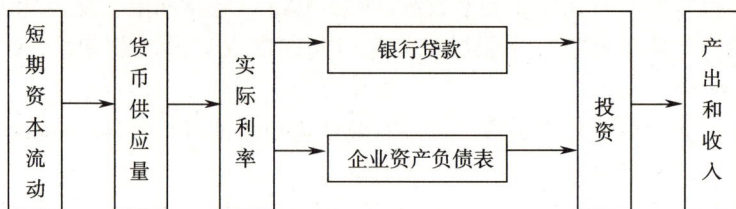

图 4 - 6   国际资本异动下信贷传导一般原理

大规模、突发性短期资本流动导致货币供应量变动，当一国实行紧缩性货币政策时，实际利率上升，短期资本大量进入，使得紧缩性货币政策效应大大降低，通过信贷渠道减少企业贷款和投资的作用下降，不能有效控制实际产出和收入，解决较为严重的通货膨胀；相反，当一国实行扩张性货币政策时，实际利率下降，短期资本大量撤出，使得扩张性货币政策效应大大降低，通过信贷渠道增加企业贷款和投资的作用下降，不能有效增加实际产出和收入，解决经济萎缩现象。

4.4.2　外资银行对我国货币政策传导效应的影响

1. 外资银行在国内的发展

随着中国经济高速发展，金融生态环境不断改善，国际贸易总额不断扩大，中国成为外资银行业务拓展的重要目标。目前，外资银行进入中国主要有以下方式：一是参股或控股中资金融机构，中资银行性质未变；二是在华建立代表处，待条件具备升级为分行，最后升级为独立法人银行；三是在中国设立合资银行、村镇银行、小额贷款公司等其他形式的金融机构，但性质上属外资银行。

目前，世界上几乎每个国家和地区综合实力排名前几位的银行均在我国设立了机构，除港资、韩资、日资、美资、欧资在华均有机构外，一些新兴市场经济国家也开始在我国设立机构，如泰国等。外资银行在华主营业务领域除传统的信贷业务外，还涉及中小企业融资、大宗商品贸易、资产管理、托管和清算服务等。在适宜的外部环境中，外资银行在华经营格局初步形成，经营基本面健康，本土化程度逐步提高，逐渐熟悉并融入整体经济环境，外资银行来源的广泛性和专业背景的多样化，为我国银行体系提供了多层次的有益补充。已成为我国银行业有机组成部分和重要参与者。截至 2014 年 9 月底，已有 51 个国家和地区的银行在华设立 42 家法人机构、92 家分行和 187 家代表处，总资产达到 4 370 亿美元，年均增幅近 20%。外资银行在华经营取得了积极进展，经营规模、客户对象和服务能力均得到良好发展。

一些外资银行已完成中国境内机构布局并采取本土化策略。如东亚、汇丰、恒生等外资行在中国境内分行数已达 15 个以上，多于所有城商行分行数，在东部沿海地区机构铺设已基本完毕，正在向中西部地区扩展。目前，港资、新资、美资等外资行大多采用了本土化的发展战略。预计今后有更多欧资和韩资银行采用本土化发展策略。一部分外资独立法人银行提出 A 股上市及发行次级债的要求。例如，东亚（中国）已经公开表达了 A 股上市的希望。外资银行业务准入水平将与中资银行相同。2007 年 4 月 2 日，首批获准改制为中国本地法人银行的外资银行——东亚银行（中国）有限公司、汇丰银行（中国）有限公司、花旗银行（中国）有限公司和渣打银行（中国）有限公司正式开业。这四家外资法人银行可以向中国内地（包括居民）提供全面的人民币及外汇服务，这标志着正式开启外资银行的本地法人化。7 年多来，尽管外资银行在华的网点、业务扩张从未停歇，但"本土化"后的外资银行在华市场份额仍不及 2%，还远未成为主要国内银行的真正威胁。

现在，外资银行机构和业务准入越来越宽松，中资银行和外资银行之间的关系已是竞争关系。外资银行在我国境内设立机构，必然把母国的经验、技术、人才带到中国境内，它们的强项是贸易融资和理财业务，这两项业务的竞争将越来越激烈。在 2009 年我国实行适度宽松的货币政策情况下，国内绝大多数外资银行并没有将大量信贷资金投入房地产等高风险领域，而是坚持审慎合规的经营原则，控制信贷风险，最大限度地保障目标客户群的利益。截至 2012 年末，在华外资银行整体资本充足率为 19.74%，核心资本充足率为 19.25%，不良贷款率仅为 0.52%。

2011 年在华外资银行业务发展迅猛，总利润从 2010 年的 77.8 亿元增加至 2011 年的 167.3 亿元，增长了 115%。2012 年在华外资银行无论是资产规模还是净利润均普遍回落，多家外资行净利润甚至出现负增长。截至 2012 年底，在华外资银行各项贷款余额 1.04 万亿元，市场占比从 2011 年的 1.68% 下降至 1.54%；各项存款余额 1.43 万亿元，市场占比从 2011 年的 1.59% 下降至 1.51%。外资银行营业性机构税后利润总额 163.4 亿元，比 2011 年减少 3.9 亿元，下降了 2.33%，资产规模的市场占比从 2011 年的 1.93% 跌至 1.82%，净利润占比也从 2011 年的 1.34% 跌至 2012 年的 1.08%，这主要是受 2012 年中央银行两次降息的影响，外资银行息差收入减少的原因引起的。自 2012 年以来，外资银行在华人民币贷款规模均处于收缩状态，市场份额也没有提升，2013 年全年比 2012 年信贷总额进一步缩减 391 亿元，除了德意志银行、法兴银行、南洋商业银行等少数几家外资银行外，大部分在华外资银行

2013 年的净利润均出现负增长。尽管如此，大多数外资银行仍看好中国市场，其在华扩张步伐并不会停止。

2. 外资银行通过信贷渠道影响货币政策效应

外资银行对我国货币政策的影响主要取决于我国中央银行实施货币政策过程中，国内银行和外资银行对国内企业发放贷款的相互替代关系中。外资银行的借入资金主要来自国际金融市场，特别是其母国银行。当中央银行实行紧缩性货币政策时，国内商业银行贷款将会减少，而提高存贷款基准利率、调高法定存款准备金率以及公开市场出售债券的紧缩性货币政策必将引起外资银行资本流入，其对国内企业的信贷将增加，削弱紧缩性货币政策效应。相反，当中央银行实行扩张性货币政策时，国内商业银行贷款将会增加，而降低存贷款基准利率、下调法定存款准备金率以及公开市场购买债券的扩张性货币政策必将引起外资银行对国内企业的信贷减少，削弱扩张性货币政策效应。当国内预期利率下降低于国际金融市场利率水平时，将引起外资银行抛售国内本币资产，大量资本外流，造成外汇储备流失，引起人民币贬值压力加大。

4.4.3 贸易信贷成为我国短期外债增长的主要动力

近年来，我国外债结构中，短期外债比例有所上升，加大了中央银行货币调控的难度。截至 2013 年末，我国短期外债余额为 6 766.3 亿美元（仅包括中国大陆），比 2001 年末增加 5 928.6 亿美元，增长 707.72%，占外债余额的 78.39%。这是我国短期外债占比自 2011 年来连续三年突破 70%。其中，2013 年短期外债余额比 2012 年增长 25.09%。这意味着进入我国的短期跨境资本仍在继续增长，潜在的金融风险正在进一步上升。从 2005 年初开始，我国短期外债占比一直高于 56%。但由于我国外汇储备增长迅速，2013 年末，我国外债负债率为 9.40%；债务率为 35.59%；偿债率为 1.57%；短期外债与外汇储备的比例为 17.71%，均在国际公认的安全线以内。

我国短期外债中主要部分来自贸易信贷，随着我国对外贸易的快速发展，企业在进出口贸易中更多采用了预收货款、延期付款等方式，这些贸易信贷都纳入了短期外债统计中，根据国家外汇管理局的统计，2013 年末我国外债余额为 8 631.67 亿美元（不包括香港、澳门和台湾的对外负债），其中：登记外债余额为 5 266.67 亿美元，占 61.02%；企业间贸易信贷余额为 3 365 亿美元，占 38.98%，比 2001 年占比 26.96% 增长了 44.58%。由此可见，贸易信贷正在成为我国短期外债增长的主要动力（见图 4 - 7）。截至 2013 年末，我国短期外债余额中，企业间贸易信贷占 49.73%，银行贸易融资占 21.08%，二者合计占短期外债余额的 70.81%。这部分外债具有真实的进出口贸易背景，且与我国对外贸易和外汇储备相比规模较小，近期内我国短期外债风险基本可控。

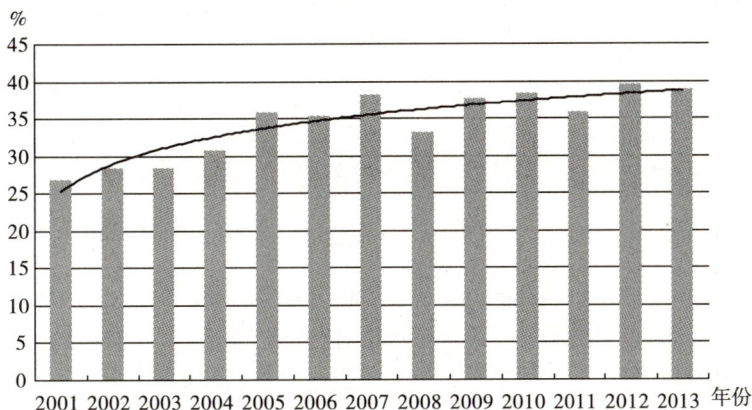

数据来源：根据国家外汇管理局公布的我国外债总体情况表（2001—2013年）整理得到。

图4-7 我国贸易信贷占外债余额的比重（2001—2013年）

笔者在第3章中已经阐述国际"热钱"通过贸易信贷进出我国，削弱了货币政策实施效果，为我国的金融体系安全埋下隐患，因此应加强对贸易信贷的监管，严格出口预收货款的结汇以及延期付汇管理，加强贸易信贷统计与管理，改进外商投资企业外债管理方式，组织开展贸易、外债、贸易信贷以及银行外汇业务等专项检查。2008年初国家外汇管理局发布了《关于实行企业货物贸易项下外债登记管理有关问题的通知》，规定将需要进行外债登记的延期付款和预收货款的期限从180天缩短为90天，对企业的贸易信贷额度进行规制，加强境外资金监管。2012年8月起，我国进行了新一轮货物贸易改革，大幅简化货物贸易外汇管理程序，取消传统的纸质出口收汇核销单，以联网核查进行监测代之，从商业银行的实际操作来看，企业和银行收付汇操作明显简化，并可提高资金周转效率。此次改革后的贸易信贷管理方式也发生了重大变化，改变了原来贸易信贷管理与货物贸易外汇管理完全分割的局面，实现了两者的有机结合。外汇管理局通过企业报告采集贸易信贷明细信息，为后续监测分析提供支持。外汇管理局的监测系统自动根据企业贸易信贷报告信息，将相关货物流或资金流调整至相应的预计收/付款或预计进/出口月份进行核查，最大限度修正总量核查指标计算中存在的时间错配，使总量核查结果更趋合理、准确。新的贸易信贷管理方法中还实施动态专项检测和分类管理，针对重点进出口企业加强监测，通过分类管理进行结构优化，这种将贸易信贷报告数据与贸易收支核查有机结合的方式，有利于促进企业诚实报告，提升货物贸易主体监管效能。

4.5 国际资本异动影响货币政策的传导效果

从前文的分析可以看出，国际资本出现大规模、突发性流入或流出，将会影响一国的货币供应量，引起股市、汇市等剧烈波动，产生连锁效应，增加货币当局的政策操作难度，影响宏观经济政策目标的实现。

4.5.1 国际资本异动增加了中央银行冲销干预的难度

冲销干预（Sterilized Intervention）又叫"中和干预"，是指中央银行在进行外汇买卖的同时，又通过公开市场操作对国内市场进行反向操作，以抵消外汇干预对国内货币供给的影响，从而达到稳定币值的目的。

我国从 2001 年下半年至 2002 年末，国内出现通货紧缩，人民银行为治理通货紧缩持续降息。2001 年中美利差由负数变为正数，2001—2002 年国际收支顺差达 1 198.3 亿美元，2002 年净误差与遗漏项也一改长期逆差趋势，出现较大顺差，达 77.94 亿美元，人民币汇率升值预期强烈。为了维持汇率稳定，中央银行在公开市场通过不断增加债券交易种类、频率等方式增加冲销力度。但随着政府债券逐年到期和相继抵押，债券正回购严重缺乏操作工具，如 2002 年底人民银行公布的中央银行资产结构中，政府债券和政策性金融债余额仅为 3 398 亿元，只占中央银行总资产的 6.6%，资产冲销空间日益缩小。

2003 年以来，我国国际收支顺差持续扩大。为维持汇率稳定，中央银行进行外汇市场干预，抛出人民币，增加外汇储备，导致外汇占款比重增加。中央银行投放的上万亿元的基础货币，再通过乘数效应放大为更大数量的流动性，造成人民币升值压力巨大，国内物价出现上涨。2007 年 8 月居民消费价格指数（CPI）创下 11 年的新高，达到 6.5%。

为消除买入美元对货币供应量的影响，中央银行再次采取了多种冲销操作。一是增发中央银行票据。从 2003 年 4 月开始，人民银行通过滚动发行中央银行票据回笼货币。2007 年第一季度，中央银行加大票据发行力度，累计发行中央银行票据 1.8 万亿元，同比多发行 0.5 万亿元；二是提高存款准备金率。2003 年 9 月 21 日开始调高存款准备金率，由 6% 调高至 7%。截至 2007 年 9 月 25 日存款准备金率上调至 12.5%；三是提高利率。2004 年 10 月 29 日，一年期存款利率提高到 2.25%，贷款利率提高到 4.58%。此后，中央银行多次调整金融机构存贷款利率；四是窗口指导。中央银行适时地对商业银行进行多次窗口指导，调整银行信贷结构，压缩信贷总量，以对冲过多的流动性。

2008 年初，为防止经济增长由偏快转为过热、防止价格由结构性上涨演变为明显的通货膨胀，中央银行执行了从紧的货币政策。但进入 9 月以后，国际金融危机急剧恶化，对我国经济的冲击明显加大，中央银行适时调整货币政策，转为实行适度宽松的货币政策，五次下调存贷款基准利率，四次下调存款准备金率，明确取消对金融机构信贷规划的硬约束，积极配合国家扩大内需等一系列刺激经济的政策措施，加大金融支持经济发展的力度，从而达到确保经济增长和稳定市场信心的政策效果。

自 2009 年下半年以来，我国经济已经恢复快速增长，中央银行开始考虑宽松货币政策的适时调整问题。2010 年，中央银行 6 次上调存款类金融机构人民币存款准备金率各 0.5 个百分点，累计上调 3 个百分点，2 次上调金融机构人民币存贷款基准利率，同时灵活开展公开市场操作，通过正回购操作和发行中央银行票据等手段灵活对冲流动性，保证货币净投放能够支持货币供应的合理增长，全年累计发行中央银行票据 4.2 万亿元，开展正回购操作 2.1 万亿元。

2011 年我国开始实施稳健的货币政策，前三个季度面对通货膨胀压力不断加大的形势，中央银行先后 6 次上调存款准备金率共 3 个百分点，3 次上调存贷款基准利率共 0.75 个百分点，实施差别准备金动态调整，引导货币信贷增长平稳回调。2011 年第四季度，针对欧洲主权债务危机继续蔓延、国内经济增速放缓、价格涨幅逐步回落等形势变化，暂停发行三年期中央银行票据，下调存款准备金率 0.5 个百分点，调整优化差别准备金动态调整机制，引导金融机构加大对小型企业、微型企业、"三农"和国家重点项目的信贷支持。

2012 年，随着国际收支和人民币汇率逐渐趋向合理均衡，加之欧洲主权债务危机引发国际金融市场动荡，外汇流入减少，外汇占款比上年少增超过 2 万亿元，银行体系流动性供给格局发生较大变化，中央银行加强对货币流动性供求因素的分析和监测，合理安排正回购和逆回购操作期限、规模和频率，上半年与两次下调存款准备金率政策相配合，以正回购操作为主、逆回购操作为辅实施公开市场双向操作，下半年配合人民币存贷款利率浮动区间调整，以逆回购操作为主要渠道，保持合理的流动性。全年累计开展正回购操作 9 440 亿元，开展逆回购操作 60 380 亿元。

2013 年中央银行在货币政策工具的使用上更倾向于数量型工具，并在年初创设和开展常备借贷便利（SLF）操作，它主要为满足商业银行或政策性银行期限较长的大额流动性需求，期限为 1 ~ 3 个月，以抵押品的方式发放，是中央银行与金融机构的"一对一"交易，为中央银行平抑市场临时波动时使用。第三季度随着外汇流入量增加，外汇占款数量呈大幅增长，加上 CPI 的攀升，中央银行对常备借贷便利做适度有序减量操作，保持银行体系流动性平稳。截至 9 月末，常备借贷便利余额为 3 860 亿元，比 6 月末减少 300 亿元。同时，第三季度末开展中央银行票据到期叙做操作 4 008 亿元，有效锁定长期流动性。对于短期流动性波动，中央银行通过公开市场操作小幅货币净投放或回笼来调节流动性。总体来看，2013 年以来，在货币政策工具的使用上，中央银行已较少采用价格型工具（如存款准备金率、利率等），而更多地运用数量型工具进行调节，如中央银行票据、公开市场操作、常备借贷便利等，组合工具更趋多样化。这一举措已经逐步与国际市场接轨，并符合货币政策预调微调的基调。

2013 年 7 月 20 日，中国人民银行取消金融机构除商业性个人住房贷款以外的贷款利率下限，放开票据贴现利率管制，同时对农村信用社贷款利率不再设立上限，全面放开金融机构贷款利率管制。2013 年 9 月 24 日，我国建立了由金融机构组成的市场定价自律和协调机制。首批自律机制成员包括工商银行等 10 家银行，设立了合格审慎及综合实力评估、贷款基础利率（LPR）、同业存单、上海银行间同业拆借利率（Shibor）等四个专门工作小组。这一自律和协调机制在建立贷款基础利率报价机制、发行同业存单中发挥了积极作用。2013 年 10 月 25 日，贷款基础利率集中报价和发布机制正式运行。目前，贷款基础利率总体运行平稳，截至 2013 年 12 月末，我国商业银行累计发放以贷款基础利率为基准定价的贷款超过 300 亿元，以其为基准的利率互换交易也在逐步开展。2013 年 12 月 8 日，中国人民银行发布《同业存单管理暂行办法》，并于 12 月 9 日起正式实施。2013 年 12 月 12～13 日，中国银行、中国建设银行、国家开发银行等 10 家金融机构分别发行了首批同业存单产品，并陆续开展了二级市场交易，初步建立了同业存单双边报价做市制度，它可以为中长端 Shibor 提供更透明、市场化的报价参考，拓宽银行业存款类金融机构融资渠道、促进规范同业业务发展，有序推进存款利率市场化。

2014 年以来，随着利率市场化稳步推进，金融市场绝大部分资金价格已实现市场化定价，拆借、债券、商业票据及贷款利率均已放开，目前仅对金融机构存款利率上限实施管制。自 2013 年 12 月同业存单发行和交易以来，截至 2014 年 6 月底，银行间市场已发行同业存单 93 只，累计发行金额 1 368.7 亿元，二级市场交易金额 898.7 亿元。同业存单市场初具规模，市场影响力逐步扩大。为进一步有针对性地加强对"三农"和小微企业的支持，2014 年 4 月和 6 月，中国人民银行两次实施定向降准，分别下调县域农村商业银行和县域农村合作银行存款准备金率 2 个和 0.5 个百分点，对符合审慎经营要求且"三农"或小微企业贷款达到一定比例的商业银行（不含4月已下调过准备金率的机构）下调人民币存款准备金率0.5个百分点。此外，对财务公司、金融租赁公司和汽车金融公司下调人民币存款准备金率0.5个百分点。上述措施对进一步推进我国利率市场化改革具有极其深远的意义。

表4-1给出了2003—2013年我国中央银行外汇占款及冲销干预效果。

表4-1　　　2003—2013年我国中央银行外汇占款及冲销干预效果

单位：亿元、%

年份	外汇占款(1)	基础货币(2)	外汇占款比重(3)	央票发行额(4)	净回笼货币①(5)	有效对冲比率(6)	外汇占款增幅(7)	M₁增长率(8)	冲销干预指数(9)
2003	34 846.92	52 841.36	65.95	7 226.8	2 694	37.28	50.05	18.67	2.68
2004	52 592.64	58 856.11	89.36	15 072	6 690	44.39	50.92	14.09	3.61
2005	71 211.12	64 343.13	110.67	27 882	13 848	49.67	35.40	11.78	3.01
2006	98 980.27	77 757.83	127.29	36 500	7 710	21.12	39.00	17.48	2.23
2007	128 377.32	101 545.40	126.42	40 700	8 200	20.15	29.70	21.02	1.41
2008	168 431.11	129 222.33	130.34	43 000	9 075	21.10	31.20	8.98	3.47
2009	193 112.47	143 985.00	134.12	40 000	-2 130	-5.33	14.65	33.23	0.44
2010	225 795.14	185 311.08	121.85	42 000	-8 895	-21.18	16.92	20.40	0.83
2011	253 587.01	224 641.76	112.89	14 000	-19 070	-136.21	12.31	8.71	1.41
2012	258 533.48	252 345.17	102.45	0	-14 380	0	1.95	6.49	0.30
2013	264 270.04	271 023.09	97.51	5 362	-1 138	-21.22	2.22	9.3	0.24

注：有效对冲比率=净回笼基础货币量/当期票据发行总量；外汇冲销干预指数=外汇占款增长率/M₁增长率。

数据来源：根据《中国货币政策执行报告》及中国人民银行网站相关年度数据（2003—2013年）整理得到。

由表4-1可以看出，我国中央银行通过外汇占款渠道投放的基础货币在2003—2009年基本呈上升趋势，2003年为65.95%，2009年上升至134.12%，但是受到2008年下半年国际金融危机爆发的影响，2010—2013年外汇占款比重逐年下降，2013年降至97.51%（见图4-8）。

在外汇占款的推动下，我国货币供应量（M1）在2003—2008年以年均15.34%的速度递增，但波动较为明显，2006—2007年出现了经济局部过热，使通货膨胀又有重新抬头之势。2008年上半年我国实施了从紧的货币政策，

___
① 该项目为负值表示净投放货币量。

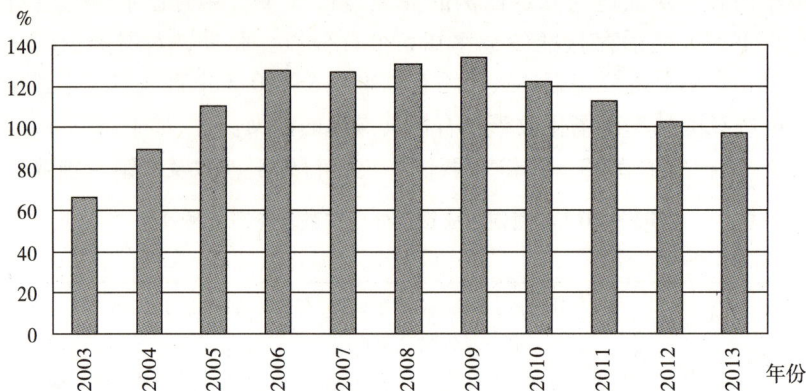

图 4 - 8　我国中央银行外汇占款余额占基础货币的比重（2003—2013 年）

全年 M1 增长率控制在两位数以下，为 8.98%，但受国际金融危机的影响，2008 年下半年我国转为实施"适度宽松"的货币政策，中央银行为刺激经济增长，M1 增速在 2009 年和 2010 年分别达到 33.23% 和 20.40%，货币供应量比 2008 年增长显著。但刺激经济的计划同时带来了通货膨胀压力不断加大，2011 年起我国开始实施稳健的货币政策，M1 增速迅速降到 10% 以下，2011—2013 年分别为 8.71%、6.49% 和 9.3%。

表 4 - 1 还反映出我国自 2003 年 4 月正式发行中央银行票据以来，每年的发行总量和年末余额不断增加。2003—2008 年中央银行通过公开市场操作对冲外汇占款增加引发的货币供应量增加，从而起到净回笼基础货币的作用，2008 年中央银行票据发行额达到 43 000 亿元，创下历年之最。中央银行票据的有效对冲比率在 2003—2005 年不断上升，由 2003 年的 37.28% 上升到 2005 年的 49.67%，2006—2008 年一直保持在 21% 左右。2009 年成为自 2000 年以来首个净投放年度，全年累计净投放资金达到 2 130 亿元。2010—2012 年公开市场操作均呈现货币净投放格局，2011 年净投放资金达到 19 070 亿元，有效对冲比率为 -136.21%。2012 年中国人民银行停发中央银行票据，有效对冲比率为 0。2013 年中央银行公开市场操作累计实际净投放 1 138 亿元，而 2012 年全年则净投放 14 380 亿元，这意味着 2013 年全年净投放额下降了 92.09%。

从中央银行的外汇冲销干预指数来看，除 2007 年外，2003—2008 年均在 1.5 以上，这反映出我国 2003—2008 年外汇占款的平均增长速度超过 M1 增长速度 1.5 倍以上。2009 年、2012 年和 2013 年该指数低于 0.5，分别是 0.44、0.30 和 0.24。2010 年和 2011 年低于 1.5，分别是 0.83 和 1.41。根据国际经验，该指数正常值介于 0.5 ~ 1.5，如果指数超过 3.0，表明中央银行正承受过高的外汇冲销干预压力，可能打乱正常的货币政策安排，降低中央银行货币政策操作的独立性。从表4－1可以看出，2009—2013年，我国中央银行货币政策操作的独立性不断增强，政策工具更加多样化，货币调控能力有了极大提高。

4.5.2　国际资本异动使货币政策的传导链更加复杂

1. 资本市场开放使货币政策传导更趋复杂

当资本市场（尤其是股票市场）在经济中的规模越来越大时，货币政策传导会显得更为复杂。一方面，传导环节增多，经济主体对货币政策的反应强度不一，传导链中各经济变量之间的互动关系更加复杂，经济主体的行为选择更加多样化、间接化，有可能和中央银行的货币政策意图相违背；另一方面，资本市场的深化与发展，使货币政策的传导受到来自国际国内各种因素的影响，改变了货币政策的作用方式、作用渠道，改变了货币的供求总量，造成货币政策传导系统的中间目标与经济活动之间的稳定关系破裂，使得货币当局更难准确地预测微观经济主体对货币政策可能做出的反应，从而削弱了以前的货币政策传导效力。

2. 金融创新加深了货币政策传导的复杂性

随着我国对外经济交往的不断深化，金融创新对货币政策传导的影响日益复杂化。一方面，金融衍生品交易加快了利率和汇率在金融市场上的传导速度，增加了金融市场交易机会，提高了资产的流动性和替代性。另一方面，利用金融衍生品进行对冲风险的活动，推迟了利率变化对市场参加者的冲击影响，使得总的政策效果不易确定。因此，衍生品交易对货币政策具有双重影响，既造成了货币政策传导的复杂化，同时也为货币政策提供了新的机遇。但是无论从哪一方面的影响都对改进货币政策提出了新的要求，必须密切关注金融创新产品造成的金融结构的变化及其对货币政策传导的可能影响，提高中央银行资产负债表中衍生品交易的真实性和透明度，积极稳妥地利用金融衍生品完善货币政策。

金融创新的发展，降低了货币供应量的可监测性。由于金融创新发展的形式多元，信用创造的渠道多样，流动性特征不同，很难精确地衡量金融创新的信用创造对货币供应量产生的影响，在很大程度上影响货币供应量统计的准确性、完整性和科学性，使许多流动性游离在传统的货币统计指标之外。中央银行2011年发布一个新的指标——社会融资规模，这一指标对传统的货币供应量测量指标起到了很好的补充作用。同时，金融创新的发展也增加了货币政策传导渠道的复杂性，使中央银行通过调控商业银行准备金，进而调控流动性的意图被削弱，信贷结构调整的政策效应也同样被削弱。

4.5.3 国际资本异动延缓了货币政策传导的时滞

货币政策时滞是指从制定政策到最终目标实现所经历的时间过程。通常货币政策的时滞有三种：一是认识时滞（Recognition Lag），即从需要采取货币政策行为的经济形势出现到中央银行意识到必须采取行动所需要的时间；二是决策时滞（Decesion Lag），即货币当局从认识到应该采取行动到实际行动发生所用的时间。上述两种时滞通称为内部时滞（Inside Lag）。三是外部时滞（Outside Lag），即从货币当局采取货币政策到取得效果所用的时间。内部时滞的长短取决于货币当局对经济形势发展的预见能力、政策制定效率及行动的决心等因素；而外部时滞则取决于各个金融变量之间的关联度、反应能力以及经济活动主体对市场参数变化的敏感性。一般来讲，内部时滞较短，外部时滞较长，因为影响外部时滞的因素比内部时滞复杂，并且许多因素不能为货币当局所控制。国际资本异动使得货币政策传导的时滞加长了，对国际资本流动信息的准确、及时获取，就成为降低时滞的关键因素。另外，国际资本市场交易品种日益丰富，各交易品种之间存在着高度的可替代性，也加大了货币政策传导过程中的不确定性，给货币政策制定带来了较大困难，影响了货币当局的进一步决策。

本章小结

本章是全书的理论拓展部分，由于货币政策主要通过利率、汇率、资产价格和信贷四个渠道传导到实体经济，在开放经济下，国际短期资本大规模、剧烈运动通过这些传导渠道会影响货币政策的有效性。本章构建了国际资本异动与货币政策传导之间的理论分析框架，从新的视角深入探寻国际资本异动通过不同传导渠道影响货币政策的实施效果，从一般原理入手，结合中国实际，研究资本异动对我国储备资产、基础货币、利率、人民币汇率的影响，阐述我国证券市场的国际化发展、外资银行和贸易信贷的发展对我国货币政策传导效应的影响，提出国际资本异动加剧了中央银行制定和实施货币政策的难度，削弱了货币政策传导效果。

5 国际资本异动下中国货币政策传导效应实证分析

随着我国经济全球化、一体化进程的推进，在资本管制仍然较严格的状况下，国际资本异动的途径和数量更加复杂化、震荡化，在新的经济发展阶段，结合我国实际，运用计量经济学方法，研究影响资本异动的主要因素，以及资本异动对货币供给乃至宏观经济的影响，对于加强国际资本流动的监管、有效防范金融风险、优化货币政策实施效果具有十分重要的意义。

5.1 近年来影响我国资本异动的主要因素分析

近年来，我国资本流动的构成发生明显变化，国际资本异动对宏观经济政策效果的影响更加显著，导致我国资本异动的因素是多方面的，主要包括国内外利差、经济增长率差异、人均收入差异、汇率、股市变动差异等，但不同阶段，各个因素对国际资本异动的影响程度存在很大差异，分析当前影响我国资本异动的主要因素有利于加强资本流动监管，提高货币政策的实施效果。

5.1.1 我国资本流动的构成分析

进入 21 世纪以来，我国经济与金融的全球化、一体化程度不断深入，从资本流动的构成来看，发生了显著的变化（见表 5 – 1）。

表 5 –1　　　　　　　　　　我国资本流动构成比较表　　　　　　　　单位：%

时期	国际资本流入		国际资本流出	
	长期资本	短期资本	长期资本	短期资本
1990—1999 年	83.67	16.33	41.79	58.21
2001 年至 2014 年上半年	30.86	69.14	19.93	80.07

数据来源：根据国家外汇管理局公布的国际收支平衡表相关年度数据（1990 年至 2013 年上半年）整理得到。[①]

---

① 2000 年国际收支平衡表中未区分长期资本和短期资本，故表中未统计该年度数据，下同。

表5-1中长期资本流动和短期资本流动均为 BOP 反映的国际资本流动数额。由表5-1可以看出，20世纪90年代，我国资本流入以长期资本为主，占资本流入总额的80%以上，可以判断国际资金看好我国经济发展的长期趋势，同时也源于我国资本市场尚未开放，短期资本的进入存在较大限制；从资本流出来看，短期资本流出比例略高于长期资本的流出，主要原因是受到1997年爆发的亚洲金融危机的影响，国际资金为安全起见从亚洲地区大量迅速撤离。进入21世纪，随着我国资本市场的有序放开，国际资本进出我国的结构发生了明显变化，短期资本成为我国资本流动的主体，短期资本流入占国际资本流入总额的近70%，短期资本流出占国际资本流出总额的80%以上（见图5-1）。

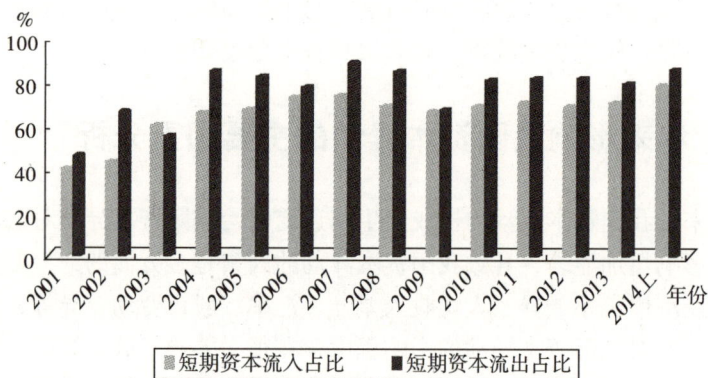

图5-1 近年来我国短期资本流入与长期资本流出占比（2001年至2014年上半年）

5.1.2 近年来影响我国资本异动因素的实证分析

1. 数据说明

美国是国际资本流入大国，其经济繁荣程度对各国经济具有重大影响。因此，笔者将结合中美主要经济指标进行实证研究，分析近年来影响我国资本异动的主要因素。

下述实证分析所涉及的经济指标包括：短期资本净流入额（Lc）、两国利差（Li）、两国经济增长率差异（Lk）、两国人均国民收入差异（Lg）、人民币兑美元汇率（Lr）、两国股票指数变动差异（Ls）①。数据采集范围包括2001

①　其中，短期资本净流入额采用净误差与遗漏项调整法计算得到；两国经济增长率差异采用两国 GDP 增长率之差；两国利差为我国金融机构1年期存款利率与1年期美国联邦基金利率（FFR）之差；两国股票指数变动差异是指上证综指与道琼斯指数的波动幅度之差。

年1月至2014年6月的半年度数据。数据来源于国家统计局、中国人民银行、国家外汇管理局、美联储、美国商务部经济分析局（BEA）、国际货币基金组织、世界银行等官方网站及新浪财经、Yahoo Finance 数据。

2. 单位根检验

运用 Eviews5.0 计量经济学软件对上述变量进行单位根检验，检验结果见表 5 - 2。

表 5 - 2　　　　　　　　　　　单位根检验结果

检验变量	未差分的 ADF 检验		ADF 检验		PP 检验	
	t 统计量	临界值	t 统计量	临界值	t 统计量	临界值
Lc	- 6. 413826	- 3. 711457	- 6. 413826	- 3. 711457	- 6. 373138	- 3. 711457
Li	- 1. 416602	- 3. 724070	- 5. 855576 **	- 3. 737853	- 6. 006609 **	- 3. 737853
Lk	- 3. 422594	- 3. 711457	- 7. 918816 *	- 3. 724070	- 8. 769716 *	- 3. 724070
Lg	- 2. 090418	- 3. 711457	- 5. 157315 *	- 3. 724070	- 5. 160291 *	- 3. 724070
Lr	- 0. 614018	- 3. 724070	- 5. 767608 **	- 3. 737853	- 6. 455259 **	- 3. 737853
Ls	- 4. 067253	- 3. 711457	- 4. 067253	- 3. 711457	- 4. 045724	- 3. 711457

注：单位根检验的方程只含常数项，且解释变量的滞后项数为1。* 代表差分次数（即协整阶数），在1%的显著性水平上进行单位根检验。

由表 5 - 2 的数据显示，Lc 和 Ls 是平稳的时间序列，Lk 和 Lg 的一阶差分是平稳的，记为 I (1)，Li 和 Lr 的二阶差分是平稳的，记为 I (2)，下面采用协整方法进行检验。

3. 协整检验

（1）短期资本净流入额与中美两国 GDP 增长率差异的协整检验。表 5 - 3 给出了我国短期资本净流入额与中美两国 GDP 增长率差异的 VAR 模型估计。

表 5 - 3　　　　　　我国近年来短期资本净流入额与中美

两国 GDP 增长率差异的 VAR 模型估计结果

	LC	LK1
LC （ -1）	- 0. 204416	- 0. 000324
	(0. 22198)	(0. 00120)
	[- 0. 92088]	[- 0. 27067]
LC （ -2）	0. 259324	- 0. 001604
	(0. 23643)	(0. 00128)
	[1. 09681]	[- 1. 25683]
LK1 （ -1）	31. 26188	- 0. 578170

续表

	LC	LK1
	(40. 7341)	(0. 21987)
	[0. 76746]	[− 2. 62960]
LK1 （ − 2）	21. 20145	− 0. 262013
	(41. 5886)	(0. 22448)
	[0. 50979]	[− 1. 16719]
C	− 51. 51186	− 0. 185755
	(124. 094)	(0. 66982)
	[− 0. 41511]	[− 0. 27732]
R − squared	0. 153393	0. 316892
Adj. R − squared	− 0. 024840	0. 173080
Sum sq. resids	6710340.	195. 5052
S. E. equation	594. 2859	3. 207763
F − statistic	0. 860630	2. 203514
Log likelihood	− 184. 5478	− 59. 22492
Akaike AIC	15. 79565	5. 352077
Schwarz SC	16. 04108	5. 597505
Mean dependent	− 60. 50409	− 0. 079167
S. D. dependent	587. 0395	3. 527529

由表 5 − 3 的结果可以看出，我国短期资本净流入额与中美 GDP 增长率差异的一阶协整变量呈正相关，我国经济的快速增长能够吸引资本流入。回归模型的 R^2 为 0. 153393，调整后的 R^2 为 − 0. 024840，表明我国近年来的短期资本流动与 GDP 增长之间的相关度并不高。

下面采用约翰逊（Johansen）协整检验法对两变量进行协整检验，结果见表 5 − 4。

表 5 − 4　　　　　　　　　约翰逊（Johansen）协整检验结果

Hypothesized No. of CE （s）	Eigenvalue	Trace Statistic	0. 05 Critical Value	Prob. **
None *	0. 571139	28. 24944	15. 49471	0. 0004
At most 1 *	0. 281391	7. 930508	3. 841466	0. 0049

注：显著性水平为 5%。

由表5-4的协整检验结果看出，两个变量在5%的显著性水平上存在两个协整方程，二者不具有长期均衡关系。由此得出：高经济增长短期内会引起短期资本流入，但长期来看并不是引起资本异动的主要因素。

（2）短期资本净流入额与中美两国利差的协整检验。表5-5给出了我国近年来短期资本净流入额与中美两国利差的VAR模型估计结果。

表5-5　　　我国近年来短期资本净流入额与中美两国利差的VAR模型估计结果

	LC	LI2
LC（-1）	-0.218033	-6.32E-05
	(0.22714)	(0.00028)
	[-0.95991]	[-0.22438]
LC（-2）	0.258160	1.47E-06
	(0.24175)	(0.00030)
	[1.06787]	[0.00490]
LI2（-1）	116.2767	0.106330
	(183.554)	(0.22749)
	[0.63347]	[0.46740]
LI2（-2）	11.57641	-0.110694
	(151.457)	(0.18771)
	[0.07643]	[-0.58971]
C	-55.75249	-0.036607
	(131.133)	(0.16252)
	[-0.42516]	[-0.22524]
R-squared	0.143481	0.034324
Adj. R-squared	-0.046856	-0.180270
Sum sq. resids	6756500.	10.37816
S.E. equation	612.6672	0.759318
F-statistic	0.753825	0.159949
Log likelihood	-177.4266	-23.48399
Akaike AIC	15.86318	2.476869
Schwarz SC	16.11003	2.723716
Mean dependent	-68.78246	-0.022609
S.D. dependent	598.7990	0.698929

由表5-5的结果可以看出，我国短期资本净流入额与中美两国利差的二

阶协整变量呈正相关，滞后 1 期与滞后 2 期的自变量系数绝对值差别很大，表明提高利率能够吸引短期套利资本流入我国，半年后套利资本将逐渐从我国流出。这表明短期套利资本是近年来影响我国资本异动的重要因素。回归模型的 R^2 为 0.143481，调整后的 R^2 为 - 0.046856，表明我国近年来的短期资本流动与利率变动之间的相关度并不高。

下面采用约翰逊（Johansen）协整检验法对上述两个变量进行协整检验，其结果见表 5 - 6。

表 5 - 6   约翰逊（Johansen）协整检验结果

Hypothesized No. of CE（s）	Eigenvalue	Trace Statistic	0.05 Critical Value	Prob. **
None *	0.395387	18.69832	15.49471	0.0159
At most 1 *	0.266409	7.125495	3.841466	0.0076

注：显著性水平为 5%。

由表 5 - 6 的协整检验结果看出，两个变量在 5% 的显著性水平上存在两个协整方程，二者不具有长期均衡关系。由此得出：短期内提高利率可以吸引套利资本流入，但长期来看不是引起国际资本异动的主要因素。

（3）短期资本净流入额与中美两国人均国民收入差异的协整检验。下面给出我国近年来短期资本净流入额与中美两国人均国民收入差异的 VAR 模型估计，其检验结果见表 5 - 7。

表 5 - 7   我国近年来短期资本净流入额与中美
两国人均国民收入差异的 VAR 模型估计结果

	LC	LG1
LC（-1）	- 0.093665	- 0.521549
	(0.21541)	(0.26726)
	[- 0.43482]	[- 1.95150]
LC（-2）	0.313396	- 0.693025
	(0.21756)	(0.26993)
	[1.44049]	[- 2.56746]
LG1（-1）	0.282111	- 0.164439
	(0.15414)	(0.19124)
	[1.83018]	[- 0.85984]
LG1（-2）	- 0.132039	0.275216

续表

	LC	LG1
	(0. 16197)	(0. 20096)
	[- 0. 81520]	[1. 36953]
C	- 9. 028034	- 273. 7861
	(122. 922)	(152. 507)
	[- 0. 07345]	[- 1. 79524]
R - squared	0. 282392	0. 341658
Adj. R - squared	0. 131317	0. 203060
Sum sq. resids	5687869.	8755313.
S. E. equation	547. 1394	678. 8269
F - statistic	1. 869216	2. 465095
Log likelihood	- 182. 5640	- 187. 7399
Akaike AIC	15. 63034	16. 06166
Schwarz SC	15. 87576	16. 30709
Mean dependent	- 60. 50409	- 207. 2120
S. D. dependent	587. 0395	760. 4070

由 VAR 模型估计结果可以看出，我国短期资本净流入额与中美两国人均国民收入差异的二阶协整变量在滞后 1 期呈正相关，在滞后 2 期呈负相关，且滞后 1 期和滞后 2 期的自变量系数很小，表明我国的低劳动力成本并不是吸引短期资本流入的主要因素。回归模型的 R^2 为 0. 282392，调整后的 R^2 为 0. 131317，这表明我国近年来的短期资本流动与中美两国人均国民收入差异之间相关度较低。

下面采用约翰逊（Johansen）协整检验法对上述两个变量进行协整检验，其检验结果见表 5 - 8。

表 5 - 8 约翰逊（Johansen）协整检验结果

Hypothesized No. of CE（s）	Eigenvalue	Trace Statistic	0. 05 Critical Value	Prob. **
None *	0. 494332	21. 44389	15. 49471	0. 0056
At most 1 *	0. 190727	5. 078868	3. 841466	0. 0242

注：显著性水平为 5%。

由约翰逊（Johansen）协整检验结果可以看出，我国短期资本净流入额与中美两国人均国民收入差异之间在5%的显著性水平上存在两个协整方程，两个变量之间不具有长期均衡关系。由此得出，无论从短期还是长期来看，人均国民收入都不是引起我国短期资本流动的主要因素。

（4）短期资本净流入额与中美两国货币汇率的协整检验。下面给出我国近年来短期资本净流入额与中美两国货币汇率的 VAR 模型估计，其结果见表5-9。

表5-9　我国近年来短期资本净流入额与中美两国货币汇率的 VAR 模型估计结果

	LC	LR2
LC（-1）	-0.233617	8.82E-06
	(0.22709)	(5.1E-05)
	[-1.02875]	[0.17220]
LC（-2）	0.233144	3.74E-05
	(0.23705)	(5.3E-05)
	[0.98353]	[0.70059]
LR2（-1）	-1059.456	-0.258390
	(1054.41)	(0.23770)
	[-1.00479]	[-1.08703]
LR2（-2）	-597.3228	-0.151658
	(1078.39)	(0.24311)
	[-0.55390]	[-0.62383]
C	-65.46145	0.004728
	(128.769)	(0.02903)
	[-0.50836]	[0.16288]
R-squared	0.175001	0.099060
Adj. R-squared	-0.008332	-0.101149
Sum sq. resids	6507860.	0.330741
S.E. equation	601.2884	0.135553
F-statistic	0.954553	0.494784
Log likelihood	-176.9954	16.14643
Akaike AIC	15.82569	-0.969255
Schwarz SC	16.07253	-0.722408
Mean dependent	-68.78246	0.002422
S.D. dependent	598.7990	0.129177

由表5-9的结果可以看出，我国短期资本净流入额与中美两国货币汇率的二阶协整变量呈负相关，滞后1期与滞后2期的自变量系数绝对值很大，且滞后1期的影响效应远大于滞后2期，说明人民币贬值（即美元升值）起初引起短期资本大量流出，半年后人民币贬值将吸引一部分短期套汇资本重新回流我国；反之，人民币升值（即美元贬值）起初引起短期资本大量流入，半年后人民币升值将引起一部分短期获利资本流出我国。这表明短期套汇资本是近年来影响我国资本异动的重要因素。回归模型的 R^2 为 0.175001，调整后的 R^2 为 -0.008332，说明我国近年来的短期资本流动与人民币汇率之间的相关度并不高。

下面采用约翰逊（Johansen）协整检验法对上述两个变量进行协整检验，其检验结果见表5-10。

表 5-10　　　　　　　约翰逊（Johansen）协整检验结果

Hypothesized No. of CE（s）	Eigenvalue	Trace Statistic	0.05 Critical Value	Prob. **
None *	0.469198	22.46951	15.49471	0.0038
At most 1 *	0.290766	7.902094	3.841466	0.0049

注：显著性水平为5%。

由表5-10可以看出，两个变量在5%显著性水平上有两个协整方程，二者无长期均衡关系。由此得出：人民币汇率是我国短期资本异动的主要因素之一，但其影响缺乏长期稳定性。

（5）短期资本净流入额与两国股票指数变动差异的协整检验。表5-11给出我国近年来短期资本净流入额与中美股票指数变动差异的VAR模型估计。

表 5-11　　　　　　我国近年来短期资本净流入额与中美
两国股票指数变动差异的 VAR 模型估计结果

	LC	LS
LC（-1）	-0.199090	0.004770
	(0.21786)	(0.00978)
	[-0.91385]	[0.48771]
LC（-2）	0.254527	0.005890
	(0.23335)	(0.01048)
	[1.09076]	[0.56223]
LS（-1）	-1.107706	0.190848

续表

	LC	LS
	(4. 88113)	(0. 21914)
	[-0. 22694]	[0. 87089]
LS（-2）	1. 915727	-0. 099316
	(4. 83306)	(0. 21698)
	[0. 39638]	[-0. 45771]
C	-51. 29371	2. 436921
	(120. 462)	(5. 40820)
	[-0. 42581]	[0. 45060]
R - squared	0. 133249	0. 069325
Adj. R - squared	-0. 040101	-0. 116810
Sum sq. resids	6870447.	13848. 02
S. E. equation	586. 1078	26. 31351
F - statistic	0. 768668	0. 372443
Log likelihood	-192. 0218	-114. 4362
Akaike AIC	15. 76174	9. 554898
Schwarz SC	16. 00552	9. 798674
Mean dependent	-61. 42701	1. 744400
S. D. dependent	574. 6980	24. 89941

由表 5 - 11 可以看出，我国短期资本净流入额与中美两国股票指数变动差异在滞后 1 期呈负相关，在滞后 2 期呈正相关，且滞后 1 期和滞后 2 期的自变量系数很小，表明我国股票指数变动不是引起短期资本流动的主要因素。回归模型的 R^2 为 0. 133249，调整后的 R^2 为 -0. 040101，表明我国短期资本流动与中美两国股市变动之间的相关度并不高。

下面采用约翰逊（Johansen）协整检验法对上述两个变量进行协整检验，其检验结果见表 5 - 12。

表 5 -12 　　　　　　　约翰逊（Johansen）协整检验结果

Hypothesized No. of CE（s）	Eigenvalue	Trace Statistic	0. 05 Critical Value	Prob. **
None *	0. 367015	18. 39913	15. 49471	0. 0177
At most 1 *	0. 243200	6. 966410	3. 841466	0. 0083

注：显著性水平为 5%。

由表 5 - 12 的协整检验结果可以看出，我国短期资本净流入额与中美两国股市变动差异在 5% 的显著性水平存在两个协整方程，两个变量之间不具有长期均衡关系。由此得出：无论从短期还是长期来看，我国股票指数变动都不是引起资本异动的主要因素。

4. 格兰杰因果检验

表 5 - 13 是采用格兰杰因果检验法对上述 6 个变量进行因果关系检验。

表 5 - 13 格兰杰 （Granger） 因果检验结果

Null Hypothesis：	Obs	F - Statistic	Probability
LK1 does not Granger Cause LC	24	0.31504	0.73350
LC does not Granger Cause LK1		0.78983	0.46827
LG1 does not Granger Cause LC	24	2.07942	0.15253
LC does not Granger Cause LG1		4.24511	0.02992
LI2 does not Granger Cause LC	23	0.20210	0.81884
LC does not Granger Cause LI2		0.02725	0.97316
LR2 does not Granger Cause LC	23	0.55368	0.58431
LC does not Granger Cause LR2		0.24550	0.78489
LS does not Granger Cause LC	25	0.09152	0.91292
LC does not Granger Cause LS		0.21968	0.80469

注：滞后项数为 2，显著性水平为 5%。

表 5 - 13 表明：（1）两国 GDP 增长率差异会影响我国短期资本流动，但短期资本流动不会影响我国 GDP 的变动；（2）中美两国人均收入差异与我国短期资本流动无格兰杰因果关系；（3）两国利差与我国短期资本流动互为因果关系；（4）人民币兑美元汇率与我国短期资本流动互为因果关系；（5）两国股市变动差异与我国短期资本流动互为因果关系。

5.1.3 实证分析结论

综合上述实证分析得出如下结论：

（1）人民币汇率和利率变动是导致近年来我国资本异动的主要因素，尤其是人民币汇率变动对国际短期资本的影响更为显著。

（2）高经济增长率预期是国际短期资本进入我国的前提条件，低廉的劳动力成本和股票指数变动无论从短期还是较长期来看，都不是引起我国短期资本流动的主要因素。

（3）在较长时期内，国际短期资本进出我国的影响因素并不确定，各因素与短期资本净流入额之间均不具有长期稳定的均衡关系。

5.2 资本异动对货币供给影响的实证分析

5.2.1 我国资本异动与外汇储备的变动

根据国际收支平衡表，我国资本与金融项目所反映的国际资本净流入额能够增加或减少我国的外汇储备数量，图 5-2 反映了 2001 年至 2014 年上半年我国净资本流入额与外汇储备的变动。

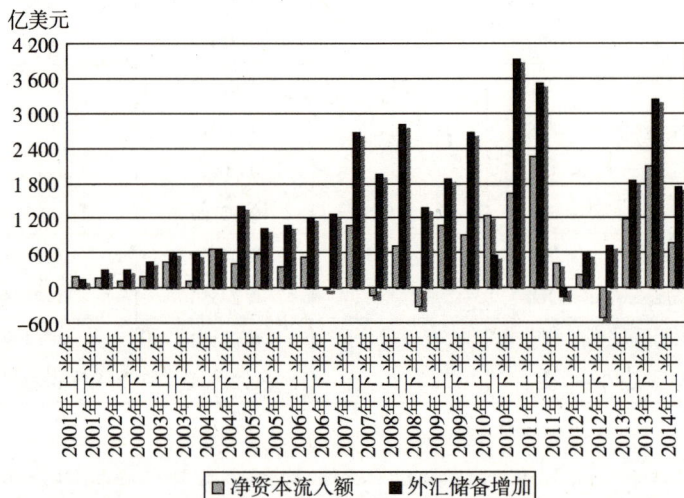

数据来源：根据国家外汇管理局公布的国际收支平衡表相关数据（2001 年至 2014 年上半年）整理得到。

图 5-2　我国净资本流入额与外汇储备的变动（2001 年至 2014 年上半年）

由图 5-2 可以看出，进入 21 世纪以来，我国外汇储备持续增长，除 2006 年、2007 年、2008 年和 2012 年下半年外，其余年份我国资本与金融项目均表现为净流入，增加了我国的外汇储备资产。此外，除 2001 年和 2010 年上半年，外汇储备增加额低于净资本流入额，2011 年下半年外汇储备额减少外，其余年份外汇储备增加额均超过净资本流入额，这说明近年来经常项目特别是贸易顺差的不断增加是引起外汇储备增加的重要因素之一。以下给出近年来我国短期资本净流入额与外汇储备的变动状况（见图 5-3）。

由图 5-3 可以看出，2003 年以来，我国外汇储备的增长幅度明显超过短期资本净流入额的变动，一方面由于我国对外贸易增长迅速，使得净出口收汇

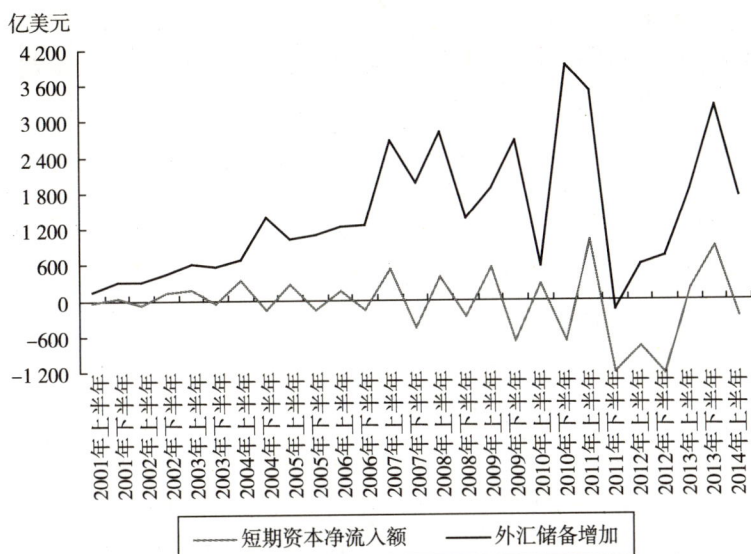

数据来源：根据国家外汇管理局公布的国际收支平衡表相关数据（2001 年至 2014 年上半年）整理得到。

图 5 – 3 我国短期资本净流入额与外汇储备的变动（2001 年至 2014 年上半年）

在外汇储备变动中的比例有所上升，另一方面也表现在国际短期资本通过经常项目和地下渠道进出我国，增加了货币当局对"热钱"的统计和监管难度。但这一变化趋势在 2011 年下半年至 2012 年发生逆转，主要受欧债危机的影响，我国进出口贸易下滑，国际游资从发达国家流向包括中国在内的新兴经济体国家，使得我国贸易顺差减少、短期资本大量回流。2013 年后，国际金融危机的影响逐渐减弱，短期资本重新回流包括中国在内的新兴经济体，使得我国短期资本净流入额和外汇储备额增长较快。2014 年上半年，人民币汇率出现双向波动，国际短期资本开始大量撤离中国，使得短期资本净流入额变为负值，外汇储备增加额比 2013 年下半年也有所下降。

5.2.2 资本异动与外汇储备及货币供应量变动关系的实证分析

1. 数据说明

以下实证分析所涉及的经济指标主要包括：短期资本净流入额（Lc）、外汇储备增加（Lf）、广义货币供应量增加（M2）。其中，这里的短期资本净流入额是通过人民币兑美元的平均汇率换算得到的以本币表示的数值。数据采集范围包括 2001 年至 2014 上半年的半年度数据。数据来源于国家外汇管理局、中国人民银行等官方网站。

2. 单位根检验

笔者运用 Eviews5.0 计量经济学分析软件对上述变量采用 ADF 检验法和 PP 检验法进行单位根检验，检验结果见表 5-14。

表 5-14　　　　　　　　　　　单位根检验结果

检验变量	未差分的 ADF 检验		ADF 检验		PP 检验	
	t 统计量	临界值	t 统计量	临界值	t 统计量	临界值
Lc	- 6.732561	- 3.711457	- 6.732561	- 3.711457	- 6.595994	- 3.711457
Lf	- 3.701337	- 3.711457	- 5.889669 *	- 3.737853	- 17.63468 *	- 3.724070
M2	- 0.414337	- 3.724070	- 12.45033 *	- 3.724070	- 19.50902 *	- 3.724070

注：单位根检验的方程只含常数项，且解释变量的滞后项数为 1。* 代表差分次数（即协整阶数），在 5% 的显著性水平上进行单位根检验。

由表 5-14 的数据显示，Lc 为平稳的时间序列，Lf 和 M2 为一阶单整变量，记为 I（1）。对于非平稳的时间序列，我们不能采用普通回归分析方法来检验它们之间的相关性，而应采用协整方法进行检验。

3. VAR 模型分析与协整检验

下面给出我国近年来短期资本净流入额与外汇储备及货币供应量增加的 VAR 模型估计，其结果见表 5-15。

表 5-15　　　　　我国近年来短期资本净流入额与外汇储备
及货币供应量变动的 VAR 模型估计结果

	LC	LF1	M21
LC（-1）	- 0.676753	- 0.125777	0.333625
	(0.25020)	(0.08512)	(1.17952)
	[- 2.70490]	[- 1.47766]	[0.28285]
LC（-2）	0.583022	0.078418	0.689228
	(0.22915)	(0.07796)	(1.08031)
	[2.54428]	[1.00589]	[0.63799]
LF1（-1）	2.682177	- 0.102768	- 2.922844
	(0.69292)	(0.23574)	(3.26671)
	[3.87083]	[- 0.43594]	[- 0.89474]
LF1（-2）	1.352664	- 0.372087	4.922363
	(0.81040)	(0.27571)	(3.82055)

续表

	LC	LF1	M21
	［1.66913］	［-1.34957］	［1.28839］
M21（-1）	0.009352	-0.011326	-0.775451
	(0.06021)	(0.02048)	(0.28384)
	［0.15532］	［-0.55294］	［-2.73202］
M21（-2）	-0.091542	-0.061544	0.027534
	(0.06266)	(0.02132)	(0.29539)
	［-1.46098］	［-2.88708］	［0.09321］
C	-404.9457	302.1153	5372.069
	(722.826)	(245.914)	(3407.69)
	［-0.56023］	［1.22854］	［1.57645］
R-squared	0.576239	0.605555	0.744423
Adj. R-squared	0.426677	0.466339	0.654219
Sum sq. resids	1.45E+08	16777070	3.22E+09
S. E. equation	2920.007	993.4216	13766.08
F-statistic	3.852828	4.349751	8.252684
Log likelihood	-221.4206	-195.5442	-258.6356
Akaike AIC	19.03505	16.87868	22.13630
Schwarz SC	19.37865	17.22228	22.47989
Mean dependent	-334.7526	58.87500	3670.055
S. D. dependent	3856.418	1359.881	23410.45

由表 5-15 的结果可以看出，以短期资本净流入额作为被解释变量，其回归模型的 R^2 为 0.576239，调整后的 R^2 为 0.426677，说明我国短期资本流动受外汇储备与货币供应量（M2）增加的影响相关度并不高；以外汇储备与货币供应量（M2）增加分别作为被解释变量时，回归模型的 R^2 分别为 0.605555 和 0.744423，调整后的 R^2 分别为 0.466339 和 0.654219，说明外汇储备受短期资本流动的影响相关度极低，而货币供应量（M2）受短期资本流动的影响相关度较高。

VAR 模型的代数表达式如下：

LC ＝ - 0.6767531244 × LC（-1）+ 0.5830215828 × LC（-2）+ 2.682177357 × LF1（-1）+ 1.352664115 × LF1（-2）+ 0.009351512157 × M21（-1）- 0.09154169398 × M21（-2）- 404.9456611

LF1 = − 0.1257774852 × LC（−1）+ 0.07841849191 × LC（−2）
−0.1027675265 × LF1（−1）− 0.3720872247 × LF1（−2）− 0.01132597147
× M21（−1）− 0.06154357346 × M21（−2）+ 302.1153463

M21 = 0.3336252949 × LC（−1）+ 0.6892276591 × LC（−2）
−2.922843611 × LF1（−1）+ 4.922363002 × LF1（−2）− 0.7754514288
× M21（−1）+ 0.02753423132 × M21（−2）+ 5372.069341

$$(5.1)$$

由（5.1）式可以看出，我国短期资本净流入额与外汇储备增加呈正向变化，且滞后 1 期的影响大于滞后 2 期，而与广义货币供应量（M2）增加在滞后 1 期呈正向变化，在滞后 2 期呈反向变化，且自变量系数很小，说明短期资本净流入额受广义货币供应量（M2）的影响较小。

下面采用约翰逊（Johansen）协整检验法对上述变量进行协整检验，其检验结果见表 5 − 16。

表 5 − 16   约翰逊（Johansen）协整检验结果

Hypothesized No. of CE（s）	Eigenvalue	Trace Statistic	0.05 Critical Value	Prob.**
None*	0.758206	58.41485	29.79707	0.0000
At most 1*	0.497124	24.34282	15.49471	0.0018
At most 2*	0.278824	7.844944	3.841466	0.0051

注：显著性水平为 5%。

由表 5 − 16 的协整检验结果可以看出，我国短期资本净流入额与外汇储备及货币供应量（M2）增加在 5% 的显著性水平上存在 3 个协整方程。由此得出：我国短期资本流动与外汇储备及货币供应量（M2）增加之间不具有长期均衡关系。

4. 脉冲响应与方差分解

为了观察短期资本流动对外汇储备及货币供应量增加的短期效应，可对上述变量进行脉冲响应分析及方差分解。图 5 − 4 为脉冲响应过程。

由图 5 − 4 可以看出，整个系统对冲击的反应是不稳定的。笔者进而应用方差分解法分别对短期资本净流入额与外汇储备及广义货币供应量（M2）增加在不同预测期限误差的方差进行分解，以确定被解释变量预测所产生的误差由各因素解释的程度。方差分解结果见表 5 − 17 和表 5 − 18。

Response of LC to Cholesky
One S.D.Innovations

Response of LF1 to Cholesky
One S.D.Innovations

Response of M21 to Cholesky
One S.D.Innovations

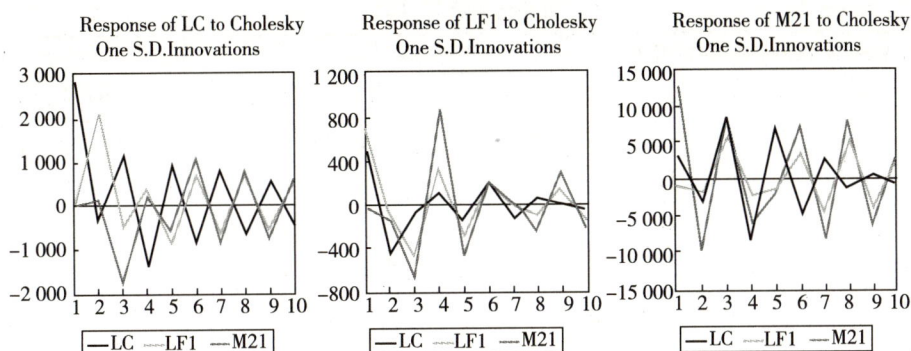

图5-4　脉冲响应过程

表5-17　　　　　　　　　　　　方差分解结果（1）

Variance Decomposition of LF1：Period	S. E.	LC	LF1	M21
1	993. 4216	34. 69526	65. 30474	0. 000000
2	1110. 629	45. 48034	52. 68611	1. 833548
3	1404. 353	28. 71061	45. 24535	26. 04403
4	1706. 684	19. 95488	34. 74586	45. 29926
5	1803. 283	18. 73405	33. 79436	47. 47159
6	1842. 576	19. 34736	33. 71016	46. 94247
7	1848. 060	19. 80648	33. 51907	46. 67445
8	1866. 938	19. 45887	33. 16623	47. 37490
9	1894. 529	18. 90751	32. 76891	48. 32358
10	1913. 732	18. 63292	32. 61789	48. 74919

　　由表5-17可以看出：在从1到10的预测期内，我国外汇储备的增加由它自身的新生增加的贡献率从65.30%下降到32.62%，其贡献率总体呈现下降趋势；短期资本净流入额增加的贡献率在1~2期从34.70%上升到45.48%，第3期又回落至28.71%，4~10期基本保持在18%~20%；货币供应量（M2）增加的贡献率从0上升到48.75%，其贡献率总体呈现上升趋势。这说明，从长期看，我国外汇储备的增加受货币供应量（M2）增加的影响较大。

表 5 – 18　　　　　　　　　方差分解结果（2）

Variance Decomposition of M21： Period	S. E.	LC	LF1	M21
1	13766. 08	6. 626725	0. 335711	93. 03756
2	17625. 26	7. 950096	1. 165932	90. 88397
3	22514. 45	20. 61864	8. 298496	71. 08287
4	25179. 97	29. 23821	7. 595277	63. 16651
5	26216. 09	33. 73476	7. 365205	58. 90003
6	27903. 95	33. 11617	8. 246476	58. 63736
7	29867. 47	29. 94507	10. 40540	59. 64953
8	31567. 94	26. 98510	12. 49232	60. 52258
9	32510. 50	25. 48419	13. 69162	60. 82419
10	32830. 18	25. 03065	14. 25478	60. 71457

由表 5 – 18 可以看出，在从 1 到 10 的预测期内，我国广义货币供应量（M2）的增加由它自身的新生变动的贡献率从 93.04% 下降到 60% 左右，其贡献率总体呈现下降趋势；短期资本净流入额增加的贡献率在 6.63% ~ 33.73%，其贡献率在 1~5 期逐步上升到最大值 33.73%，6~10 期贡献率逐步下降到 25.03%；外汇储备增加的贡献率在 0.34% ~ 14.25%，其贡献率总体呈逐步上升趋势。这说明，从短期来看，我国货币供应量（M2）的增加主要受其自身变动的影响较大，但从长远来看，短期资本净流入额对货币供应量（M2）增加的影响会加大。

5.2.3　实证分析结论

综合上述实证分析得出如下结论：

（1）我国短期资本净流入额与外汇储备增加呈正向变化，且滞后 1 期的影响大于滞后 2 期，而与广义货币供应量（M2）增加在滞后 1 期呈正向变化，在滞后 2 期呈反向变化，且自变量系数很小，说明短期资本净流入额受广义货币供应量（M2）的影响极小，而受外汇储备变动影响较大。

（2）从长期看，我国外汇储备的增加受货币供应量（M2）增加的影响较大。货币供应量（M2）的变动在短期主要受其自身变动的影响较大，但从长远来看，短期资本净流入额对货币供应量（M2）增加的影响会加大。这说明近期内短期资本流动对我国货币供给的冲击作用尚不明显。

5.3　资本异动下的宏观经济效应实证分析

本章 5.1 中的实证分析结论得出：人民币汇率和利率变动是导致我国近年来资本异动的主要因素，尤其是人民币汇率变动对国际短期资本的影响更为显著。因此，本节中的实证分析从汇率传导渠道研究资本异动下货币政策传导的宏观经济效应，分析近年来短期资本流动对我国消费、投资、总产出、物价等的影响程度，有助于货币当局加强宏观调控，运用有效的货币政策工具，实现经济发展目标。

5.3.1　实证数据说明

本部分实证分析所涉及的经济指标主要包括：短期资本净流入额（Lc）、人民币兑美元汇率（Lr）、社会消费品零售总额（Lx）、固定资产投资总额（Lt）、工业增加值（Lz）、国内生产总值增长幅度（Lk）、居民消费价格指数（Lp）。数据采集范围包括 2001 年 1 月至 2014 年 6 月的半年度数据。数据来源于国家统计局、中国人民银行、国家外汇管理局等官方网站。

5.3.2　单位根检验

在进行具体分析之前，首先对上述 7 个变量进行单位根检验，检验结果见表 5 – 19。

表 5 – 19　　　　　　　　　　　　单位根检验结果

检验变量	未差分的 ADF 检验		ADF 检验		PP 检验	
	t 统计量	临界值	t 统计量	临界值	t 统计量	临界值
Lc	– 6. 413826	– 3. 711457	– 6. 413826	– 3. 711457	– 6. 373138	– 3. 711457
Lr	– 0. 614018	– 3. 724070	– 5. 767608 **	– 3. 737853	– 6. 455259 **	– 3. 737853
Lx	6. 161508	– 3. 724070	– 23. 86456 **	– 3. 737853	– 5. 909142 *	– 3. 724070
Lt	18. 89604	– 3. 724070	– 281. 1533 **	– 3. 737853	– 14. 18145 *	– 3. 724070
Lz	0. 595171	– 3. 724070	– 7. 526263 *	– 3. 724070	– 7. 269888 *	– 3. 724070
Lk	– 1. 438616	– 3. 711457	– 4. 050390 *	– 3. 724070	– 4. 050390 *	– 3. 724070
Lp	– 4. 353554	– 3. 724070	– 4. 353554	– 3. 724070	– 4. 055772 *	– 3. 724070

注：单位根检验的方程只含常数项，且解释变量的滞后项数为 1。* 代表差分次数（即协整阶数），差分后的检验值大于 1% 置信水平下的临界值。

由表 5 – 19 的数据显示，上述 7 个变量中，Lc 和 Lp 为平稳的时间序列，其余 5 个变量均为非平稳的时间序列。其中，Lz 和 Lk 为一阶单整变量，记为 I（1），Lr、Lx 和 Lt 均为二阶单整变量，记为 I（2）①。对于非平稳的时间序列，我们可采用协整方法进行检验。

5.3.3　资本异动与消费、投资及工业增加值关系的实证分析

1. VAR 模型分析

下面给出我国近年来短期资本净流入额（Lc）通过汇率传导渠道（Lr2）与社会消费品零售总额的二阶协整变量（Lx2）、固定资产投资总额的二阶协整变量（Lt2）及工业增加值的一阶协整变量（Lz1）的 VAR 模型估计，其结果见表 5－20。

表 5－20　　　我国近年来短期资本净流入额与消费、
投资及工业增加值变动的 VAR 模型估计结果

	LC	LR2	LX2	LT2	LZ1
LC（-1）	-0.094456	-5.14E-05	0.169107	0.001846	1.934449
	(0.30684)	(6.1E-05)	(0.86887)	(0.96042)	(1.16845)
	[-0.30783]	[-0.85006]	[0.19463]	[0.00192]	[1.65557]
LC（-2）	0.053937	3.20E-05	0.581129	-1.206175	2.463428
	(0.36460)	(7.2E-05)	(1.03242)	(1.14120)	(1.38838)
	[0.14794]	[0.44490]	[0.56288]	[-1.05694]	[1.77432]
LR2（-1）	-1787.128	0.006612	-1152.833	2540.831	1502.228
	(1363.32)	(0.26882)	(3860.45)	(4267.22)	(5191.49)
	[-1.31087]	[0.02460]	[-0.29863]	[0.59543]	[0.28936]
LR2（-2）	-513.1764	-0.490773	4792.263	2725.677	32136.98
	(1432.73)	(0.28250)	(4057.00)	(4484.48)	(5455.81)
	[-0.35818]	[-1.73723]	[1.18123]	[0.60780]	[5.89042]
LX2（-1）	-0.058851	2.30E-05	-0.876147	0.112064	-0.262675
	(0.09239)	(1.8E-05)	(0.26161)	(0.28918)	(0.35181)
	[-0.63700]	[1.26239]	[-3.34901]	[0.38753]	[-0.74663]
LX2（-2）	0.008275	-1.38E-05	-0.368127	0.134832	-0.058439
	(0.08834)	(1.7E-05)	(0.25015)	(0.27651)	(0.33640)
	[0.09367]	[-0.79159]	[-1.47163]	[0.48762]	[-0.17372]
LT2（-1）	0.016302	1.01E-05	-0.251495	-1.102967	0.894433
	(0.08425)	(1.7E-05)	(0.23856)	(0.26370)	(0.32082)
	[0.19350]	[0.60995]	[-1.05422]	[-4.18268]	[2.78800]
LT2（-2）	0.006761	1.49E-05	-0.211086	-0.020941	0.988087
	(0.09310)	(1.8E-05)	(0.26362)	(0.29140)	(0.35451)
	[0.07262]	[0.80963]	[-0.80072]	[-0.07186]	[2.78716]

---

① Lx 和 Lt 的一阶差分通过 PP 检验，二阶差分通过 ADF 检验，Lp 通过 ADF 检验，此处 3 个变量均选取 ADF 检验结果。

续表

	LC	LR2	LX2	LT2	LZ1
LZ1（−1）	−0.036398	2.75E−07	0.138535	−0.153219	−0.448931
	(0.03235)	(6.4E−06)	(0.09161)	(0.10126)	(0.12319)
	[−1.12508]	[0.04316]	[1.51224]	[−1.51310]	[−3.64407]
LZ1（−2）	−0.002394	−1.35E−05	0.130363	−0.049705	0.495642
	(0.03577)	(7.1E−06)	(0.10129)	(0.11196)	(0.13622)
	[−0.06691]	[−1.91630]	[1.28701]	[−0.44393]	[3.63865]
C	69.81518	0.029363	−47.35518	2231.702	3162.230
	(285.032)	(0.05620)	(807.112)	(892.155)	(1085.39)
	[0.24494]	[0.52245]	[−0.05867]	[2.50147]	[2.91344]
R−squared	0.328486	0.438996	0.947024	0.999348	0.885830
Adj. R−squared	−0.231109	−0.028508	0.902877	0.998804	0.790689
Sum sq. resids	5297119.	0.205948	42473780	51896052	76811921
S. E. equation	664.3994	0.131005	1881.351	2079.584	2530.018
F−statistic	0.587007	0.939021	21.45177	1838.483	9.310669
Log likelihood	−174.6281	21.59410	−198.5680	−200.8721	−205.3814
Akaike AIC	16.14158	−0.921226	18.22330	18.42366	18.81577
Schwarz SC	16.68464	−0.378163	18.76636	18.96672	19.35884
Mean dependent	−68.78246	0.002422	−62.20435	−2311.929	3904.004
S. D. dependent	598.7990	0.129177	6036.839	60136.30	5530.031

由表 5−20 可以看出，我国短期资本净流入额与消费、投资及工业增加值的 VAR 模型可决系数 R^2 很高，回归模型的拟合优度较好。VAR 模型的代数表达式如下：

$$LC = -0.09445553757 \times LC(-1) + 0.05393703521 \times LC(-2)$$
$$- 1787.127908 \times LR2(-1) - 513.1764457 \times LR2(-2) - 0.05885129743$$
$$\times LX2(-1) + 0.008275165052 \times LX2(-2) + 0.01630216425 \times LT2(-1)$$
$$+ 0.006761171104 \times LT2(-2) - 0.03639820653 \times LZ1(-1)$$
$$- 0.002393578516 \times LZ1(-2) + 69.8151811$$

$$LR2 = -5.143097485e-005 \times LC(-1) + 3.198447818e-005 \times LC(-2)$$
$$+ 0.006611679293 \times LR2(-1) - 0.4907730116 \times LR2(-2) + 2.299701917e$$
$$-005 \times LX2(-1) - 1.378847861e-005 \times LX2(-2) + 1.013245763e-005 \times LT2$$
$$(-1) + 1.48621673e-005 \times LT2(-2) + 2.753313476e-007 \times LZ1(-1)$$
$$- 1.351621385e-005 \times LZ1(-2) + 0.0293625504$$

$$LX2 = 0.1691070656 \times LC(-1) + 0.5811292001 \times LC(-2)$$
$$- 1152.833207 \times LR2(-1) + 4792.26252 \times LR2(-2) - 0.8761466617$$
$$\times LX2(-1) - 0.3681267715 \times LX2(-2) - 0.2514954981 \times LT2(-1)$$
$$- 0.2110857579 \times LT2(-2) + 0.1385351028 \times LZ1(-1) + 0.130363478$$
$$\times LZ1(-2) - 47.35518242$$

147

$LT2 = 0.001846351413 \times LC(-1) - 1.206175119 \times LC(-2) + 2540.831486 \times LR2(-1) + 2725.67683 \times LR2(-2) + 0.1120643163 \times LX2(-1) + 0.1348317304 \times LX2(-2) - 1.102966525 \times LT2(-1) - 0.02094106604 \times LT2(-2) - 0.1532193344 \times LZ1(-1) - 0.04970479364 \times LZ1(-2) + 2231.702452$

$LZ1 = 1.93444939 \times LC(-1) + 2.46342779 \times LC(-2) + 1502.228159 \times LR2(-1) + 32136.97789 \times LR2(-2) - 0.2626753743 \times LX2(-1) - 0.0584386792 \times LX2(-2) + 0.8944333697 \times LT2(-1) + 0.9880871245 \times LT2(-2) - 0.4489306656 \times LZ1(-1) + 0.4956416981 \times LZ1(-2) + 3162.230076$

$$(5.2)$$

由（5.2）式可以看出：（1）短期资本净流入额与人民币汇率呈负相关，且影响效果显著。短期资本净流入额与消费在滞后 1 期呈负相关，滞后 2 期呈正相关，且影响效果不显著，说明人民币升值（美元贬值）会引起短期资本净流入，短期内减少消费，较长期来看短期资本流动通过汇率变动对消费无明显刺激效果，滞后期为半年；（2）短期资本净流入额与投资呈正相关，且影响效果不显著。人民币汇率与投资呈正相关，且影响效果显著，说明短期来看短期资本流动通过汇率变动对投资无明显刺激效果，但长期来看对投资有一定的带动作用，滞后期为半年；（3）短期资本净流入额与工业增加值呈负相关，且影响效果不显著。人民币汇率与工业增加值呈正相关，且影响效果显著，说明短期来看短期资本流动通过汇率变动对我国工业增长无明显刺激效果，但长期来看对工业增长有一定的促进作用，滞后期为半年。

采用约翰逊（Johansen）协整检验法对 Lc、Lx2、Lt2、Lz1 四个变量进行协整检验，其检验结果见表 5－21。

表 5－21　　　　　　　　约翰逊（Johansen）协整检验结果

Hypothesized No. of CE（s）	Eigenvalue	Trace Statistic	0.05 Critical Value	Prob. **
None *	0.770666	81.25730	47.85613	0.0000
At most 1 *	0.701015	47.38802	29.79707	0.0002
At most 2 *	0.436507	19.61870	15.49471	0.0113
At most 3 *	0.243753	6.425903	3.841466	0.0112

注：显著性水平为 5%。

由表5-21的协整检验结果可以看出，上述变量在5%的显著性水平上存在4个协整方程，说明我国短期资本流动与消费、投资及工业增加值之间不具有长期稳定的均衡关系。

2. 脉冲响应及方差分解

为了观察我国资本异动对消费、投资及工业增长的短期效应，可对 Lc、Lx2、Lt2 和 Lz1 四个变量进行脉冲响应分析（如图5-5所示）。

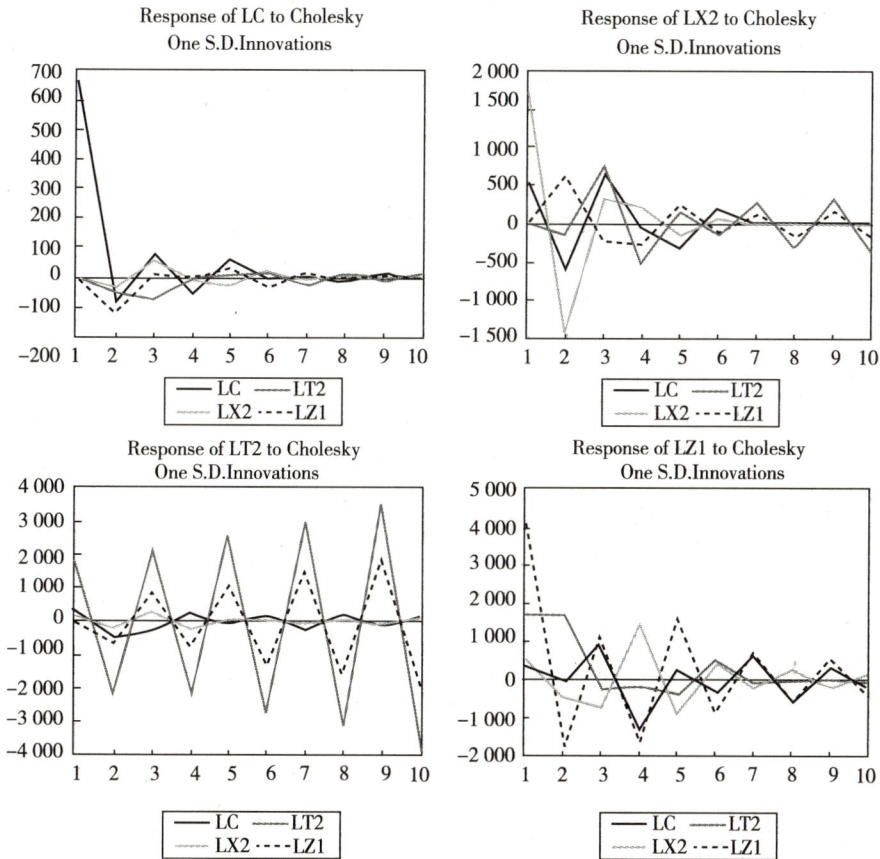

图5-5 脉冲响应过程

由图5-5可以看出，整个系统对冲击的反应从短期看是不稳定的，但从长期看是趋于稳定的。笔者采用方差分解法分别对消费、投资和工业增加值在不同预测期限误差的方差进行分解，以便确定误差由短期资本净流入额解释的程度（见表5-22、表5-23和表5-24）。

表 5 – 22 　　　　　　　　方差分解结果（1）

Variance Decomposition of LX2: Period	S. E.	LC	LX2	LT2	LZ1
1	1852. 026	9. 331639	90. 66836	0. 000000	0. 000000
2	2515. 454	11. 23756	82. 27068	0. 379571	6. 112190
3	2739. 070	15. 61940	70. 93404	7. 560929	5. 885631
4	2812. 277	14. 84829	67. 81601	10. 85772	6. 477982
5	2854. 401	15. 97296	66. 16945	10. 83223	7. 025358
6	2867. 648	16. 29342	65. 60642	11. 00291	7. 097250
7	2884. 757	16. 10095	64. 84618	11. 85366	7. 199204
8	2907. 985	15. 84487	63. 81667	12. 89495	7. 443508
9	2931. 847	15. 59333	62. 78282	13. 93282	7. 691025
10	2960. 501	15. 29376	61. 57364	15. 20299	7. 929607

由表 5 – 22 可以看出：在从 1 到 10 的预测期内，我国社会消费品零售总额的变动由它自身的新生变动的贡献率从 90.67% 下降到 61.57%，而短期资本净流入额变动的贡献率保持在 9.33% ~ 16.29%，在第 6 期达到最大值 16.29%。由此可见，我国消费水平的变化受短期资本流动的影响比较小。

表 5 – 23 　　　　　　　　方差分解结果（2）

Variance Decomposition of LT2: Period	S. E.	LC	LX2	LT2	LZ1
1	1977. 589	3. 593582	0. 919587	95. 48683	0. 000000
2	3170. 666	4. 067860	0. 779210	90. 41557	4. 737363
3	3947. 782	3. 125685	1. 215015	87. 81547	7. 843834
4	4643. 539	2. 476959	1. 172709	87. 49345	8. 856882
5	5447. 397	1. 843827	0. 856608	86. 94129	10. 35827
6	6275. 710	1. 482658	0. 654721	85. 45638	12. 40624
7	7104. 370	1. 282909	0. 517362	84. 06676	14. 13297
8	7978. 635	1. 075888	0. 415990	83. 06366	15. 44447
9	8926. 414	0. 886790	0. 341093	82. 20093	16. 57119
10	9944. 434	0. 736374	0. 285014	81. 40484	17. 57377

由表 5 - 23 可以看出：在从 1 到 10 的预测期内，我国固定资产投资总额的变动由它自身的新生变动的贡献率从 95.49% 下降到 81.40%，而短期资本净流入额变动的贡献率保持在 0.74%~4.07%，在第 2 期达到最大值 4.07%，从第 3 期起逐渐下降到最小值 0.74%。由此可见，我国投资水平的变化受短期资本流动的影响很小。

表 5 - 24　　　　　　　　　方差分解结果（3）

Variance Decomposition of LZ1：Period	S. E.	LC	LX2	LT2	LZ1
1	4624.516	0.724500	1.224937	13.18478	84.86578
2	5284.958	0.563321	1.771181	20.29933	77.36617
3	5545.964	3.497188	3.652378	18.64428	74.20615
4	6133.267	7.671427	8.591142	15.35189	68.38554
5	6430.756	7.198845	10.03167	14.30168	68.46781
6	6538.080	7.244712	10.05761	14.47923	68.21846
7	6612.222	8.174130	9.978075	14.18294	67.66485
8	6678.315	8.892129	9.910310	13.91561	67.28195
9	6715.467	9.104040	9.871116	13.76618	67.25867
10	6737.615	9.215319	9.845780	13.68552	67.25338

由表 5 - 24 可以看出：在从 1 到 10 的预测期内，我国工业增加值的变动由它自身的新生变动的贡献率从 84.87% 逐期下降到 67.25%，而短期资本净流入额变动的贡献率从 0.72% 上升到 9.22%，在第 10 期达到最大值 9.22%，总体呈上升趋势。由此可见，我国工业增长水平的变化受短期资本流动的影响比较小。

综合上述方差分解可以得出结论：从长期来看，我国短期资本流动对消费、投资和工业增加值的变化均无明显的刺激作用。

5.3.4　资本异动与经济增长及物价变动关系的实证分析

1. VAR 模型分析

表 5 - 25 给出我国近年来短期资本净流入额（Lc）通过汇率传导渠道（Lr2）与国内生产总值的一阶协整变量（Lk1）和居民消费价格指数的二阶协

整变量（Lp）的 VAR 模型。

表 5 - 25　我国近年来短期资本净流入额与经济增长及物价变动的 VAR 模型估计结果

	LC	LR2	LK1	LP
LC（-1）	-0.296528	1.57E-05	0.000164	-0.000146
	(0.24301)	(3.6E-05)	(0.00038)	(0.00053)
	[-1.22022]	[0.43605]	[0.43482]	[-0.27623]
LC（-2）	0.250046	5.80E-05	-6.49E-05	-5.09E-05
	(0.25442)	(3.8E-05)	(0.00040)	(0.00056)
	[0.98280]	[1.54222]	[-0.16402]	[-0.09177]
LR2（-1）	-1031.864	-0.716019	-3.559807	5.973720
	(1861.97)	(0.27523)	(2.89602)	(4.06260)
	[-0.55418]	[-2.60155]	[-1.22920]	[1.47042]
LR2（-2）	-1813.413	-0.547428	-0.060940	7.178119
	(1586.67)	(0.23454)	(2.46785)	(3.46194)
	[-1.14290]	[-2.33409]	[-0.02469]	[2.07344]
LK1（-1）	-124.5981	-0.074366	-0.172896	0.397876
	(149.823)	(0.02215)	(0.23303)	(0.32690)
	[-0.83164]	[-3.35797]	[-0.74195]	[1.21713]
LK1（-2）	54.09111	-0.035941	-0.165313	0.726962
	(137.156)	(0.02027)	(0.21333)	(0.29926)
	[0.39438]	[-1.77279]	[-0.77492]	[2.42920]
LP（-1）	-56.64488	-0.014364	-0.244583	0.906183
	(111.301)	(0.01645)	(0.17311)	(0.24285)
	[-0.50893]	[-0.87310]	[-1.41285]	[3.73151]
LP（-2）	-83.42722	0.001435	-0.280348	-0.392408
	(109.809)	(0.01623)	(0.17079)	(0.23959)
	[-0.75975]	[0.08840]	[-1.64145]	[-1.63783]
C	14315.47	1.328394	53.84444	50.14936

续表

	LC	LR2	LK1	LP
	(10162. 7)	(1. 50221)	(15. 8066)	(22. 1739)
	[1. 40863]	[0. 88429]	[3. 40645]	[2. 26164]
R－squared	0. 289430	0. 666388	0. 632171	0. 711448
Adj. R－squared	－0. 116609	0. 475752	0. 421983	0. 546560
Sum sq. resids	5605204.	0. 122471	13. 55977	26. 68432
S. E. equation	632. 7493	0. 093530	0. 984152	1. 380588
F－statistic	0. 712813	3. 495608	3. 007647	4. 314756
Log likelihood	－175. 2783	27. 57121	－26. 55914	－34. 34428
Akaike AIC	16. 02420	－1. 614887	3. 092099	3. 769068
Schwarz SC	16. 46852	－1. 170564	3. 536423	4. 213392
Mean dependent	－68. 78246	0. 002422	－0. 073913	102. 9565
S. D. dependent	598. 7990	0. 129177	1. 294470	2. 050239

　　由表 5 - 25 的结果可以看出，我国短期资本净流入额与经济增长及物价变动的 VAR 模型可决系数 R^2 分别为 0. 632171 和 0. 711448，调整后的 R^2 分别为 0. 421983 和 0. 546560，说明我国短期资本流动受经济增长及物价变动的影响较大，且对物价变动影响的相关度高于对经济增长变动的影响。

　　VAR 模型的代数表达式如下：

　　LC = － 0. 296528295 × LC （ － 1 ） + 0. 2500455695 × LC （ － 2 ） － 1031. 863601 × LR2 （ － 1 ） － 1813. 413042 × LR2 （ － 2 ） － 124. 5981487 × LK1 （ － 1 ） + 54. 09111117 × LK1 （ － 2 ） － 56. 64487769 × LP （ － 1 ） － 83. 42721977 × LP （ － 2 ） + 14315. 4667

　　LR2 = 1. 566330947e － 005 × LC （ － 1 ） + 5. 799884528e － 005 × LC （ － 2 ） － 0. 7160194778 × LR2 （ － 1 ） － 0. 547427599 × LR2 （ － 2 ） － 0. 07436636198 × LK1 （ － 1 ） － 0. 03594132374 × LK1 （ － 2 ） － 0. 0143642378 × LP （ － 1 ） + 0. 001434915013 × LP （ － 2 ） + 1. 328393614

　　LK1 = 0. 0001643513058 × LC （ － 1 ） － 6. 490481821e － 005 × LC （ － 2 ） － 3. 559807313 × LR2 （ － 1 ） － 0. 06093991286 × LR2 （ － 2 ） － 0. 1728956574 × LK1 （ － 1 ） － 0. 1653125464 × LK1 （ － 2 ） － 0. 2445826354 × LP （ － 1 ） － 0. 2803476218 × LP （ － 2 ） + 53. 84444438

　　LP = － 0. 0001464647426 × LC （ － 1 ） － 5. 094367247e － 005 × LC （ － 2 ） + 5. 973719754 × LR2 （ － 1 ） + 7. 178119275 × LR2 （ － 2 ） + 0. 3978764934

$$\times LK1 \ (-1) \ + \ 0.7269616183 \times LK1 \ (-2) \ + \ 0.9061829343 \times LP \ (-1)$$
$$- \ 0.3924080341 \times LP \ (-2) \ + \ 50.1493585$$

$$(5.3)$$

由（5.3）式可以看出，（1）我国短期资本净流入额与经济增长（GDP增长率）的一阶协整变量的滞后 1 期呈负相关，滞后 2 期呈正相关，且影响较为显著，说明短期内我国 GDP 的增长不会引起短期资本流入，但 1 年后 GDP 的持续增长却能引起短期资本流入的增加，但短期资本流入对我国经济增长的影响并不显著；（2）短期资本净流入额与物价（CPI）的增长呈负相关，物价上涨引起短期资本外流，且影响较为显著，但短期资本净流入额的变动对我国物价的影响并不显著，说明短期资本流入并不是推动我国物价上涨的重要因素，但物价上涨会引起短期资本净流出。

2. 协整检验

采用约翰逊（Johansen）协整检验法对上述 4 个变量进行协整检验，其检验结果见表 5-26。

表 5-26　　　　　　　约翰逊（Johansen）协整检验结果

Hypothesized No. of CE（s）	Eigenvalue	Trace Statistic	0.05 Critical Value	Prob. **
None *	0.757161	82.60431	47.85613	0.0000
At most 1 *	0.690572	50.05111	29.79707	0.0001
At most 2 *	0.459042	23.07145	15.49471	0.0030
At most 3 *	0.322057	8.939929	3.841466	0.0028

注：显著性水平为5%。

由表 5-26 的协整检验结果可以看出，4 个变量在 5% 的显著性水平上存在 4 个协整方程，说明 4 个变量之间不具有长期稳定的均衡关系。

3. 脉冲响应及方差分解

为了观察我国资本异动对经济增长及物价变动的短期效应，可对 Lr2、Lk1 和 Lp 三个变量进行脉冲响应分析（见图 5-6）。

从图 5-6 可以看出，从长期看，整个系统对冲击的反应是不稳定的。笔者采用方差分解法分别对国内生产总值及物价变动的不同预测期限误差的方差进行分解，以确定短期资本流动对误差解释的程度。方差分解结果见表 5-27。

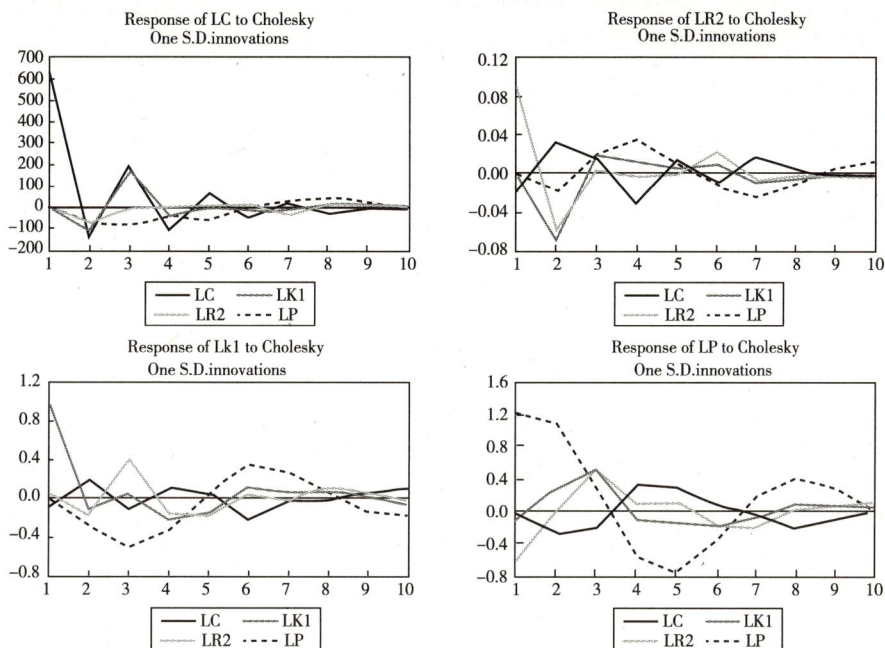

图 5 - 6 脉冲响应过程

表 5 - 27   方差分解结果 （1）

Variance Decomposition of LK1:					
Period	S. E.	LC	LR2	LK1	LP
1	0. 984152	1. 136367	0. 210179	98. 65345	0. 000000
2	1. 073652	4. 571659	3. 020633	84. 59043	7. 817276
3	1. 260421	4. 199147	11. 95928	61. 61212	22. 22945
4	1. 337815	4. 351253	12. 17966	57. 69934	25. 76975
5	1. 363571	4. 341627	13. 60569	57. 03925	25. 01344
6	1. 428847	6. 287553	12. 40904	52. 51084	28. 79257
7	1. 458540	6. 116452	11. 95002	50. 54789	31. 38564
8	1. 466412	6. 067481	12. 48549	50. 28254	31. 16449
9	1. 476030	6. 132412	12. 46574	49. 63167	31. 77018
10	1. 491520	6. 382660	12. 23628	48. 76232	32. 61875

由表 5 - 27 可以看出：在从 1 到 10 的预测期内，我国国内生产总值
（GDP）的增长率变动由它自身的新生变动的贡献率从 98.65% 下降到

48.76%；短期资本流动变动的贡献率在 1.14% ~6.38%；人民币汇率变动的贡献率 1 年后快速上升至 11.96%，并保持在 11.95% ~13.61%。

表 5 -28　　　　　　　　　　方差分解结果（2）

Variance Decomposition of LP:					
Period	S. E.	LC	LR2	LK1	LP
1	1. 380588	0. 072435	20. 15499	0. 740481	79. 03210
2	1. 818387	2. 594603	11. 61824	2. 819467	82. 96769
3	2. 002449	3. 180015	16. 13371	9. 847678	70. 83859
4	2. 112107	5. 351238	14. 64865	9. 071383	70. 92873
5	2. 270953	6. 030464	12. 83578	8. 179986	72. 95377
6	2. 315475	5. 909984	12. 93012	8. 474142	72. 68576
7	2. 331951	5. 852222	13. 54640	8. 521642	72. 07973
8	2. 380059	6. 456055	13. 00435	8. 334520	72. 20507
9	2. 400969	6. 467287	12. 81277	8. 329058	72. 39089
10	2. 403877	6. 456329	12. 96720	8. 358850	72. 21763

由表 5 -28 可以看出：在从 1 到 10 的预测期内，我国物价变动由它自身的新生变动的贡献率从 79.03% 上升到半年后的 82.97%，1 年后下降并保持在 70.84% ~72.95%；短期资本流动变动的贡献率从 0.07% 上升到第 9 期的 6.47%，第 10 期变动很小，总体来看保持上升趋势；人民币汇率变动的贡献率从 20.15% 下降至半年后的 11.62%，1 年后又上升至 16.13%，此后保持在 12.81% ~14.65%。

由此得出结论：我国经济增长和物价变动主要受其自身因素影响，短期资本流动通过汇率渠道对经济增长和物价变动的影响并不显著。

5.3.5　资本异动与宏观经济变量间的因果关系检验

采用格兰杰（Granger）因果检验法对上述 7 个变量进行因果关系检验，其检验结果见表 5 -29。

表 5 -29　　　　　　　　格兰杰（Granger）因果检验结果

Null Hypothesis:	Obs	F - Statistic	Probability
LR2 does not Granger Cause LC	23	0. 55368	0. 58431
LC does not Granger Cause LR2		0. 24550	0. 78489

Null Hypothesis:	Obs	F - Statistic	Probability
LX2 does not Granger Cause LC	23	0.18590	0.83193
LC does not Granger Cause LX2		0.22625	0.79975
LT2 does not Granger Cause LC	23	0.48378	0.62424
LC does not Granger Cause LT2		1.12415	0.34670
LZ1 does not Granger Cause LC	24	0.71341	0.50263
LC does not Granger Cause LZ1		0.27475	0.76273
LK1 does not Granger Cause LC	24	0.58597	0.56631
LC does not Granger Cause LK1		0.12198	0.88585
LP does not Granger Cause LC	25	0.70505	0.50596
LC does not Granger Cause LP		0.16348	0.85031
LX2 does not Granger Cause LR2	23	0.68695	0.51582
LR2 does not Granger Cause LX2		1.64080	0.22152
LT2 does not Granger Cause LR2	23	0.86163	0.43918
LR2 does not Granger Cause LT2		0.69774	0.51068
LZ1 does not Granger Cause LR2	23	1.90406	0.17778
LR2 does not Granger Cause LZ1		10.8109	0.00082
LK1 does not Granger Cause LR2	23	10.8269	0.00082
LR2 does not Granger Cause LK1		3.31124	0.05963
LP does not Granger Cause LR2	23	2.65315	0.09777
LR2 does not Granger Cause LP		0.66681	0.52558

注：滞后项数为2，显著性水平为5%。

由表5-29可以看出：在5%的显著性水平下，（1）消费与短期资本流动互为格兰杰因果关系；（2）投资是引起短期资本流动的原因，但短期资本流动不是引起投资变动的原因；（3）工业增加值不是引起短期资本流动的原因，但短期资本流动是引起工业增加值变动的原因；（4）经济增长不是引起短期资本流动的原因，但短期资本流动是引起经济增长的原因；（5）物价不是引起短期资本流动的原因，但短期资本流动是引起物价变动的原因；（6）消费、投资、工业增加值、经济增长及物价变动五个变量均与人民币汇率之间无格兰杰因果关系。

5.3.6 实证分析结论

综合上述实证分析得出如下结论：

（1）从资本异动与消费、投资和工业增长的关系来看，人民币升值（美元贬值）会引起短期资本净流入，短期内减少消费，较长期来看短期资本流动通过汇率变动对消费无明显刺激效果，滞后期为半年；短期资本流动在短期内通过汇率变动对投资无明显刺激效果，但长期来看对投资有一定的带动作用，滞后期为半年；短期资本净流入额与工业增加值呈负相关，且影响效果不显著。人民币汇率与工业增加值呈正相关，且影响效果显著，说明短期来看短期资本流动通过汇率变动对我国工业增长无明显刺激效果，但长期来看对工业增长有一定的促进作用，滞后期为半年。

（2）从资本异动与经济增长及物价变动的关系来看，短期内我国 GDP 的增长不会引起短期资本流入，1 年后 GDP 的持续增长却能引起短期资本流入的增加，但短期资本流入对我国经济增长的影响并不显著；我国物价上涨引起短期资本流出，且影响较为显著，但短期资本流入并不是推动我国物价上涨的重要因素。

（3）从长期来看，资本异动对整个经济系统冲击的反应是不稳定的。短期资本流动在短期内对消费、工业增加值、经济增长和物价变化有一定的刺激作用。从长期来看，短期资本流动对消费、投资和工业增加值的变化均无明显的刺激作用。

本章小结

本章是全书的实证部分，采用大量宏观经济数据，运用向量自回归（VAR）模型、协整检验、格兰杰（Granger）因果检验、脉冲响应及方差分解法进行实证研究，首先得出人民币汇率和利率变动是导致近年来我国资本异动的主要因素，尤其是人民币汇率变动对国际短期资本的影响更为显著，进而对资本异动与外汇储备和货币供给的关系的研究表明，短期资本净流入额受广义货币供应量（M2）的影响极小，而受外汇储备变动影响较大，近期内短期资本流动对我国货币供给的冲击作用尚不明显。本章最后对短期资本流动通过汇率传导渠道影响我国消费、投资、工业增加值、总产出和物价的宏观经济效应进行分析，研究表明资本异动短期内对消费、工业增加值、经济增长和物价变化有一定的刺激作用，但长期来看，短期资本流动对消费、投资和工业增加值的变化均无明显的刺激作用。

6 资本异动下货币政策
传导的国际比较与借鉴

第 2 章中已详细阐述了西方货币政策传导理论，但由于不同发达国家中央银行体系存在自身的发展特点，本章结合美国、英国、欧元区货币政策传导特征进行比较，为完善我国货币政策框架、提高货币政策传导效率提供有益的借鉴。

6.1 西方主要国家货币政策传导特征及其在金融危机下的选择

6.1.1 美国

美国货币政策的制定和执行主要是由美国联邦储备委员会（以下简称美联储，FRB）负责。货币政策是美国调控国民经济和社会发展的主要宏观政策工具。美国的货币政策目标是实现"充分就业"和"物价稳定"两大目标。随着市场经济的发展，美联储货币政策在宏观调控经济方面发挥了重要作用。

1. 美国联邦储备系统的基本构成

美国联邦储备系统（Federal Reserve System, Fed）负责履行美国中央银行的职责，它是美国国会根据 1913 年的《联邦储备法》（*Federal Reserve Act*）设立的。该系统主要由联邦储备委员会、联邦储备银行及联邦公开市场委员会等组成，其主要职责是负责制定并实施货币政策、对银行机构实行监管、向社会提供可靠的金融服务以及维持金融系统的稳定等。联邦储备系统的核心机构是联邦储备委员会（The Board of Governors of the Federal Reserve System），简称美联储，它是联邦政府机构，主要通过公开市场操作、规定银行准备金比率和批准各联邦储备银行要求的贴现率来实现相关货币政策。联邦储备银行由美国国会组建的 12 个区域联邦储备银行组成，它是国家中心银行系统的主要操作力量。联邦公开市场委员会（The Federal Open Market Committee, FOMC）是联邦储备系统中另一个重要机构，其最主要的工作是利用公开市场操作，在一定程度上影响市场上的货币总量，并对联邦储备银行在外汇市场上的活动进行指导。

2. 美国货币政策传导的演变特征

第二次世界大战后，美国的货币政策传导经历了"利率—货币供应量—利率"的过程。第二次世界大战结束初期，美国实行稳定的低利率政策，三个月期的国库券利率为 0.375%，长期财政债券利率为 2.4%，一旦利率高于该水平，美联储就采用公开市场操作，迫使利率下降。但 1950 年朝鲜战争爆发引起了较严重的通货膨胀，1951 年 3 月，美联储正式独立于财政部，开始了独立的货币政策操作，其货币政策的主要中介目标是三个月期国库券利率和自由储备金净额。20 世纪 60 年代，美联储又重新推行廉价的货币政策，加上宽松的财政政策，导致其通货膨胀率由 1965 年的 2.3% 上升到 1969 年的 6.1%，并进一步引发了 20 世纪 70 年代的滞胀。进入 20 世纪 70 年代，美联储开始将货币供应量作为中介目标，实行紧缩性货币政策，控制 M_1 和 M_2 的增长速度，结果导致了美国 1979 年的经济危机。20 世纪 80 年代至 90 年代初，美联储又重新转向利率政策，并获得了极大成功。这是由于大量金融创新以及放松金融管制，使得美联储难以控制货币供应量，而利率对货币政策更为敏感，在这种情况下，将利率作为主要的传导途径是适合的。1994 年美联储主席格林斯潘指出，美联储将放弃以货币供应量的增减来调控经济的做法，以实际利率作为调控经济的主要手段，即美国的货币政策主要通过调整实际利率，进而改变社会需求，最终影响支出、就业和物价，它标志着美国货币政策的重大转变。

20 世纪 90 年代以来，美国货币政策传导呈现出新特征，既使货币政策变得更加有效，又削弱了货币政策影响宏观经济的能力，使得货币政策传导变得更加复杂了。

（1）货币政策由"非中性"转向"中性"。1994 年 2 月以来，美联储开始采用"中性"的货币政策，取代过去比较激进的"相机抉择"的"非中性"货币政策。所谓"中性"的货币政策，就是使利率水平保持中性，对经济既不起刺激作用也不起抑制作用，使经济在低通货膨胀条件下以其自身的潜在能力持久稳定地增长。美国货币政策依据 1993 年美国经济学家泰勒提出的"泰勒规则"作为理论基础。根据泰勒的实证研究，使真实利率保持在 2% 左右，即可实现使经济增长稳定在 2.5% 左右的潜在增长水平上，并同时达到稳定物价的目标。这表明，美联储将以潜在经济增长率为标准来确定和调整利率，同时达到稳定物价和保持经济增长的目标。

（2）以调控利率作为货币政策传导的中介目标。20 世纪后期，美联储放弃货币供应量作为中介目标后，进入了以调控联邦基金利率为主的货币政策操作阶段。美国的联邦基金市场也称银行准备金市场，在该市场上，吸收存款的银行机构相互间对其在美联储的无息准备金存款余额进行拆借，在这一市场形成的短期资金拆借利率即为联邦基金利率。美联储通过公开市场业务和再贴现政策使联邦基金利率向其确定的目标水平靠近，从而使货币政策通过联邦基金市场向宏观经济传导。此外，改变联邦基金利率水平的预期也将影响其他短期利率、长期利率、美元汇率和股票价格，进而影响总需求和经济增长。

（3）建立目标宣布机制。1994 年 2 月以后，美联储的联邦公开市场委员会（FOMC）开始向外界公开宣布其目标隔夜利率。通过有效传递隔夜利率水平的信息，美联储能够使联邦基金利率迅速地达到新的合意的水平，以确立公众对这一目标利率的信心。这种目标宣布机制使美联储树立了言出必行的形象，从而坚定了市场对于实现目标联邦基金利率的信心，减弱了美联储通过公开市场操作实现目标利率的难度。这种良性循环过程强化了美国货币政策的传导效果。

（4）资产证券化

20 世纪 70 年代以来，资产证券化在美国得到了迅速发展。到 2003 年末为止，46% 的美国家庭抵押贷款已经证券化。美国的银行为了提高其资产的流动性，将许多同质的银行资产聚集起来创造一种证券，并出售给机构投资者等，使其部分资产和负债被转移出银行。这种资产证券化对货币政策传导的影响主要表现在：中央银行通过改变银行储备来控制银行的流动性，从而达到影响利率的目的。而证券化带来的额外的流动性，缓冲了中央银行控制银行流动性对信用市场的影响。因此货币政策影响利率的能力在这个意义上被削弱了。2007 年爆发的美国次贷危机从一个侧面反映了资产证券化对货币政策传导的削弱。

美国的货币政策传导机制表述如下（见图 6 - 1）。

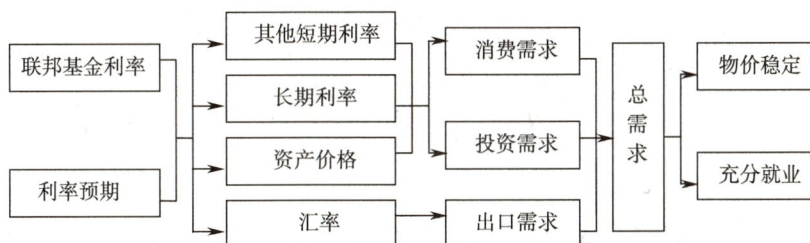

资料来源：根据美联储官方网站资料概括整理得到。

图 6 - 1 美国的货币政策传导机制

3. 国际金融危机下美国货币政策的发展与展望

在国际金融危机背景下，美国货币政策的重点是刺激经济活动，目标是实现充分就业并防止出现低通货膨胀，因此会在较长时间内实行宽松的货币政策。2008 年 3 月 11 日，美联储宣布，将与欧洲中央银行、瑞士中央银行、加拿大银行和英格兰银行联手采取多项措施，向金融系统注资 2 000 亿美元以增加全球金融系统的流动性。当日，世界主要货币对美元大幅升值，其中欧元升值 3.5%，英镑升值 1.6%，日元升值 2.4%，加元升值 1.7%。这一措施将削弱正处于金融危机漩涡中的出口导向型新兴经济体的出口能力，并有可能引发贸易摩擦。紧接着美联储又大举购买美国国债，推升国债价格，降低其收益率，使包括中国在内的持债国家的外汇资产面临极大的贬值风险。2008 年 3 月 18 日，美国 10 年期政府债券收益率从 3.01% 降至 2.5%，创 1981 年以来最大日跌幅。美元贬值和国债收益率降低都将导致巨额外资从美国流出，造成美元贬值的风险。2008 年 9 月雷曼兄弟倒闭后，美联储紧急推出了第一轮量化宽松（Quantitative Easing，QE）货币政策，在短短的 3 个月中创造出超过 1 万亿美元的储备。量化宽松货币政策是一种非常激进的政策，虽有利于帮助深陷金融危机中的发达经济体缓解信贷紧张的状况，增加经济扩张的动力，但却埋下了全球通货膨胀的种子，并可能导致新兴经济体经济进一步恶化、外汇储备资产大幅贬值。

2008 年下半年以来，面对国际金融危机的严峻形势，美国联邦公开市场委员会（FOMC）将目标联邦基金利率定在 0 到 0.25%，并采取增加流动性和提高金融市场运作的措施，同时，向公众提供尽可能多的信息，并经国会审查，以达到促进充分就业和物价稳定的目标（见表 6 – 1）。

表 6 – 1　　　　　　　　　2009 年上半年美国货币政策措施

时间	货币政策措施
2009 年 1 月 28 日	联邦公开市场委员会一致认为，维持联邦基金利率目标范围在 0 ~ 25% 是适当的，并继续购买机构债券和抵押贷款支持证券（MBS）。
2009 年 2 月 7 日	通过长期资产的扩大贷款支持证券基金（TALF），对机构、家庭和企业的信贷资金提供更多援助，从而支持整体经济活动。
2009 年 3 月 24 日	通过最多额外拨款 750 亿美元购买机构按揭证券，使购买这些证券的数量上升到 2009 年底 1 万亿美元，而且会增加其购买机构债券。此外，为了帮助改善私人信贷市场条件，委员会决定购买在未来 6 个月的 3 000 亿美元的长期国债。
2009 年 4 月 29 日	美国联邦储备委员会决定，2009 年底将购买最多至 1.25 万亿美元机构按揭证券和 2 000 亿美元机构债券。此外，第三季度将购买高达 300 亿美元的美国国债，并继续对美联储的资产负债表中财政和经济发展情况加强监测。
2009 年 6 月 25 日	美国联邦储备委员会修改和扩展其流动性计划，包括将资产支持商业票据、货币市场共同基金、流动性基金（AMLF）、中央银行货币掉期、商业票据融资机制、一级交易商信用贷款、定期证券借贷机制等进行扩展和修改，延长期一般不超过 2010 年 2 月 1 日。

资料来源：根据美国联邦储备委员会文件整理得到。

联邦公开市场委员会认为，当救助计划已经实现，经济将会复苏，劳动力市场状况将有所改善，通货膨胀下降的压力将会减少，货币政策会发生改变，以防止宽松政策导致通货膨胀率上升，此时，将选取适当的时机及方式收回货币政策的宽松。一是美国国会 2008 年秋季授予美联储对银行准备金余额支付利息并提高利率，从而诱导联邦基金利率和其他短期市场利率上升。2008 年 10 ~ 11 月，美联储首次开始支付准备金利息；二是采取措施减少储备金余额的整体水平，包括政府支持企业以及其他机构的回购协议、增发政府债券、将联邦储备资产转化为银行定期存款等；三是美联储出售其持有的部分短期证券资产，这有助于提高短期利率，但可能带来长期利率上升的压力。

2010 年 4 月美国的经济数据开始令人失望，2010 年 11 月 4 日，美联储不得不推出第二轮量化宽松货币政策（QE2）。美联储此轮国债采购项目的总额约 6 000 亿美元，并会以每月 750 亿美元的进度维持 8 个月。国际金融危机发生后，美联储先后推出了两轮大规模资产购买计划，以刺激信贷和就业，但就业增长缓慢，失业率保持高位。2012 年 9 月 13 日，美联储宣布实行第三轮量化宽松货币政策（QE3），美联储决定每月购买 400 亿美元抵押贷款支持证券，但未说明总购买规模和执行期限，同时继续执行卖出短期国债、买入长期国债的"扭转操作"，把到期的机构债券和机构抵押贷款支持证券的本金进行再投资，并将 0 ~ 0.25% 的联邦基金利率至少保持到 2015 年年中。

2012 年 12 月 12 日，美联储宣布实行第四轮量化宽松货币政策，每月采购 450 亿美元国债替代"扭转操作"，加上第三轮量化宽松每月 400 亿美元的宽松额度，美联储每月资产采购额达到 850 亿美元，并用量化数据指标来明确超低利率期限，决定在失业率高于 6.5%、未来 1 ~ 2 年预期通货膨胀水平高出 2% 的长期目标不超过 0.5 个百分点的情况下，将继续把联邦基金利率保持在 0 ~ 0.25% 的超低区间，以进一步支持经济复苏和劳工市场。这是因为虽然美国经济和就业呈现出温和增长迹象，失业率自 2012 年夏季以来有所下降，但依然处于高位，企业固定资产投资增长放缓，长期通货膨胀预期保持稳定。美联储将密切关注未来经济和金融数据，如果就业市场前景没有显著改善，将继续执行购买国债和抵押贷款支持证券的操作，并合理利用其他政策工具。

2013 年以来，美国经济复苏状况良好。私人投资和个人消费增长显著，拉动第三季度 GDP 环比增长 4.1%，为 2011 年以来的最高增速。房地产市场持续复苏，工业总产出超过次贷危机爆发前的峰值。2013 年美国就业状况得到稳步改善，失业率由 2013 年 1 月的 7.9% 下降至 2013 年 11 月的 7%。2013 年前 11 个月平均月新增非农就业岗位 18.8 万个，而 2011 年和 2012 年同期这一数据分别为 17 万个和 17.9 万个，美国就业市场处于稳步回升状态。2013

年美国通货膨胀率远低于 2% 的通胀目标区。2013 年下半年，美国 PCE 物价指数保持在 0.9%～1.1%，且呈现下降趋势。特别是近年来持续购债使美国政府持有大量的金融资产债券，也使得美联储资产负债表结构发生重大改变。美联储资产负债表规模已突破 4 万亿美元，相当于美国 GDP 总量的 24%，这对美国金融稳定性带来严峻挑战，并可能加剧通货膨胀的风险。鉴于上述因素，2013 年 12 月 18 日美联储货币政策会议决定，自 2014 年 1 月开始每月缩减 100 亿美元购债规模，即从 850 亿美元削减至 750 亿美元。其中，长期国债购买规模从 450 亿美元降至 400 亿美元，抵押贷款支持证券购买规模从 400 亿美元降至 350 亿美元。这标志着美国将以"适度步伐"实质性退出 QE3，宽松货币政策重心将逐渐从资产购买向零利率政策回归，也将成为美国货币政策由非常规刺激政策向常规政策回归的重要转折点。2014 年美国经济有望进一步复苏，量化宽松政策很可能在年内完全退出，但低利率政策仍将保持较长的时间。

总之，美联储有多种工具可以用来加强其货币政策立场，满足经济前景要求。然而，经济条件也不可能保证货币政策的长时间宽松或紧缩，应把握好时机和速度，校正利息与就业的工具组合，以达到促进充分就业和价格稳定，实现美联储的双重目标。

6.1.2　英国

英国是世界最早的金融王国。英国银行体制和模式较为典型，具有一套完整的金融管理制度，金融市场管理严格且很发达，成为许多国家模仿的传统模式。英国中央银行以"物价稳定"作为单一的货币政策目标，采取通货膨胀目标制来实现其经济发展目标。

1. 英格兰银行及其货币政策委员会

英格兰银行是英国的中央银行，成立于 1694 年，是世界上最早形成的中央银行，1928 年成为英国唯一的发行银行。1933 年 7 月设立"外汇平准账户"代理国库。1946 年之后，英格兰银行被收归国有，并隶属财政部，掌握国库、贴现公司、银行等，其主要任务是按政府要求决定国家金融政策。英格兰银行总行设于伦敦，职能机构分政策和市场、金融结构和监督、业务和服务三个部分，设 15 个局（部）及 8 家分行。英格兰银行享有在英格兰、威尔士发钞的特权，保管商业银行的存款准备金，并作为票据的结算银行，对英国的商业银行及其他金融机构进行监管，代理国库，稳定英镑币值及代表政府参加一切国际性财政金融机构，具有典型的中央银行的"发行的银行、银行的银行、政府的银行"的特点。

1997 年 5 月,英格兰银行货币政策委员会(Monetary Policy Committee, MPC)成立,标志着英格兰银行开始独立行使货币政策。在此之前,英国经济综合表现一直处于下滑态势。1980—1996 年,七国集团中英国的平均通货膨胀率为第 2 高,平均失业率高达 9.5%。英格兰银行货币政策委员会(以下简称委员会)的成立,使英国宏观经济保持了良好的发展势头,一度扭转了英国经济发展长达 30 年以来的颓势,并在七国集团中名列第一,最终实现了低通货膨胀高经济增长的政策收益。1997—2007 年的年平均通货膨胀率为 1.51%,1997—2006 年英国平均失业率为 5.47%,仅次于美国和日本。1997—2006 年英国经济增长年平均 2.85%,达到了第二次世界大战后历史同期最好水平。上述情况表明,英国通货膨胀目标的实现,并没有损害其经济增长与就业政策目标。

2. 英国货币政策传导的演变特征

1998 年 6 月 1 日修订生效的《英格兰银行法》(*The Bank of England Act*)给予英格兰银行运用货币政策工具的独立性,允许其独立设定利率水平。根据这一法律,英格兰银行的货币政策目标确定为:保持价格稳定,以支持政府实现经济增长及充分就业的目标。英格兰银行将价格稳定定义为以消费价格指数(CPI)衡量的通货膨胀率目标保持在 2%,并以此作为货币政策操作目标,最终目标是经济增长和充分就业。

货币政策委员会(MPC)负责设置官方短期利率,由英格兰银行通过货币市场交易实施,并通过多种渠道影响国内经济活动和通货膨胀,以实现货币政策目标,其货币政策传导机制如下(见图 6-2)。

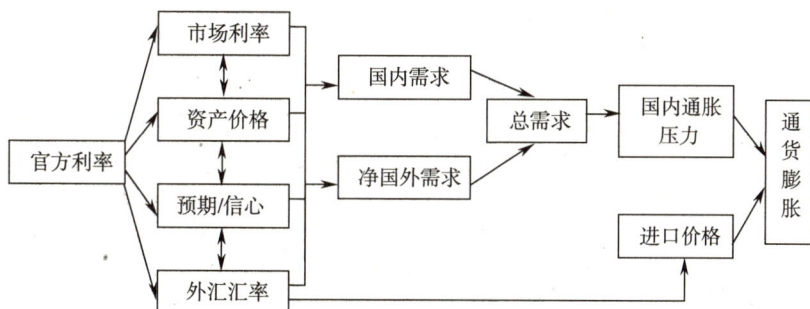

资料来源:英格兰银行货币政策委员会文件(1999.4)[①]。

图 6-2 英国货币政策传导机制示意图

由图 6-2 可以看出,首先,官方利率的决定不同程度地影响市场利率

---

① 简单起见,图中内容并不显示变量之间的相互作用,但这些也是很重要的。

（如抵押贷款利率和银行存款利率）。同时，官方利率还通过预期影响人们对未来经济的信心，并影响资产价格和汇率。其次，市场利率的变化又影响到消费、储蓄与个人和企业的投资行为。因此，官方利率的变化会影响英国商品和服务的总需求。再次，总需求的变化将影响国内供应能力，特别是劳动力市场的供应，造成通货膨胀压力。最后，汇率的变化将直接作用于进口品价格，尽管经常出现滞后效应，但汇率波动导致进口品和服务的国内价格发生变化，并间接导致国内其他商品和服务的价格变化，形成通货膨胀压力。

3. 国际金融危机下英国货币政策的发展与展望

国际金融危机爆发后，英国政府采取了刺激经济复苏的政策，主要表现在大幅降低银行利率，但由于银行利率已降至接近零，进一步削减利率对需求和通货膨胀效应微弱，因此，货币政策委员会需要提供进一步的刺激，以支持更广泛的经济需求。

2009 年 3 月，货币政策委员会宣布，将银行利率设置在 0.5%。英格兰银行（中央银行）向市场注入 2 000 亿英镑资金，绝大部分购买了英国国债，以应付通货膨胀目标。这意味着英国货币当局同时运用货币价格及货币数量工具来实现其货币政策目标。但是，货币政策目标不变，即通货膨胀率仍控制在 2% 的目标水平。

货币政策委员会通过增加政府采购和企业债券刺激需求和扩大货币供应量，这一政策被称为"量化宽松"（见表 6 - 2）。它不是降低银行利率，不涉及多印钞票，而是通过银行直接提供额外资金增加经济中的货币流通数量，使未来的通货膨胀回到目标。

表 6 - 2　　　　　　　2009 年 1 ~ 10 月英国货币政策措施

时　间	英 国 货 币 政 策 措 施
1 月 8 日	英国银行利率降低 0.5 个百分点，至 1.5%
2 月 5 日	英国银行利率降低 0.5 个百分点，至 1.0%
3 月 5 日	英国银行利率降低 0.5 个百分点，至 0.5%，并宣布 75 亿英镑的美元资产购买计划
4 月 9 日	英国银行利率维持在 0.5%，75 亿英镑的美元资产购买计划继续
5 月 7 日	英国银行利率维持在 0.5%，将美元资产购买方案的规模增至 125 亿英镑
6 月 4 日	英国银行利率维持在 0.5%，125 亿英镑的美元资产购买计划继续
8 月 6 日	英国银行利率维持在 0.5%，将美元资产购买方案的规模增至 175 亿英镑
9 月 10 日	英国银行利率维持在 0.5%，175 亿英镑的美元资产购买计划继续

资料来源：根据英格兰银行官方网站相关资料整理得到。

2011 年 10 月，英国中央银行货币政策委员会的证据显示，此前实施的量化宽松政策已提振了英国经济，但还有进一步实施的空间。为此，英格兰银行于 2011 年 10 月 6 日宣布，将量化宽松规模从之前的 2 000 亿英镑增加至 2 750 亿英镑，并将基准利率维持在 0.5% 的历史低点，以保护英国经济免受欧元区债务危机的冲击，推进经济的复苏。2012 年 2 月 9 日英格兰银行货币政策委员会宣布将继续执行量化宽松政策，并将规模扩大至 3 250 亿英镑，并继续维持 0.5% 的基准利率不变。由于通货膨胀已经成为影响英国社会稳定的一大顽疾，过多增发货币无疑会再度引发人们对物价快速上涨的担忧。2012 年，英国中央银行在扩大英镑现钞发行规模时有所顾忌，采取了较为谨慎的方式，最终选择增发 500 亿英镑，比 2011 年减少了 250 亿英镑。2013 年英国经济继续保持复苏状态，第三季度和第四季度经济环比增速在 1% 左右，高于中央银行的预测值 0.7%。英镑汇率持续走高，近期内英国通货膨胀率处在 2.5% 以下，失业率保持在 7.7% 左右，高于 7% 的失业率目标水平。2014 年，英国中央银行继续保持超宽松货币政策不变。2014 年 3 月 6 日，英格兰银行宣布将基准利率维持在 0.5% 的历史低点，并保持金融资产购买计划即量化宽松政策规模为 3 750 亿英镑（约合 6 270 亿美元）不变。

6.1.3 欧元区

1999 年欧元启动后，建立了世界上第一个统一货币和区域化的货币政策传导系统。欧元区货币政策的制定和传导效果直接影响到欧洲乃至世界经济的发展和金融稳定，这里就欧元区货币政策框架及其传导的发展特点加以阐述。

1. 欧洲中央银行及其货币政策执行框架

欧洲中央银行（European Central Bank，ECB）是根据 1992 年《马斯特里赫特条约》的规定于 1998 年 7 月 1 日正式成立的，其前身是设在法兰克福的欧洲货币局。欧洲中央银行是世界上第一个管理超国家货币的中央银行，它不接受欧盟领导机构的指令，不受各国政府的监督。欧洲中央银行的职能是"维护货币的稳定"，管理主导利率、货币的储备和发行以及独立制定欧洲货币政策。

欧洲中央银行的决策机构是管理委员会和执行委员会。其中，执行委员会由欧洲中央银行行长、副行长和其他四名成员组成。管理委员会由执行委员会的 6 名成员和 16 名欧元区成员国的中央银行行长组成。管理委员会是欧洲中央银行的最高决策机构，负责制定欧元区的货币政策，具体执行仍由各欧元国中央银行负责。各欧元国中央银行仍保留自己的外汇储备，欧洲中央银行只拥有 500 亿欧元的储备金，由各成员国中央银行根据本国在欧元区内的人口和国内生产总值的比例来提供。

欧洲中央银行货币政策的首要目标是保持价格稳定，其通货膨胀目标为中期2%。这一目标的实现是通过货币政策影响价格水平和经济。图6-3提供了欧洲中央银行货币政策传导机制的基本框架。

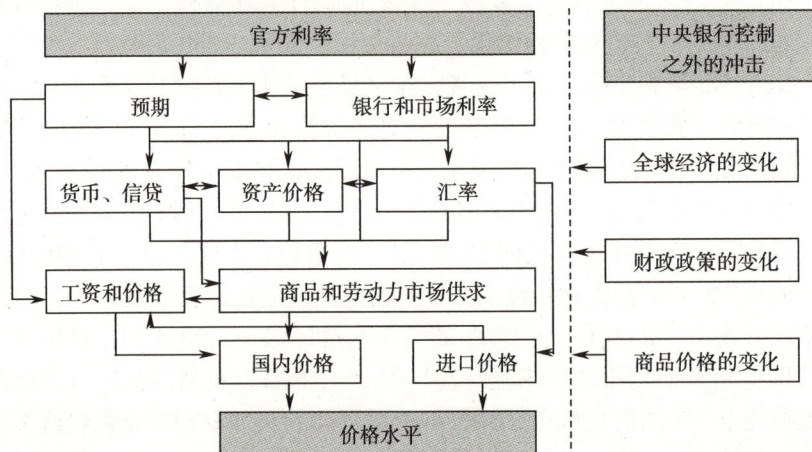

资料来源：欧洲中央银行月报文章（2002.10）。

图6-3 欧洲中央银行货币政策传导机制示意图

由图6-3可以看出，欧洲中央银行主要通过调整官方利率实现其通货膨胀目标。这一货币政策传导过程直接或间接作用于银行和货币市场利率、市场预期、资产价格、储蓄和投资决策、信贷供应、工资和价格的变化等，同时货币政策效果还受到欧洲中央银行控制之外的因素影响。由此看出，欧元区货币政策传导特点是作用时间长、可变和不确定。

2. 欧元区主要经济指标合成及欧洲中央银行的利率调整

随着世界经济的发展，经济分析不再局限于单一国家的分析，政府制定货币政策也必须要考虑到自己所在区域以及世界其他区域的经济状况。鉴于此，一些国际经济组织、经济研究机构、政府部门、国际银行等开始采用多国计量经济模型进行经济分析[①]。

区域内经济指标（如GDP、CPI等）可由各国经济指标加以合成，其合成

---

① 如经济合作与发展组织（1988）建立的 INTERLINK Model、国际货币基金组织（1998）建立的 MULTIMOD Mark Ⅲ、Deutsche Bundesbank（2000）建立的 MEMMOD 模型、欧洲中央银行（2001）建立的 AWM 模型、英国国家经济与社会研究院（2001）建立的全球经济模型等。

的方法有多种①。需要强调的是，这里所涉及的名义 GDP 和实际 GDP 的价格差异不仅来自时间上的变化，更有来自空间上的差异。也就是说，不仅在不同时期价格水平存在差异，同一时期由于所处的国家不同，价格水平也是不同的。因此，在进行世界或区域经济比较时，由一国名义 GDP 通过汇率转换得到的 GDP 为名义 GDP；而一国的实际 GDP 应通过基期的购买力平价转换得到（刘睿，2004）。笔者将采用欧洲中央银行的 AWM 模型加总 GDP 指标，即以购买力平价作为转换因子进行转换后加总而得。用公式表示为

$$P'_{i,t} = P_{i,t} \cdot \frac{f_{i,0}}{f_{i,t}} \tag{6.1}$$

（6.1）式中，$P'_{i,t}$ 表示区域指标合成后的 i 国 t 期在区域内的减缩指数，$P_{i,t}$ 表示 i 国 t 期在国内的减缩指数，$f_{i,t}$ 表示 i 国 t 期的转换因子（这里采用购买力平价），$f_{i,0}$ 表示 i 国基期的转换因子。按照（6.1）式计算得出欧元区各国合成 GDP 加总后的变化趋势（见图 6 - 4）。欧元区通货膨胀率（即 HICP②）可以用各国购买力平价计算的合成 GDP 占整个区域内的份额作为权数加权计算，其结果如图 6 - 5 所示。图 6 - 4 和图 6 - 5 反映的时期为 1999 年 1 月至 2014 年 9 月。

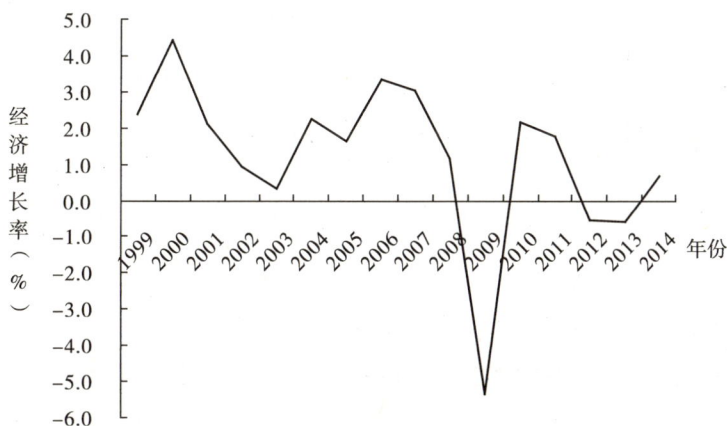

图 6 - 4　欧元区 GDP 增长率变化趋势图（1999.1—2014.9）

① Deutsche Bundesbank（2000）的方法以汇率作为转换因子，国际货币基金组织、欧洲中央银行的方法以购买力平价（PPP）作为转换因子，国内学者刘睿（2004）提出以购买力平价与汇率的比值作为转换因子。

② HICP – Harmonised Index of Consumer Prices，欧洲中央银行自 1995 年起使用 HICP 来反映欧元区国家的通货膨胀率水平。

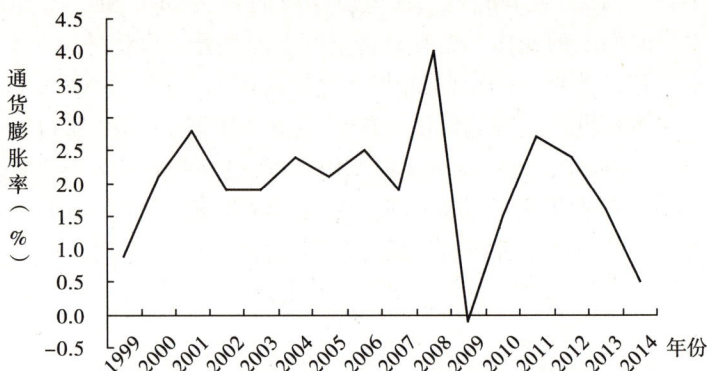

资料来源：欧洲中央银行官方网站。

图6-5　欧元区通货膨胀率（HICP）变化趋势图（1999.1—2014.9）

1999年欧元启动后，欧洲中央银行为稳定欧元区物价水平，保持欧元的平稳运行，结合国际经济环境的变化，适时调整利率，实行较为灵活的货币政策（见图6-6）。

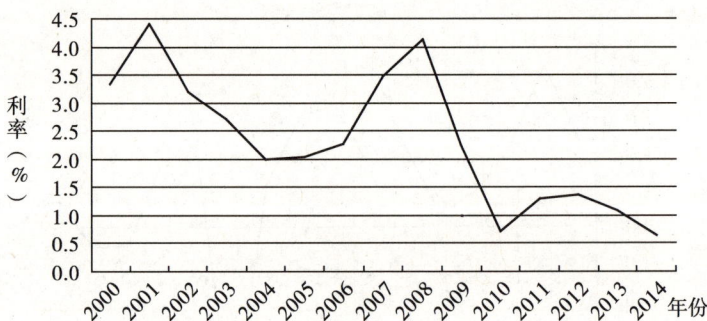

数据来源：根据欧洲中央银行官方网站相关数据整理得到①。

图6-6　欧洲中央银行非金融机构1年期存款利率变动趋势图（2000.1—2014.10）

3. 欧洲中央银行统一货币政策机制的缺陷及政策走向

欧洲中央银行自1998年成立以来，作为一个超国家的机构，在欧洲经济与货币联盟中担当了宏观调控的责任，它从建立至今在维持物价稳定、促进经济增长等方面起到了一定的作用，但统一的货币政策在运行中也暴露出一系列缺陷。

———————

① 图中数据为欧洲中央银行公布的MFI对非金融机构1年期法定存款利率。

第一，欧洲中央银行担负的货币政策职责较弱。欧洲中央银行货币政策的最终目标是保持物价稳定，在中期内确保物价上涨幅度不超过 2%，同时支持欧元区的其他经济政策，它不对经济周期的变化和就业变动承担任何责任。这与其他国家中央银行的职责相比是不同的。此外，欧洲中央银行只是向欧洲议会负责，而欧洲议会不是一个真实的立法机构，在一些重要领域，欧洲议会只起到咨询作用。可见，欧洲中央银行的职责是比较弱的，在欧盟的机构中尚缺乏一个强有力的机构对欧洲中央银行运行状况实行监督控制。

第二，欧洲中央银行实行"两大支柱"的货币政策战略，即同时设定 M3 增长目标（4.5%）和通货膨胀目标（2%），二者在实践中可能产生政策冲突。例如，1999 年 4 月，M3 增长率显示有通货膨胀风险，但通货膨胀目标却认为有必要降低利率。尽管 2001 年 5 月欧洲中央银行重新定义了 M3 的范围，调整后的 M3 明显低于原设置的货币参考值，但欧洲中央银行调整 M3 口径的技术性理由仍受到各方的质疑。从长远看，欧洲中央银行应推行一种与英格兰或美联储相似的货币政策战略，即从两支柱并重转换为以通货膨胀为目标的货币政策。

第三，欧元区各成员国经济发展水平的差异制约了欧洲中央银行货币政策的有效性。欧洲中央银行的框架设计主要是以德意志联邦银行的操作模式为蓝本，在政策制定方面表现为明显的非对称性安排，即由主导国（德国）的货币供应量和利率决定其他成员国的货币供应量和利率。由于欧元区各国经济增长率和通货膨胀率相差较大，却必须无条件地执行欧洲中央银行制定的统一利率，这使得欧洲中央银行的货币政策效果受到很大影响。

第四，货币政策的一致性与财政政策的差异性之间存在矛盾。欧洲中央银行实行统一的货币政策，各成员国丧失了货币政策自主权，因此可通过各国独立的财政政策进行反周期的宏观调控，配合欧洲中央银行实现预期的货币政策目标。但这种体制设计上的先天性不足常常导致政策效率低下，不能发挥配合优势。从长远来看，欧元区必须实行统一的财政政策，才能减少其与货币政策之间的矛盾。

自 2008 年国际金融危机爆发后，欧洲中央银行实行扩张性货币政策，统一利率降至接近 0，利率下调空间已不存在。同时，为维护货币市场稳定、降低借贷成本，欧洲中央银行已向欧洲货币市场注入数十亿欧元流动性，这也成为许多商业银行最主要的资金来源。

2009 年 10 月 29 日，挪威中央银行将其基准利率上调 25 个基点至 1.5%，成为自国际金融危机爆发以来欧洲首个扭转宽松货币政策的国家。此前，G20中仅有澳大利亚采取加息措施防范通货膨胀风险。挪威中央银行是在考虑稍微高出预期的通胀率（2.4%）和低于预期的失业率（2.8%）的情况下做出加息决定的，并计划于2010年3月将利率渐进调高至2.25%。但欧元区整体经济形势并不佳，除德国、法国经济复苏的迹象较为明显外，其他各国银行贷款继续下滑，民间投资不够活跃，经济复苏前景依然不明朗，这将促使欧洲中央银行维持宽松的货币政策。

2009年9月28日，欧洲中央银行行长特里谢表示"欧洲中央银行不会永远像现在这样为货币市场提供强力支持，而是会适时退出现行的扩张性货币政策"。特里谢指出，对货币市场的干预只是在特殊情况下采取的特殊措施，一旦市场恢复正常，就要逐步中止干预措施。但他同时明确指出，由于经济正处于关键的回升阶段，欧洲中央银行还不能放弃对货币市场的支持，扩张性货币政策退出时机未到。

2011年4月7日，欧洲中央银行宣布将欧元区主导利率提高0.25个百分点至1.25%。这是欧洲中央银行自2008年7月以来首次提高利率，预示着欧元区的货币政策将由宽松转向偏紧，这与几个月来市场普遍预期欧洲中央银行将会提高利率保持一致，此次提高利率主要是为了抑制持续加大的通货膨胀压力，防止通货膨胀威胁欧元区的经济增长。2010年欧元区发生主权债务危机以来，欧洲中央银行被迫破例购买受主权债务危机冲击的欧元区成员国国债，从而导致人们开始质疑欧洲中央银行的独立性。欧洲中央银行此次在欧元区经济复苏仍比较脆弱的情况下提高利率，也是为向世人表明欧洲中央银行的优先政策仍是抑制通胀和稳定物价，而不是救助受主权债务危机冲击的欧元区成员国。

2012年以来欧元区经济增长乏力，GDP增速总体为负值，失业率仍停留在危险的高位，拖累了全球经济复苏。经过几次降息后，2013年11月7日，欧洲中央银行宣布将基准利率再次下调25个基点，至0.25%的历史低点，这主要因为欧元区2013年度通货膨胀率远低于欧洲中央银行2%的目标水平，有必要进一步下调利率刺激欧元区疲弱无力的经济增长。欧洲中央银行行长马里奥·德拉基之后的新闻发布会上曾表示，欧洲中央银行在技术上已经做好当经济需要时实施负利率的准备。2014年6月5日，欧洲中央银行举行议息会议宣布2014年6月11日起下调欧元区主导再融资利率10个基点至0.15%，下调隔夜存款利率10个基点至−0.1%，同时下调隔夜贷款利率35个基点至0.4%，此举意味着欧元区将首次步入负利率时代。欧洲中央银行还决定推出进一步增强流动性的货币政策措施，包括实行一系列有效期约4年、总额约4 000亿欧元的定向长期再融资操作。同时，欧洲中央银行表示将加紧筹备资产支持证券市场购买计划，在此框架内，欧洲中央银行将能购买自营部门的证券化资产。此外，欧洲中央银行承诺至少在2016年底以前，以固定利率全额分配资金方式完成主要再融资操作指标，增强银行向家庭以及非金融部门的信贷。欧洲中央银行下调利率的目的首先是为了稳定整个欧元区的经济增长，同时有助于欧元区通货膨胀率回到2%的水平。2014年5月欧元区消费者价格指数（CPI）同比仅增长0.5%，低于预期通货膨胀水平，这意味着通缩风险随时可能将本来已经虚弱的欧洲经济复苏拖下水。尽管欧洲中央银行开始实施负利率政策是必然结果，但是它的政策效果仍然有待观察。一般而言，对商业银行存储在中央银行的隔夜存款实行负利率，目的是为了迫使商业银行将自身资金不要存放在中央银行里，而是投向实体经济。但是自2012年7月起，欧元区隔夜存款利率就已经降到0了，商业银行显然不愿意贷钱出去。2014年6月以后欧洲中央银行仍有进一步下调利率的空间，并有可能进行技术性调整，如需额外采取宽松举措，欧洲中央银行可以选择定量宽松举措。

6.2　中国货币政策传导的演变及其效果

中国货币政策传导的演变过程大致经历了以下四个阶段，其发展特征表现为：一方面信贷传导渠道逐渐衰落和利率传导渠道核心地位的逐步确立；另一方面随着金融管制的放松和推进金融创新，资产价格传导渠道和汇率传导渠道逐渐开始发挥作用。

6.2.1　货币信贷总量控制时期（1984—1990年）

1. 我国中央银行制度的建立

改革开放以来，我国逐步确立了独立的中央银行制度。1984年1月1日起中国人民银行（以下简称人民银行）作为国务院领导和管理全国金融事业的国家机关，专门行使中央银行职能，初步确定中央银行制度的基本框架。1984年2月15日，中国人民银行发布了《信贷资金管理暂行办法》，建立货币信贷总量控制体制，在各省、自治区、直辖市设立一级分行，地（市）设立二级分行，县一级设立支行。至此，中国人民银行作为我国中央银行的体制正式形成。

2. 这一时期的宏观经济发展及货币政策调整

在改革开放政策的引导下，我国经济从1982年开始进入了高速增长时期。这期间以放权让利为特征的经济体制改革增强了企业活力，同时银行实行了"统一计划，划分资金，实贷实存，相互融通"的信贷资金管理体制，造成各地银行信贷规模增长超过经济增长速度。1984年第四季度，我国的经济开始出现了明显的过热势头。1984年末流通中的现金达到792.1亿元，比1983年同期上涨49.5%，使得通货膨胀直线上升，通货膨胀率由1983年的1.5%上升到1984年的2.8%，1985年又迅速上升至8.8%，致使1984年10月至1985年爆发了改革开放以来的第一次"抢购"风潮。1985年中央银行开始实施以"平衡信贷、降低通货膨胀率"为主要目标的货币政策，这是我国由计划经济向市场经济过渡的一个重要标志，由行政命令转变为宏观调控，通过实行信贷收缩同时控制现金投放，使得经济有所降温。

1986年3月，我国经济开始升温，中央银行货币政策"紧中求松"，整体放松信贷控制，这种货币政策的松动推动了经济的增长，但也导致物价上涨。以1985年为基点，1986年的物价指数上涨6.0%，1987年上涨13.7%，1988年上涨34.8%。从1988年9月开始，国务院颁发了《现金管理暂行条例》、《关于进一步控制货币稳定金融的决定》、《关于清理整顿公司的决定》等一系列文件，人民银行也将存款准备金率由12%调至13%，迅速遏制了经济过热的势头，通货膨胀率由1989年初的26.7%降至年底的6.4%。

1990年人民银行在继续实行"紧缩"政策的前提下，控制信贷总量，适时调整紧缩力度，两次下调利率，增加技改贷款，整顿金融市场，为清理"三角债"发放清欠贷款等，1990年下半年工业总产值增长速度基本得到恢复，并成功控制了物价的大幅波动。

综上所述，1984—1990年我国经济呈现出冷热交替的变化态势，这期间中央银行以反通货膨胀作为其货币政策最终目标，货币政策"松紧"交替，起初人民银行执行"松"的货币政策，后来迫于通货膨胀的压力，改为实行"紧"的货币政策，并依据经济环境的变化，适当调整紧缩力度，货币政策传导主要依靠合理控制信贷规模，处理好中央银行与金融机构贷款之间的关系，为我国市场经济的稳步发展起到了积极作用。

6.2.2　货币供应量调控时期（1991—1996年）

1. 这一时期国民经济发展状况与金融体制改革

1991年是我国"八五"计划的第一年，中国经济正处在低通货膨胀期，1992年邓小平南方谈话之后，中国经济重新走向活跃。1993年上半年，通货膨胀压力又开始上升，各地盲目开发、上项目，金融机构和地方政府屡屡逃避中央银行监管，为房地产业大量融资，信贷规模一再突破计划，货币发行量比发生高通货膨胀的1988年还多投放近440亿元。1993年物价涨幅比1992年高出14.7%，1994年更高达24.1%。1993年11月，党的十四届三中全会通过了《中共中央关于建立社会主义市场经济体制若干问题的决定》，提出建立现代企业制度。1993 年 12 月 25 日，国务院作出《关于金融体制改革的决定》，提出了我国金融体制改革的目标，确立中国人民银行作为独立执行货币政策的中央银行。1994 年 1 月 1 日，人民币实行汇率并轨，逐步放宽经常项目下的外汇管制，1996 年 12 月 1 日，我国实现了人民币在经常项目下的可兑换。整个"八五"期间相比过去，经济发展速度最快，经济波动最小，宏观经济调控成效显著（见表 6-3），1996 年国民经济成功实现了"软着陆"。

表 6-3　　　　　　1991—1996 年我国宏观经济调控成效一览表

宏观经济指标	单位	1991 年	1992 年	1993 年	1994 年	1995 年	1996 年
GDP 增速	%	9.2	14.2	13.5	12.6	10.5	9.6
固定资产投资增速	%	23.9	44.4	61.8	30.4	17.5	14.8
人均消费增长	%	8.3	12.9	8.1	6.5	9.6	9.7
消费价格指数（CPI）	%	3.4	6.4	14.7	24.1	17.1	8.3
国际收支差额	百万美元	14 554	-2 102	1 767	30 527	22 481	31 643
人民币汇率[①]	元/百美元	532.3	551.6	576.2	862.12	834.90	831.43
货币供应量（M1）增幅	%	24.2	35.9	38.8	26.2	16.8	18.9

数据来源：国家统计局、中国人民银行、国家外汇管理局等官方网站[②]。

2. "适度从紧"的货币政策措施

1993 年，人民银行开始实行"适度从紧"的货币政策，出台了一系列旨在加强宏观调控、控制通货膨胀的有效措施，主要包括：

（1）强化金融纪律。1993 年人民银行总行收回省级分行 7% 的贷款规模调剂权，1994 年停办专项贷款，停止向财政透支。国有银行与信托投资公司分离，所有专业银行立即取消计划外贷款，专业银行向商业银行转变。

（2）人民银行逐步完善现代中央银行制度。1995 年 3 月 18 日，《中国人民银行法》颁布，标志着我国中央银行制度进入了法制化轨道。《中国人民银行法》规定人民银行依法制定和执行货币政策，其货币政策目标是保持货币币值的稳定，并以此促进经济增长。

（3）货币政策中介目标从主要依赖信贷规模转向调控货币供应量。从 1994 年开始，人民银行逐步缩小信贷规模控制范围，按季度向社会公布货币供应量，并将货币供应量作为货币政策的中介指标，使货币政策操作由直接调

---

① 1994 年前人民币汇率为官方汇率。

② 表中增量数据是以上年同期作为基数计算得出。

控向间接调控转变。

（4）组建政策性银行，实行政策性金融与商业性金融分离。1994 年我国成立了国家开发银行、中国农业发展银行和中国进出口银行三家政策性银行，人民银行将其一部分业务移交给新组建的三家政策性银行，使人民银行的职能更加专业化。

（5）拓宽货币政策传导渠道，加强金融监管。人民银行在控制货币供应总量的同时，灵活调整利率，金融机构存贷款利率先后经历了 4 次上调和两次下调，有效调节了货币供应量的结构。1994 年 4 月 18 日，中国外汇交易中心暨全国银行间同业拆借中心成立，人民银行通过全国统一的银行间外汇市场进行公开市场操作，保持人民币汇率稳定。同时，人民银行不断加强金融监管，规范各类金融机构的行为，禁止商业银行挪用流动资金搞固定资产贷款，实行银行、证券、保险、信托分业经营，大力发展货币市场（同业拆借市场、国债回购市场、票据贴现市场等），有力地改善了货币政策运营环境。

6.2.3　内外均衡的间接调控初期（1997—2000 年）

1997 年亚洲金融危机爆发后，保持人民币汇率稳定成为我国货币政策的中心内容。1999 年货币政策由"适度从紧"调整为"稳健"，除了继续坚持信贷原则外，通过运用利率、汇率等手段，保持必要的基础货币投放，适当增加货币供应量，避免危机造成通货紧缩，处理好防范金融风险与支持经济增长的关系。这期间的主要货币政策措施如下（见表 6 - 4）。

表 6 - 4　　　　　　　1997—2000 年主要货币政策措施

年份	货币政策措施
1997	1. 人民银行通过银行间外汇交易平衡外汇供求，将人民币汇率稳定作为中心任务； 2. 1997 年 1 月 1 日，人民银行开始对商业银行实行资产负债比例管理监控； 3. 1997 年 4 月 15 日，《中国人民银行货币政策委员会条例》颁布，8 月 2 日，货币政策委员会正式成立，并开始咨询议事。
1998	1. 货币政策目标由抑制通胀转为谨防通缩，同时考虑多重目标之间的均衡； 2. 1998 年 1 月 1 日起，人民银行取消国有商业银行贷款限额，改为指导性计划，实行"计划指导、自求平衡、比例管理、间接调控"的资金管理体制； 3. 调整国有商业银行的存贷比例，增加指导性贷款指标达 10 000 亿元，固定资产投资计划从 2 700 亿元追加到 3 700 亿元； 4. 1998 年 3 月 21 日，存款准备金率由 13% 下调为 8%； 5. 3 次下调利率，发放封闭贷款，鼓励商业银行发放贷款。

续表

年份	货币政策措施
1999	1. 货币政策由"适度从紧"调整为"稳健",坚决贯彻"两防一促"(即"防止通货膨胀、防范金融风险、促进经济增长")的货币政策指导方针; 2. 人民银行颁布《关于做好当前农村信贷工作的指导意见》、《关于开展个人消费信贷的指导意见》、《人民币利率管理规定》等; 3. 1999 年 11 月 21 日,存款准备金率由 8% 下调为 6%; 4. 下调金融机构存贷款利率 1 次,并调整了准备金存款利率、再贷款和再贴现利率; 5. 批准农村信用社进入全国银行间同业拆借市场,拓宽消费信贷渠道,扩大县以下金融机构贷款利率幅度,编制贷款指导性计划,实行"窗口"指导等。
2000	1. 中央银行货币政策目标是:广义货币(M2)增长 14% ~ 15%,狭义货币(M1)增长 15% ~ 17%,流通中现金(M0)增加额控制在 1 500 亿元以内,国家银行指导性贷款计划增加8 600亿元,继续保持国际收支和人民币汇率的基本稳定; 2. 进一步扩大贷款利率浮动范围,基本放开对外资金融机构的利率管制; 3. 改进贴现和再贴现管理,促进票据市场的发展,增强货币政策操作的灵活性; 4. 强化公开市场操作,改进基础货币调控方法; 5. 增加对城乡信用社和小商业银行的融资支持。

资料来源:根据中国人民银行网站相关资料整理得到。

6.2.4　更具市场化的间接调控时期（2001—2014 年）

1. 加入世界贸易组织对中国货币政策传导的影响

2001 年 12 月 11 日,我国正式加入世界贸易组织(WTO),金融业的对外开放促使我国货币政策的制定和实施更多依赖于市场手段,从而加快了宏观调控由传统的直接调控向间接调控转变的步伐。

1998 年以前,信贷配给成为中央银行几近单一的货币政策传导渠道。自1998 年人民银行取消贷款规模限制管理至今,由于受到利率市场化程度低、货币市场和资本市场发展相对滞后的影响,企业对银行贷款的依存度仍然很高,导致中央银行的货币政策在货币市场和资本市场上的传导受到限制,信贷传导途径仍是这一时期货币政策传导的主机制。再加上 1994 年人民币汇率改革以来,至 2001 年人民币兑美元汇率年均波动不足 1%,汇率安排实际为钉住美元的固定汇率制,汇率机制并未发挥宏观经济调控的重要作用。

随着我国加入世界贸易组织以及 5 年过渡期结束,外资银行的完全准入和允许开展人民币业务,对我国货币供给已造成影响,同时资本市场的开放使得国外资本进出我国的流动性增强,人民币在周边国家和地区被越来越多地用作计价、支付和结算货币,这些都使得中央银行宏观调控的难度加大,货币政策传导也更为复杂，利率、汇率、资产价格等渠道的传导效应将更加显著。

2. 新时期中国人民银行体制及市场化改革与发展

改革开放三十多年来，我国金融市场体系不断完善，已经逐步形成了一个由货币市场、债券市场、股票市场、外汇市场、黄金市场和期货市场等构成的多元化的金融市场体系。中国人民银行在整个金融市场体系完善的过程中起到了引导和监督作用，同时其自身也不断得到改进和发展。

从 2001 年第一季度开始，人民银行按季度向社会发布《中国货币政策执行报告》，有效提高了货币政策透明度，较好地发挥了市场预期和导向作用。同时，人民银行积极创新货币政策调控工具，自 2002 年 6 月 25 日开始进行公开市场正回购操作，以稳定基础货币增长率。

2003 年 4 月 28 日，中国银行业监督管理委员会成立，统一监督管理银行、金融资产管理公司、信托投资公司及其他存款类金融机构，维护银行业的合法、稳健运行。2003 年 12 月 27 日，全国人大常委会第六次会议通过了《中国人民银行法》和《商业银行法》的修改决定，通过了《银行监督管理法》，从法律上厘清了人民银行和银监会的职责。

2005 年 7 月 21 日，我国进行了新一轮人民币汇率制度改革，开始实行以市场供求为基础、参考一篮子货币进行调节、有管理的浮动汇率制度。当日美元对人民币交易价格调整为 1 美元兑 8.11 元人民币（升值 2%）。这标志着人民币汇率将随着外汇市场供求真正实现浮动，使汇率机制在货币政策传导中发挥重要作用。

2005 年 8 月 10 日，中国人民银行上海总部成立。从宏观战略角度考虑，上海将建成为国际金融中心，中国人民银行上海总部主要负责中央银行部分操作性业务，是中央银行开展市场操作、实施金融宏观调控的基本平台，能够提高中央银行金融宏观调控的效率。

2007 年 1 月 4 日，上海银行间同业拆放利率（Shanghai Interbank Offered Rate，Shibor）正式运行，标志着中国货币市场基准利率培育工作全面启动，这一举措进一步推动了利率市场化，提高金融机构自主定价能力，完善了利率传导渠道。

2012 年 4 月 16 日，中央银行将银行间即期外汇市场人民币兑美元交易价浮动幅度由 0.5% 扩大到 1%。逐步扩大人民币浮动区间一直是我国人民币汇率改革的重要方向，人民币浮动区间在不远的将来会进一步扩大。

2012 年 6 月 8 日起，中央银行将金融机构存款利率浮动区间的上限调整为基准利率的 1.1 倍，将金融机构贷款利率浮动区间的下限调整为基准利率的 0.8 倍。2012 年 7 月 6 日起，中央银行又规定将金融机构贷款利率浮动区间的下限调整为基准利率的 0.7 倍。

2013 年 7 月 20 日起，中央银行全面放开金融机构贷款利率管制，取消金融机构贷款利率 0.7 倍的下限，取消票据贴现利率，对农村信用社贷款利率不再设立上限。这一措施有利于金融机构不断提高自主定价能力，转变经营模式，提升服务水平，降低企业融资成本，更好地优化金融资源配置，充分发挥金融支持实体经济的作用。

2013 年 9 月 29 日，中国（上海）自由贸易试验区获批，通过改革在上海自贸区可率先实现资本项目的可自由兑换，这有利于加速人民币国际化的步伐，以增长方式的转换支撑"升级版"的中国经济。为了实现这一目标，未来包括人民币可自由兑换等一系列政策措施会随即推出，包括金融产品的创新、银行等外资机构的准入问题、推出证券商品等。此外，厦门、天津、广州、重庆、武汉等城市也正在积极申请自贸区建设试点。

2013 年 10 月 10 日，我国国债预发行业务在上交所启动。国债预发行业务在成熟市场十分普遍，它有助于完善国债发行体制，发挥国债利率的市场基准作用，是各国完善国债市场化发行制度的重要配套措施，有利于推进利率市场化改革。

2013 年 10 月 25 日，贷款基础利率集中报价和发布机制正式运行。它是上海银行间同业拆放利率（Shibor）机制在信贷市场的进一步拓展和扩充，促进定价基准由中央银行确定向市场决定的平稳过渡，有利于提高金融机构定价透明度和自主定价能力，减少非理性定价行为，维护信贷市场公平有序的定价秩序。贷款基础利率集中报价和发布机制正式运行后，中国人民银行仍将在一段时间内继续公布贷款基准利率，以引导金融机构合理确定贷款利率，并为贷款基础利率的培育和完善提供过渡期。

2013 年 12 月 8 日，中国人民银行发布《同业存单管理暂行办法》，并于12 月 9 日起正式实施。2013 年 12 月 12～13 日，中国银行、中国建设银行、国家开发银行等 10 家金融机构分别发行了首批同业存单产品，并陆续开展了二级市场交易，初步建立了同业存单双边报价做市制度，它可以为中长端 Shibor 提供更透明、市场化的报价参考，拓宽银行业存款类金融机构融资渠道、促进规范同业业务发展，有序推进存款利率市场化。

2014 年 3 月 6 日，李克强总理在十二届全国人大二次会议开幕会上，明确将"建立存款保险制度，健全金融机构风险处置机制"纳入 2014 年的工作重点。李克强总理在报告中指出，应稳步推进政策性金融机构改革、民间资本发起设立中小型银行等金融机构，健全金融机构风险处置机制；应加快发展多层次资本市场，推进股票发行注册制改革，规范发展债券市场；应积极发展农业保险，探索建立巨灾保险制度等。

进入 21 世纪以来，我国中央银行越来越多地采用市场化工具和手段，实现对经济的间接调控，取得了显著的成效。但同时应当看到，对比西方发达国家，我国中央银行宏观调控水平让存在较大差距。一方面，中央银行的货币政策独立性未能充分发挥。我国的货币政策委员会只是一个松散的会议机制，作为货币政策咨询议事机构，不具有独立制定货币政策的权力。这种弱独立性，显然不能有效充分地发挥货币政策委员会专家议事优势，中央银行货币调控效力也因此大大降低。另一方面，我国中央银行货币政策透明度差，政策出台没有形成定期机制，增加了金融市场与公众的不确定性，在一定程度上影响了我国货币政策管理的有效性。同时，我国没有制定出符合国情的较为稳定的数量化通货膨胀法定目标，造成我国货币管理的任意性、非连续性和非透明性。长期来看，我国可以通过货币政策委员确立法定的数量化货币政策目标，并赋予货币政策委员会更大的权力和透明度，确保政策的连续性与经济运行的相对平稳，增强公众信心，提高货币政策效应。

3. 国际金融危机下我国货币政策取向及措施

2007 年由于受到全球流动性过剩及食品、能源等价格上涨的影响，我国物价水平逐月攀升，股票、住房等资产价格都出现了明显的泡沫化倾向。为此，2007 年中央银行确立紧缩性的货币政策，主要措施是 6 次加息连同 10 次提高存款准备金率，但政策效果不明显。在这种情况下，中央确立 2008 年实施从紧的货币政策，从而结束了 1998 年亚洲金融危机以来我国已经连续实施了 10 年的稳健的货币政策。

2008 年下半年，国际金融危机波及实体经济，我国外贸企业受到严重影响，必须扩大内需。2008 年 11 月，中央确立了实行"适度宽松"的货币政策，根据形势需要适时调整政策工具，促进货币政策调控的前瞻性、针对性和灵活性进一步提高，以使中国经济尽快摆脱下滑的困境，其主要措施是由 2008 年上半年 5 次提高存款准备金率调整为下半年 5 次降息连同 4 次调低存款准备金率，明确取消对金融机构信贷规划的硬约束，积极配合国家扩大内需等一系列刺激经济的政策措施，加大金融支持经济发展的力度。

2009 年面对国际金融危机下极其复杂的国内外形势，我国继续坚持适度宽松的货币政策，全面实施并不断完善应对国际金融危机的一揽子计划，率先实现经济形势总体回升好转。2009 年，中央银行适时适度开展公开市场操作，加强"窗口指导"和信贷政策引导，前三个季度人民币新增贷款 8.67 万亿元，同比多增 5.19 万亿元，配合国家提出的至 2010 年底 4 万亿元投资计划，中央银行货币政策操作更加灵活，最终实现了经济增长"保八"目标，2009

年国内生产总值（GDP）达到 33.5 万亿元，同比增长 8.7%，经济增速逐季加快，居民消费价格指数（CPI）下降 0.7%，年底出现回升。总体上，适度宽松的货币政策得到了有效传导，对扩张总需求、支持经济回升、遏制年初的通货紧缩预期发挥了关键性作用。

2010 年，我国经济继续朝宏观调控的预期方向发展，运行态势总体良好，但价格上涨压力较大。全年实现国内生产总值（GDP）39.8 万亿元，按可比价格计算，同比增长 10.3%，居民消费价格指数（CPI）同比上涨 3.3%。我国继续实施适度宽松的货币政策，中国人民银行着力提高政策的针对性和灵活性，综合运用多种货币政策工具，加强流动性管理，发挥利率杠杆调节作用，引导金融机构合理把握信贷投放总量、节奏和结构，处理好保持经济平稳较快发展、调整经济结构和管理通胀预期的关系，逐步引导货币条件从反危机状态向常态水平回归。

2011 年国际国内经济形势仍然极为复杂和严峻，欧洲主权债务危机短期内难以有效解决，世界经济的不稳定性、不确定性有所上升，中国经济增长下行压力和物价上涨压力并存。在这种形势下，我国开始实施稳健货币政策，适时适度进行预调微调。2011 年前三个季度，为了保持物价总水平基本稳定，中央银行运用多种货币政策工具，先后 6 次上调存款准备金率共 3 个百分点，3 次上调存贷款基准利率共 0.75 个百分点，实施差别准备金动态调整，引导货币信贷增长平稳回调，保持合理的社会融资规模。2011 年第四季度，针对欧洲主权债务危机继续蔓延、国内经济增速放缓、价格涨幅逐步回落等形势变化，中央银行暂停发行三年期央行票据，下调存款准备金率 0.5 个百分点，调整优化差别准备金动态调整机制有关参数，引导金融机构加大对小型微型企业、"三农"和国家重点在建续建项目的信贷支持，稳健货币政策实施成效逐步显现。

2012 年，我国继续实施稳健的货币政策，上半年两次下调存款准备金率各 0.5 个百分点，开展公开市场双向操作，两次下调存贷款基准利率，发挥差别准备金动态调整机制的逆周期调节作用，促进货币信贷合理适度增长。下半年以来，中央银行连续开展逆回购操作，保持流动性合理适度和市场利率平稳运行。利率市场化改革迈出较大步伐，金融机构人民币存款利率浮动区间的上限调整为基准利率的 1.1 倍、贷款利率浮动区间的下限调整为基准利率的 0.7 倍。继续完善人民币汇率形成机制，银行间即期外汇市场人民币兑美元交易价浮动幅度由千分之五扩大至百分之一，人民币跨境使用进一步扩大。

2013 年，我国继续实施稳健的货币政策，中国人民银行通过逆回购、常备借贷便利等工具，有效应对了多种因素引起的资金流动性问题，并对部分到期的 3 年期中央银行票据开展了叙做，扩大信贷资产证券化试点，推动非金融企业直接债务融资发展。继续推进利率市场化改革，自 2013 年 7 月 20 日起全面放开金融机构贷款利率管制后，又相继推动建立金融机构市场利率定价自律机制、贷款基础利率集中报价和发布机制、金融机构发行同业存单产品、建立存款保险制度等。

进入 21 世纪以来，我国货币政策已走过了从"稳健"到"从紧"到"适度宽松"再到"稳健"的发展历程。2013 年 12 月 25 日，中国社科院金融研究所、社会科学文献出版社在北京共同发布了 2014 年《金融蓝皮书》。蓝皮书指出，2014 年，后危机时代的全球经济仍将继续为实现复苏而努力，整体形势可望略好于 2013 年，但仍存在诸多不确定性。受到美国和日本公共债务居高不下、美国 QE 退出时机不确定、欧洲债务问题的解决方案难产、中国经济进入"结构性减速"通道、部分新兴经济体结构性问题严重等诸多因素影响，全球经济增长率预计仍将低位徘徊。在这种背景下，中国 2014 年的经济增长速度应稳定在 7.5% 左右的合理区间之内，预防中长期通货膨胀压力。鉴于 2013 年前三个季度经济企稳回升的态势尚未得到完全巩固，蓝皮书建议，2014 年的货币政策不宜过度收紧，而应坚持稳中求进的总基调，将广义货币 M2 增长率目标控制在 14% 左右、M1 增长率目标控制在 9% 左右、信贷增长率目标控制在 14% 左右，将能够较好地兼顾经济适度增长（就业增加）与物价稳定，同时要继续推进利率市场化和人民币汇率机制的市场化，逐步实现人民币资本账户的可兑换，有序推进人民币的国际化。

综上所述，改革开放 30 多年来，我国初步建立了从货币政策工具→操作目标（基础货币）→中介目标（货币供应量）→最终目标（物价稳定和经济增长）的货币政策间接调控的传导系统。其中，货币政策工具主要包括：公开市场业务（回购交易、现券交易和发行中央银行票据）、存款准备金、中央银行贷款（再贷款和再贴现）、利率政策和汇率政策等。在这一传导过程中，中央银行通过金融市场运用货币政策工具调整金融机构的头寸，控制基础货币的投放，从而间接调控货币供应量，最终实现物价稳定和经济增长的目标。

6.3 西方主要国家货币政策传导的比较与借鉴

前文论述了美国、英国和欧元区的货币政策传导演变过程以及我国货币政策传导的发展演变，这里结合发达国家的货币政策传导特征加以比较，为完善我国的货币政策传导系统提供有益的借鉴。

6.3.1　西方主要国家货币政策传导框架比较

货币政策传导框架是包括货币政策最终目标、中介目标、操作目标和操作工具在内的有机整体。其中，货币政策最终目标决定了货币政策传导的内容，中介目标和操作目标在货币政策传导中发挥"名义锚"的作用，操作工具则是货币当局为实现货币政策目标所采用的工具和手段。分析西方主要国家的货币政策传导框架，有利于提高我国货币政策传导效率。

1. 普遍以物价稳定作为货币政策的最终目标

20世纪60年代以前，大多数西方国家的中央银行都实行多目标制，把稳定物价、充分就业、经济增长和国际收支平衡作为货币政策的最终目标，但往往容易顾此失彼。20世纪70年代西方国家出现经济"滞胀"后，大多数国家的货币当局放弃了多重目标的做法，而把控制通货膨胀，保持物价稳定，进而寻求经济增长作为其首要目标。因此，西方主要经济体在货币政策最终目标方面的差别不大。

2. 中介目标选择的多样化

20世纪70年代以前，西方国家普遍将利率作为货币政策中介目标。20世纪70年代中后期转为采用货币供应量作为中介目标。20世纪80年代后，由于金融创新，货币供应量作为中介目标的基础被严重削弱，一些国家又重新将利率作为中介目标。例如，美联储1993年宣布正式放弃实行10余年的以货币供应量来调控经济运行的货币政策规则，而以调整利率作为主要手段。但也有例外，欧元区成立后，欧洲中央银行秉承德国中央银行的做法，继续将货币供应量作为中介目标，把M3的参考值定为年增长率4.5%，并且以3个月的移动平均值为基础计算。此外，汇率、通货膨胀率等也常常作为中介目标，如1992年10月，英国宣布采用通货膨胀目标制。

3. 货币市场利率成为主要的操作目标

西方国家中央银行针对不同的中介目标往往选择不同的操作目标，例如采用金融机构储备和货币市场短期利率作为操作目标，其中金融机构储备属于数量型操作目标，货币市场利率则是价格型操作目标。以货币供应量作为中介目标时多采用数量型操作目标。目前，大多数西方国家中央银行都转向以货币市场利率作为货币政策操作目标，例如，美国的联邦基金利率，欧洲中央银行的隔夜借款平均利率。

4. 公开市场操作成为最重要的货币政策工具

存款准备金制度、再贴现政策和公开市场操作是西方国家中央银行货币调控的"三大法宝"。其中，由于存款准备金率的微小调整会引起货币供应量的巨额变动，因此，各国中央银行对这一工具的运用都十分慎重，且一些国家已不再对存款准备金有最低要求，如英国。美联储对存款准备金不支付利息，欧洲中央银行对存款准备金支付利息。20世纪80年代以前，再贴现率曾经是美联储的重要政策工具，20世纪90年代以后逐渐被公开市场操作所取代，主要是因为再贴现工具有一定的被动性，被许多商业银行看做是自身实力不强的表现，不愿多用。公开市场操作由于具有灵活性特征，是西方各国中央银行最重要的货币政策工具，通过中央银行与其他主要金融机构之间公开买卖证券来影响货币供求和利率水平。例如，美联储每天在公开市场上操作一次，其操作工具是财政部证券、政府机构债券等，其中短期国库券是其公开市场操作的主要工具。英国中央银行和欧洲中央银行每周操作一次，通过回购协议、抵押贷款、发行债务凭证、外汇掉期等进行公开市场操作。

6.3.2 西方货币政策传导实践的经验借鉴

我国现代化的中央银行制度起步较晚，与西方发达国家相比，中央银行货币政策独立性并不高，金融市场尚处在初级发展阶段，政府依然发挥着重要的宏观调控作用，中央银行难以完全依赖公开市场操作来间接影响货币总量，应借鉴国外中央银行的有益经验，健全货币政策框架设计，完善货币政策传导系统。

1. 建立适合中国国情的货币政策操作框架

表6-5给出了我国现阶段及未来发展的货币政策操作框架。

表6-5 我国货币政策操作框架

时期	操作目标	中介目标	最终目标	货币政策工具
现阶段	基础货币超额储备	货币供应量汇率	币值稳定经济增长	存款准备金率、公开市场操作、利率、汇率、信贷政策、窗口指导等。
发展方向	短期利率	利率	物价稳定经济增长	存款准备金率、再贴现率、公开市场操作。

由表6-5可以看出：（1）随着我国资本市场的不断开放和人民币汇率趋向更加浮动，我国货币政策最终目标应由现阶段的币值稳定发展为物价稳定，并以此促进经济增长，不再把汇率稳定（即人民币对外币值稳定）作为最终目标。（2）货币供应量仍是当前适合我国国情的中介目标。随着利率市场化改革的推进，应逐步以利率取代货币供应量作为中介目标。（3）随着中介目标的转型，短期利率作为价格型操作目标将代替基础货币、超额储备等数量型操作目标。（4）近期内，信贷政策在解决经济结构矛盾方面仍将发挥重要

作用。

2. 由"事后"调节向"预防性"调控转变

由西方发达国家货币政策调控的成功经验可以看出，多以预防性调控为主，在经济波动前就采取相应的熨平措施，防止经济过热或是衰退。而我国以货币供应量作为货币政策中介目标存在着决策迟缓的问题，因为货币供应量增加时，经济已经开始膨胀；货币供应量减少时，经济已经开始衰退了。随着中国利率市场化改革的加快发展，选择利率化目标和工具可以起到预防性作用，稳定宏观经济的运行，改变当前事后调节的弊端。

3. 改革我国存款准备金制度

近年来我国货币当局多次调整存款准备金率，但并没有起到较明显的货币调控作用，主要原因有：（1）发达国家对准备金账户一般不支付利息，而我国对法定准备金及超额准备金均支付较高利息，弱化了商业银行减少超额储备的动力。同时，对准备金存款支付利息扩大了中央银行基础货币投放，金融机构利用准备金利率与货币市场利率进行套利活动，降低了中央银行公开市场操作的效率。（2）近年来我国巨额外贸顺差带来的庞大外汇储备，使基础货币迅速扩张。截至 2014 年 6 月底，我国外汇储备余额达到 3.993 万亿美元，仍高居世界第一，占全球外汇储备的近 1/3。巨额外汇储备引起外汇占款大幅增加，大大削弱了中央银行准备金调控的作用。（3）近年来我国经济的快速增长使得民间资本充裕，由于国内资本市场发展滞后，投资渠道较少，中央银行调整存款准备金率只能影响银行信贷资金数量，并不能改变民间资金充裕的局面。因此，应当借鉴西方国家经验，改革存款准备金制度。

4. 建立并完善货币政策信息公开制度

中央银行要取得其他宏观经济管理部门和经济信息统计部门的配合，借鉴国外经验，构建完善的中央银行信息支持系统和经济金融统计监测体系，形成反映国民经济运行和货币政策执行效果的指标体系，建立和完善货币政策信息公开制度，规范信息披露的内容、时间与形式，实现信息共享，树立公众信心，引导市场预期，实现货币策目标。

本章小结

西方发达国家无论在货币政策理论还是实践中都积累了宝贵的经验，而不同发达国家的中央银行体系又存在自身的发展特点。本章列举美国、英国、欧元区货币政策传导的演变特征及其金融危机下的货币政策选择，结合我国货币政策传导的发展演变过程及其效果，针对西方主要国家货币政策传导框架进行比较，指出货币供应量仍是当前适合我国国情的中介目标，随着利率市场化改革的推进，应逐步以利率取代货币供应量作为中介目标，近期信贷政策在解决经济结构矛盾方面仍将发挥重要作用，未来的改革应提高公开市场操作在货币政策调控中的作用，借鉴发达国家货币政策调控的成功经验，改革我国存款准备金制度，由"事后"调节向"预防性"调控转变，提高货币政策的前瞻性。

7 提高资本异动下中国货币政策传导效应的对策建议

在我国渐进式开放经济条件下，只有实现内外经济政策协调配合才能促进内外经济的均衡发展。货币当局要立足全球视野，根据主要国家货币政策的调整及时作出反应，特别是在国际金融危机的影响尚未完全消除、世界经济格局正待调整的背景下，根据形势变化适时适度调整货币政策取向和力度，构建适合我国的货币政策传导制度，减轻国际资本异动对货币政策传导的负效应，更好地实现我国货币政策目标。

7.1 加强国际短期资本流动监管

在全球化的今天，跨境短期资本流动日益成为全球普遍关注的问题，如何加强国际短期资本流动监管成为我国外汇管理部门面临的重要课题。

7.1.1 实施外汇资金的均衡管理

随着我国经济的快速发展和国际经济形势的深刻变化，外汇管理工作面临一些新情况和新问题，需要从制度上加以解决。进入 21 世纪以来，我国国际收支形势发生了根本性变化。特别是 2005 年新一轮人民币汇率制度改革后，国际收支双顺差导致外汇储备过快增长，1996 年制定并经 1997 年修订的原《外汇管理条例》中"宽进严出"的管理策略已无法应对日益凸显的高额外汇储备持有成本及其风险，需要实施对外汇流入流出的均衡管理，防范国际金融风险的冲击。2008 年 8 月 6 日，新的《中华人民共和国外汇管理条例》（以下简称新条例）正式公布实施，此次修改后的外汇管理新条例将国际收支管理由过去的流出管理改为流入流出的均衡管理，加强了对流入资金的用途管理，其主要措施有：

第一，规定经常项目外汇收支应当具有真实、合法的交易基础。办理外汇业务的金融机构应对交易单证的真实性及其与外汇收支的一致性进行合理审查。取消经常项目外汇收入强制性结汇制度，经常项目外汇支出可按照付汇与购汇的管理规定，凭有效单证以自有外汇支付或向金融机构购汇进行支付。

第二，加强资本项目外汇收支管理。改革资本项目外汇管理方式，除国家另有规定外，资本项目外汇收入保留或结汇应当由外汇管理机关批准，资本项目外汇支出原则上可以持规定的有效单证直接到金融机构办理。加强流入资本的用途管理，简化对境外直接投资外汇管理的行政审批，增设境外主体在境内筹资、境内主体从事境外证券投资以及衍生品交易、境内主体对外提供商业性贷款等资本项目交易的管理规定。

第三，加强对外汇资金流入流出的监督检查。外汇管理机关对于资本项目外汇资金的使用和账户变动情况应及时进行监督检查，并可对结汇后资金流向进行延伸检查。金融机构需及时、全面地报送国际收支统计申报信息，并严格执行外汇账户管理规定。外汇管理机关对外汇资金的非法流入、非法结汇等违法行为可实行严厉的处罚措施。

7.1.2 建立短期资本流动的动态监测体系

进入 21 世纪以来，我国经济保持稳定增长，外汇储备规模充裕，资本账户尚未完全开放，因此，国际短期资本近期内不会对我国经济带来较大冲击，但我们应高度关注并建立起短期资本动态检测体系，防范金融风险。例如，热钱流出的风险，美国宣布退出 QE，国际资金会呈现总体流向美国的趋势，这也会使我国短期内面临热钱流出的风险。近年来，我国中央银行通过发行中央银行票据、提高法定存款准备金率等对冲了大量的货币流动性，但对冲行为是发生在中央银行与商业银行之间，缺乏对涉外企业及个人的有效监管。对于热钱的管理，原《外汇管理条例》侧重流出管理，对于当前已不合时宜。此外，过去外汇管理局难以追查到结汇资金的使用情况，限制了外汇管理局就结汇资金的使用和账户变动情况实施动态监督检查。因此，我国需进一步完善短期资本跨境流动的动态监测体系，具体措施如下：

第一，健全国际收支统计申报制度。外汇管理部门对国际收支进行统计监测，定期公布国际收支状况，逐步优化国际收支申报数据的来源及业务范围，提高数据的时效性和准确性，增强对申报数据的统计分析和预测能力，建立全面、系统、动态的指标体系和科学的分析方法。

1995 年经国务院批准，中国人民银行颁布了《国际收支统计申报办法》，在我国近 20 年的国际收支统计中发挥了重要作用。但是，随着我国进出口交易规模的不断扩大，国际收支统计出现了一些新情况和新问题。国际收支运行的不确定性因素增多，通过贸易和非贸易渠道进行的国际资本跨境异常流动不断加剧，使得监管难度加大，因此有必要完善国际收支统计申报制度，进一步加强对跨境资金流动的监测与分析，提高风险预警能力。

2009 年国际货币基金组织（IMF）发布《国际收支和国际投资头寸手册》（第六版），在统计原则、范围、分类以及框架结构等许多方面进行了全面修订和细化，并强化了国际收支头寸存量统计。我国也已按照 IMF 的新规定加强对国际收支和国际投资状况的统计和分析，也为我国健全符合最新国际标准的国际收支统计体系提供了良好的契机。

2013 年 11 月 22 日，李克强总理签署国务院令，公布了《国务院关于修改〈国际收支统计申报办法〉的决定》，该规定自 2014 年 1 月 1 日起施行。此次修改主要涉及六个方面：一是明确将国际收支统计范围扩大至"中国居民对外金融资产、负债"；二是申报主体由中国居民扩大至非中国居民，包括发生在我国境内的与非中国居民的国际收支交易，这样可以更全面、准确地掌握有关国际收支交易；三是根据国际银行卡、电子银行以及证券市场的管理及发展情况，增加对提供登记结算、托管等服务的机构的申报要求；四是增加对持有对外金融资产和负债的中国居民个人申报义务；五是根据对申报主体的修改情况，增加对这些申报主体的保密义务；六是删除原办法中的有关罚则，明确规定根据《中华人民共和国外汇管理条例》的要求进行处罚等。

2013 年 12 月 5 日，国家外汇管理局发布了《对外金融资产负债及交易统计制度》，自 2014 年 9 月 1 日起正式实施。该制度采用最新国际统计标准，全面修订了 1996 年颁布的《金融机构对境外资产负债及损益申报业务操作规程》。

2014 年 4 月 16 日，为与国际收支统计的国际新标准接轨，加强跨境资金流动监测，国家外汇管理局修订并颁布了涉外收支交易分类与代码。同时，根据新国家标准，启用新的国民经济行业分类与代码。这两项新分类和代码自 2014 年 5 月 1 日起正式实施。

第二，完善外汇资金的统计与监测。金融机构应依法向外汇管理部门报送客户的外汇收支及账户变动情况，有外汇经营活动的境内机构，还应当按照国务院外汇管理部门的规定报送财务会计报告、统计报表等资料，外汇管理机关可以全方位对短期资本流动进行监测，并逐步完善监管信息通报机制。优化监测系统和制度，增强监测分析能力建设，不断丰富监测分析产品。

目前，我国已形成了一批加强外汇统计与监测的改革成果。一是从重行政审批转向重监测分析，大幅削减行政审批项目。2002 年以来我国共取消外汇管理行政审批项目 65 项，削减幅度近 80%，宣布废止和失效的规范性文件超过 700 件，削减幅度超过 60%；二是从事前监管转向事中、事后监管。坚持多管齐下，综合运用多种手段和机制提高监管效力。引入企业负责人约谈制度，实施《风险提示函》制度，用好分类管理手段。开展转口贸易、银行等重点渠道和主体的专项检查，严厉打击地下钱庄等违法违规行为。据统计，2011—2013 年，我国监管部门共查处案件 9 617 起，处罚款 13.5 亿元人民币，比 2008—2010 年翻了一番多；三是从行为监管转向主体监管。探索经常项目集中收付汇、外债额度集中使用等新思路，为全面实施主体监管积累经验。实现前台"一站式"服务，中台、后台全口径监测检查、综合评估和分类管理。

2014 年上半年以来，我国外汇收支净流入逐渐回落到合理的均衡区间，外汇供求状况得到显著改善，外汇管理各项改革措施稳步推进，国际收支自主平衡的能力有所增强，为进一步促进经济结构调整和转型升级创造了良好环境。今后要加快完善跨境资金流动监测预警和风险应对机制，探索建立宏观审慎框架下的跨境资金流动管理体系，加强外汇检查的针对性和有效性，重视干部人才队伍培养和制度建设，严格依法行政。完善数据采集和综合利用，加快监测分析系统建设整合步伐。

第三，加强外债风险管理。各地区、各部门应加强对外债的统计与管理，在积极规避汇率、利率等市场风险的同时，控制外债规模的快速扩大。在外债结构上，既要保持相对合理的短期外债比重，又要保证经济的稳定、健康发展。国家外汇管理机关可通过外债的实时监测系统及时、准确地掌握资本项目外汇资金的流动状况，对异常变动及时作出反应。

截至 2013 年底，中国外债余额为 5.2625 万亿元（合 8 631.67 亿美元，不包括香港、澳门和台湾地区），占当年国内生产总值的 9.4%。2013 年外债余额同比增长 17.12%，增速高于 2012 年的 6.04%。2013 年我国外债余额增长迅速，一方面与外贸发展有关，另一方面也受国际市场利率普遍较低和人民币长期升值等因素的影响有关。其中，中长期外债余额为 11 373 亿元人民币（合 1 865.42 亿美元），短期外债余额为 41 252 亿元人民币（等值 6 766.25 亿美元），短期外债占全部外债的 78%。在短期外债中，企业间贸易信贷占 49.73%，银行贸易融资占 21.08%，二者合计占短期外债余额的 70.81%，这部分外债具有真实的进出口贸易背景。我国短期外债比重虽高，但目前并不存在太大的风险。因为短期外债占外汇储备的比重只有 17.71%，而 2001 年这一比重是 39%，国际公认的安全线是 100%，且我国短期外债大部分与贸易有关，从经验来看，贸易引起的债权债务，一般不会构成债务风险。2013 年末，我国外债负债率为 9.40%，债务率为 35.59%，偿债率为 1.57%，短期外债与外汇储备的比例为 17.71%，均在国际公认的安全线以内，总体上说，外债风险有所下降。虽然风险下降，但依然要防微杜渐，特别是对一些企业来说，如果没有能力偿还，也会出现局部的违约。

第四，建立国际收支应急保障制度。根据世界贸易组织规则，国际收支出现或可能出现严重失衡，以及国民经济出现或可能出现严重危机时，国家可以对国际收支采取必要的保障及控制措施。该项制度建立的基础是要健全国际收支统计申报制度，完善外汇收支信息收集，加强对跨境资金流动的统计、分析与监测。在中国经济日益国际化，国际资金流动加快的情况下，需要进一步完善跨境资金流动监测体系，建立健全国际收支应急保障制度，有效防范金融风险，提高开放型经济发展水平。

7.1.3 健全短期资本监管手段与完善监管制度

新条例细化了外汇管理机关的监管手段，规定外汇管理机关有权进行现场检查和取证、查阅并复制有关交易单证及会计资料、封存可能被转移或隐匿或损毁的文件资料、申请法院冻结或查封涉案财产及重要证据等，明确规定了外汇管理机关进行监督检查的程序，增加对外汇资金非法流入、非法结汇、违反结汇资金流向管理等违法行为以及对金融机构违规办理结售汇业务、资本项目资金收付等行为的处罚措施。

2009 年以来，我国陆续出台了一系列关于开放资本项目和完善短期资本监管的制度。2009 年 5 月 5 日，国家外汇管理局发布《国家外汇管理局关于境外机构境内外汇账户管理有关问题的通知》，拟允许中资银行开立境外机构境内外汇账户，同时，简化了开户审核手续，放宽了境外机构境内外汇账户与境外之间往来的限制。2009 年 5 月 13 日，国家外汇管理局发布通知，将部分资本项目外汇业务的审批权限从总局下放至分局。这些业务包括资本金账户异地开户、境内机构对外提供担保、个人财产对外转移以及证券项下部分市场退出类等十项。2009 年 5 月 18 日，国家外汇管理局发布《境内机构境外直接投资外汇管理规定》，明确境内机构可以使用自有外汇资金、国内外汇贷款、人民币购汇或实物、无形资产及经外汇局核准的其他外汇资产来源进行境外直接投资。境内机构境外直接投资所得利润也可留存境外用于其境外直接投资。外汇局将对境内机构境外投资资金汇出的管理由以往的核准制调整为登记制。2009 年 6 月 9 日，国家外汇管理局发布《关于境内企业境外放款外汇管理有关问题的通知》，放松对境内企业境外放款的限制。符合条件的各类所有制企业均可对外放款，但境外放款额度不得超过放款人所有者权益的 30%。

近年来，政府决策层也在逐步考虑放开资本项下对外投资的限制。2011年，国家外汇管理局将出口收入存放境外政策推向全国，开展进出口核销改革试点，取消境外投资购汇额度限制，允许境外投资的前期费用汇出。2012 年 2 月 27 日，中国人民银行发布名为《我国加快资本账户开放条件基本成熟》的报告中指出"近年来，我国资本管制的效率不断下降"，"资本管制可能在短期内约束资本流动,但不能从根本上改变因经济失衡带来的资本流动"。尽管资本管制这道"防火墙"不仅在 1997 年的亚洲金融危机中使中国几乎未受损害,也避免了在 2008 年以来的国际金融危机中受到更大的不利影响,但中央银行在报告中强调"随着金融市场发展,金融产品创新,市场之间、国别之间的限制不再严格,绕开管制的渠道越来越多"。据统计,2006—2008 年净误差和遗漏项均为净流入,分别是 36 亿美元、133 亿美元和 188 亿美元,占储备资产变动的比例分别是 -1.26%、-2.89%、-3.92%;2009 年起该项目转为净流出,2009—2013 年该项目分别是 -414 亿美元、-529 亿美元、-138 亿美元、-871 亿美元和 -776 亿美元,占储备资产变动的比例分别是 10.34%、11.21%、3.56%、90.17% 和 17.99%。不排除部分资金可能绕过资本管制流出境外,如贸易品和服务价格转移、境外设立公司对倒、境内外货币互换、全球第三方支付网络、在境外买卖国内资产等金融工具创新,这无疑增加了监管部门对短期资本流动的监管难度,再加上我国仍面临国际收支统计方法滞后、统计力量不足,难以对个人跨境金融资产买卖进行全面统计,使得我国短期资本管制效力不断下降,资本账户扩大开放成为必然。

中央银行在报告中提到资本账户开放的基本原则是成熟一项开放一项,开放步骤是:短期安排(1~3 年),放松有真实交易背景的直接投资管制,鼓励企业"走出去";中期安排(3~5 年),放松有真实贸易背景的商业信贷管制,助推人民币国际化;长期安排(5~10 年),加强金融市场建设,先开放流入后开放流出,依次审慎开放不动产、股票及债券交易,逐步以价格型管理替代数量型管制。

资本账户开放的前提必须坚持金融的对内开放。只有建立一个稳健的、有利于实体经济发展的内部金融制度框架,解决好利率市场化改革、汇率形成机制改革、国内金融监管体制与国际接轨等问题,才能减少资本项目开放带来的更多套利资本的流动,有效控制短期资本流动风险。国家外汇监管部门应综合运用经济、法律和必要的行政手段,加快转变跨境资金流动的监管方式,不断完善跨境资金流动监管手段,防范短期资金大进大出,维护好国家经济金融安全。

7.2 建立并完善金融风险预警制度

由于我国实行资本项目管制政策,目前国际短期资本的流动并没有对我国经济造成破坏性影响。但是,根据国外经验,我国有必要在现有的高频外债监测预警体系和市场预期调查系统的基础上,致力于建立更为全面和完善的国际短期资本流动监测预警体系和多任务集成、多行业参与、信息实时贡献、支持数据挖掘的国际短期资本流动监测预警信息系统，为决策者及时了解我国国际短期资本的流动状况，进行及时有效的决策提供依据。

7.2.1　构建短期资本流动监测预警系统

在资本跨境流动监测预警方面，我国已根据资本交易的不同类型建立了四类监测系统，分别是高频外债监测统计系统、贸易信贷统计监测系统、针对外商直接投资（FDI）和对外直接投资（ODI）的直接投资统计监测系统以及针对合格境外机构投资者（QFII）和合格境内机构投资者（QDII）的证券投资统计监测系统，监管部门不仅可以对跨境资本流动、流向、流速及其可能产生的风险加强有效防控，维护金融稳定，而且可以在监管能力建设进程中，加快推进金融服务业和跨境资本交易对外开放，增强我国的金融业竞争力。

1. 建立金融系统内部安全网

国际货币基金组织于 1999 年 5 月开始实施"金融部门评估计划[①]"，对其成员国金融体系的稳健程度加以评估，并把它作为其监测工作的组成部分。我国可以借鉴这一系统来评估金融体系的稳定状况。国务院于 2001 年批准我国在 3~5 年参加 FSAP，即最晚 2006 年参加。2003 年 11 月，银监会推出的商业银行压力测试就是"金融部门评估规划"的一个组成部分。压力测试目的是通过分析宏观经济变量的变动可能对金融体系稳健性带来的影响，评估金融部门的风险和潜在脆弱性。测试方法包括敏感性分析、情景分析和扩散性分析。由人民银行牵头成立了 FSAP 银行业自我评估小组，银监会参与其中部分内容，包括压力测试工作。银监会让各行提交了各类风险的压力测试建议方案，其中信用风险由中国工商银行提供，汇率风险由中国银行提供，利率风险由中国建设银行和中国银行提供，流动性风险由中国农业银行和深圳发展银行提供。

银行体系的稳定对于经济社会发展稳定具有十分重要的意义。一旦发生银行挤兑等严重金融危机事件，由于其传染效应，很容易造成金融体系崩溃和金融市场动荡，进而冲击和破坏实体经济。除了在特殊情况下采取公共财政资金援助以外，一个国家的金融安全网基本构架包括：负责审慎监管职能的金融监管机构、负有最后贷款人职能的中央银行以及负责存款保险责任的存款保险机构三大支柱。目前，我国金融安全网构成体系中虽有银监会和中央银行，但是尚缺少"存款保险机构"这一重要组成部分。长期以来，我国实行国家全额

---

① 金融部门评估计划（Financial Sector Assessment Program，FSAP）。

补偿的隐性存款保险制度，削弱了市场约束作用的发挥，不利于提高投资者的风险意识，建立正规的显性存款保险制度是十分必要的。发达国家的经验表明，存款保险体系的建立对于维护整个金融体系的稳定具有极为重要的意义。美国在1921—1933年经济大萧条期间，先后有1 200多家银行倒闭，存款人平均要等6年左右才能得到其存款额60%左右的清偿。1933年，美国联邦存款保险公司（Federal Deposit Insurance Corporation，FDIC）成立，并于1934年1月1日起开始提供存款保险，它是美国国会建立的独立的联邦政府机构，通过为存款提供保险、检查和监督金融机构以及接管倒闭机构，从而维持美国金融体系的稳定性和公众信心。

2014年4月29日，中国人民银行发布了《中国金融稳定报告（2014）》，提出加强金融机构风险处置机制建设，建立存款保险制度，完善市场化的金融机构退出机制，建立维护金融稳定的长效机制。存款保险制度作为金融安全网中不可或缺的组成部分，它的建立必将有效维护公众对银行体系的信心，促进整个金融体系的稳定。2014年11月30日，国务院法制办公室公布了《存款保险条例（征求意见稿）》。建立存款保险制度将成为我国2015年加快推进金融改革开放的重要任务之一。

2. 构筑分层次的预警系统

在必要时可以成立全国统一的金融监督管理委员会负责协调、管辖银监会、证监会和保监会，共同承担金融风险监督预警工作，实行宏观、中观、微观三个层次的风险监测预警，由国际货币基金组织（IMF）、巴塞尔委员会、国际证券市场协会、金融监督管理委员会等组成宏观预警系统；由银监会、证监会、保监会、各金融行业公会等组成中观预警系统；由跨行政区的人民银行分行、各商业银行总行及省级分行，人民银行基层行、基层商业银行和合作银行，各证券机构、保险机构等组成微观预警系统。宏观预警系统主要负责对全国性和区域性金融机构的监测预警，及时接受来自中观和微观监测系统的各种信息，并实行有效管理和领导，将防范金融风险的各种决策和措施及时传输出去。中观预警系统是通过建立与总行衔接的区域性系统，对本辖区内金融机构进行监测预警，并接受宏观预警系统的领导和管理，传递总行的各种决策和措施。微观预警系统主要是根据银监会、银监局发布的预警监管指令，加强对基层行处的早期预警，并及时提供科学有效的预警信息。另外，由财政、税务、工商、审计、纪检、监察等公共监督职能机构以及会计师事务所、审计事务所、律师事务所、评估事务所等市场中介组织机构组成外部监测预警系统。四个预警系统分工协作，自上而下实行监控。当金融风险预警系统中某一项指标偏离正常水平，超过经验警戒值时，就把它当做金融风险将在某一特定期间发生的预警信号。由于金融风险预警指标较多，在预警期内，达到警戒值的指标越多，发生风险的概率就越大。

3. 开发金融风险评测模型

美国金融预警系统一个最主要的特征就是建立了完善的风险评测模型，对各类金融风险进行有效的分析、预警和预测。我国从现在起，应重视对金融风险评测模型的研究和开发，利用金融工程方法和统计分析方法、人工智能技术、神经网络技术等，开发各种风险评测模型，对金融机构的各类风险进行分析、预警和预测，有效地发现潜在的金融风险，提高金融监管的准确性、科学性和有效性。

2005 年 4 月 21 日，为了加强对商业银行全面、有效的监管，提高商业银行风险监管的敏感性，银监会借鉴国际银行的成功经验，并结合我国商业银行的实际情况，制定了《商业银行风险预警操作指引（试行）》，根据非现场监管、现场检查和其他渠道取得的银行业信息，通过一定技术手段，采用专家判断和时间序列法、层次分析法和功效计分法等模型分析方法，对商业银行风险现状进行动态监测和早期预警。

4. 健全科学的金融预警指标体系

监管当局应定期考核商业银行资本充足率、逾期贷款率、贷款利息收回率、资本效益率、资金效益率、综合费用率等等，通过指标体系的动态变化来反映商业银行的资产分配情况和风险分散程度，对风险变化的可能因素进行跟踪关注，及时发现不利变化的预警信号，以制定抑制风险的可行方案，防止风险的发生和恶化。

根据银监会的《商业银行风险预警操作指引（试行）》，从 2005 年开始，银监会内部将按季度对包括国有商业银行、股份制商业银行、城市商业银行、在中国境内注册的外资、独资及中外合资银行进行金融风险预警的试运行，预警结果只作为监管机构现场检查和风险评价的参考，并不对外公布。

我国金融预警指标体系包括定性指标和定量指标两部分。其中，定性指标包括管理层评价、经营环境、公司治理、风险管理与内控、信息披露和重大危机事件等六项分类指标；定量指标包括资本充足度、信用风险、市场风险、经营风险和流动性风险等 5 项分类指标，共 22 个指标组成。同时，金融预警指标体系可以根据金融风险的历史数据和银行监管经验，确定各个指标的预警阈值和权重系数，对每个定量指标设置了蓝色和红色的预警值。银监会通过对每个商业银行的各项预警指标进行连续观测，将相关数据导入监测模型，计算出综合风险分值，按照一定的风险转换矩阵，综合得出商业银行的风险预警等级（通常包括正常、蓝色预警、橙色预警和红色预警信号）。由于建立商业银行风险预警体系在我国银行监管史上是一项史无前例、复杂艰巨的系统性工作，需要长期不断地探索和完善，银监会将在总结经验的基础上，不断优化和升级，使金融预警指标体系更具科学性和可操作性。

7.2.2　建立高效的风险预警信息系统

经过十几年的发展，我国目前已经形成较为完整的金融市场统计指标体系，金融监管预警信息体系主要侧重于对市场总体的描述和对市场运行若干重要方面的分类统计，对风险监测和预警的支持作用较为有限，远未达到《巴塞尔有效银行监管的核心原则》所提出的"准确、有意义、及时且具有透明度"的标准，金融监管预警信息系统尚处于一种分割、低效、失真的状态，严重制约了监管当局及时发现金融体系中存在的风险，主要表现在：一是中央银行、证监会、保监会的监管信息系统分割，不能实现监管信息的共享；二是监管信息定期报送制度，使得金融监管信息的时效性很低；三是金融机构报送数据前存在人为调整，使得监管信息失真。由此造成监管部门不能及时发现金融机构存在的问题及危机，以及危机机构的风险是否正在向系统内扩散，从而降低了金融监管效率。

针对这种情况，我们要加快金融监管预警信息系统的网络化建设。一是要加快各金融机构内部控制监管信息的网络化建设，实现金融系统内部监管信息共享；二是加快金融监管当局的监管信息网络化建设，加快信息传递方式和速度，使金融机构的原始信息能够真实反映到监管部门，增强信息的透明度和准确性；三是加快监管当局之间的监管信息网络建设，降低监管成本，提高监管效率，及时发现金融安全隐患并有效加以解决；四是建立严格的财务报表上报制度和完善的数据采集体系。金融机构所上报的资料，必须经过专业会计师或审计师的审计，如发现有蓄意拖延和弄虚作假行为，监管部门将给予其重罚。

7.2.3　加强国内监管机构间的协调

金融业本就是一个技术性强、利润丰厚、竞争激烈因而存在高度风险的领域。想造就一个无风险的金融运行体系，这在任何国家都无实现的可能。金融风险是客观存在的，这也是集合风险、管理风险、谋求盈利的金融组织存在的原因。所以，追求金融平安只能是将金融风险控制在可能引致危机的临界点以下。我们在认识和把握金融风险时必须有一个动态和全局的观点，对金融风险时时都保持警惕，随时观察各项指标的异常变化，及时为国家宏观决策提供依据，以防范和化解金融风险。

目前，我国金融市场仍存大量分割，各监管部门职责划分不清、协调不力，因此加强监管部门之间的协调势在必行。为了解决这些问题，应该将机构监管转向功能监管。但纯粹的功能监管，又会导致多头领导，增加微观企业成本，甚至可能出现政策冲突。随着各类金融机构的业务融合，金融控股公司不断产生，当前要调整金融监管部门，其短期成本比较大，因此更应着重加强监管部门之间的协调。

第一，应尽快明确金融控股公司的监管原则及监管方法，设立有效的防火墙和监管措施，避免出现监管真空和监管套利机会。第二，应加快建立金融创新协调机制。除了金融控股公司外，对于各类金融理财产品的创新也应加强监管机构间的协调，规范各部门出台的规章制度。第三，建立发生金融危机的处理预案。尽快恢复"一行三会"的协调机制，并下设常驻机构，就每一项功能监管出台各机构均需遵守的具体规章制度。第四，监管部门与所监管的企业间需有一定的防火墙，以加强监管部门"裁判"的公正性。如监管部门的人员调往所监管行业的企业，应坚决执行三年"冷却期"。行业里人员调往相关监管部门，应责令其辞去市场职位，退出相关领域的投资，约束相关人员的行为等。第五，处理好加强金融监管和鼓励金融创新的关系，一方面鼓励通过金融创新改善我国金融发展滞后的现状，另一方面，加强对金融创新产品的监管，也是提高中国金融监管有效性的极其重要的环节。

7.3　疏通货币政策传导渠道

金融市场是实施货币政策的操作平台，也是货币政策传导的重要渠道，发达的金融市场有利于实现金融宏观调控目标。因此，必须加快发展我国的金融市场，实现利率市场化。

7.3.1　大力发展货币市场

货币市场是短期金融工具的交易场所，主要包括同业拆借市场、票据贴现市场、证券回购市场、短期政府债券市场等，它能够及时反映货币供求和利率波动，是各国央行货币政策操作的重要平台。由于我国采取了"先资本市场，后货币市场"的政策取向，货币市场发展十分滞后，且各子市场的发展极不均衡，债券回购和同业拆借市场发展较为迅速，而票据市场、短期国债市场发展相对缓慢，使货币市场远未发挥政策市的作用。

国际金融危机期间，我国货币市场交易保持了较大规模增长。在"适度宽松"的货币政策格局下，从货币市场融资主体看，2014年上半年，银行间回购交易量增速放缓，拆借交易量同比下降。银行间市场债券回购累计成交

94.3 万亿元，同比增长 18.6%；同业拆借累计成交 17.8 万亿元，同比下降 13.6%。从期限结构看，市场交易仍主要集中于隔夜品种。2014 年上半年回购和拆借隔夜品种的成交量分别占总量的 80.6% 和 82.7%，占比较 2014 年第一季度分别上升 2.6% 和 3.8%。2014 年上半年交易所债券回购累计成交 40 万亿元，比 2013 年上半年增长 51.2%。从融资主体结构看，我国货币市场主要呈现以下特点：一是大型银行仍是市场资金的主要供给方，2014 年上半年资金融出量比 2013 年上半年增加较多，大型银行净融出量比 2013 年上半年增长 29.3%；二是证券及基金公司、中小型银行、保险公司是市场资金的主要需求方，2014 年上半年证券及基金公司净融入量比 2013 年上半年增长 67.6%，高于中小型银行 29.6% 的增长水平；三是 2014 年上半年其他金融机构及产品累计净融入量比 2013 年上半年下降 16.9%①（见表 7 - 1）。

表 7 - 1　金融机构 2014 年上半年货币市场同业拆借、回购净融资情况表②

单位：亿元

国内金融机构	同业拆借		债券回购	
	2014 年上半年	2013 年上半年	2014 年上半年	2013 年上半年
国有商业银行	− 29 964	− 25 048	− 302 248	− 231 822
其他商业银行	− 20 921	− 16 551	92 232	71 558
证券及基金公司	36 580	22 751	124 114	73 112
保险公司	99	—	38 370	29 045
外资金融机构	− 1 049	4 159	9 195	8 307
其他金融机构及产品③	15 256	14 690	38 337	49 800

数据来源：中国人民银行《中国货币政策执行报告（2014 年第二季度）》。

完善和发展我国货币市场应从以下几个方面进行：（1）进一步规范同业拆借市场，完善同业拆借市场结构，使其逐步发展为存款机构之间调节短期头寸的主要场所；（2）培育和发展规范化的商业票据市场，为扩大中央银行再贴现业务创造市场运作条件；（3）增加短期国债品种，加快培育完善的短期国债市场；（4）增加外汇市场交易主体和交易工具，引入做市商制度，提高交易机制的灵活性。此外，还要加快货币市场各个子市场间的融合，最终建成集同业拆借市场、贴现市场、国债市场、外汇市场于一体的统一的货币市场。

---

① 参阅中国人民银行《中国货币政策执行报告（2014 年第二季度）》。

② 正号表示净融入，负号表示净融出。

③ 其他金融机构及产品包括城市信用社、农村信用社、财务公司、信托投资公司、金融租赁公司、资产管理公司、社保基金、投资公司、企业年金、其他投资产品等。

7.3.2 提高货币市场和资本市场的一体化程度

我国资本市场长期存在着"强股市、弱债市，强国债、弱企业债"的结构性非均衡，这种非均衡性成为近年来我国货币政策传导低效率的重要原因，非金融企业主要依靠银行贷款融资，渠道十分单一。股票市场波动巨大，融资功能严重削弱。不合理的金融市场结构严重制约了金融服务实体经济的效率，这主要表现在以下两个方面：

1. 我国债券市场发展规模有限，但提升空间很大

2004 年 8 月 24 日，中国人民银行通过 2001 年中国铁路建设债券在全国银行间债券市场交易流通，企业债终于完成了进入银行间市场流通这一关键性的跨越，一方面进一步拓宽了企业的融资渠道，另一方面推动金融机构、也包括非银行等一些金融机构之间相互的一些竞争，提高其对企业的服务。

2007 年 9 月 3 日，银行间市场交易商协会成立以来，该协会一直致力于推动银行间市场发展，市场规模稳步攀升，间接融资占比已经由 2006 年的 91% 下降至 2012 年 10 月的 84%，债券融资占直接融资的比重由 60% 增长至 89%。

与发达国家相比，中国未来债券的提升空间很大。截至 2011 年底，主要发达国家均以债权融资（贷款和债券）为主，股权融资（股票）为辅。美、日、德、韩四国的债券存量均能够达到贷款规模的 67%，而中国这一比例为 38%。2011 年底，美国贷款、债券和股票规模的比例为 3:2:1，而中国贷款、债券和股票规模的比例为 3:1:1，债券是明显的短板。目前，中国债券市场的发行主体包括政府、金融机构、工商企业等，国有企业、民营企业、上市公司和中小企业等，但是，中国债券市场以低风险企业发债为主，高收益债券目前只有少量的中小企业私募债券、集合票据、集合债等，年发行规模不足 200 亿元。且个人投资者占比少，银行是重要的投资者，截至 2011 年底，中国全部债券存量的 2/3、信用债存量的 1/2 由商业银行持有。而美国信用债券市场的投资者中银行占比较低，只有 7.6%，基金（退休基金和共同基金）、保险、外国和个人投资者占比较高，分别为 30.3%、22.3%、20.6%、15.4%。今后，中国债券市场投资者结构将发生持续变化，非银行投资者比重将显著提升，银行间、交易所两个市场并存，由国家发改委、证监会、人民银行（交易商协会）等机构实施监管。

2012 年，中国债券市场迎来了国际金融危机以来的又一次大扩容，信用债发行全面增加，监管与金融创新同步发展。债券市场正在成为我国社会融资体系中的重要支柱。2012 年下半年，企业债券净融资占社会融资规模的比重

上升至 20% 左右，较 10 年前增长了 10 倍。信用债发行规模首次超越国债、中央银行票据和金融债券，成为中国债券市场第一大品种。截至 2012 年底，中国债券市场存量规模为 26.2 万亿元，是 2000 年 2.65 万亿元的近 10 倍。2012 年 1~11 月，银行间债市累计发行债券 6.9 万亿元，占同期 GDP 的比重超过 15%；存量 24.6 万亿元，占比 96.2%。产品类别包含短期融资券、中期票据、中小企业集合票据、信用风险缓释工具、超短期融资券、非公开定向债务融资工具、资产支持票据等多个品种，产品期限涵盖 30 天至 20 年。非金融企业债务融资工具存量规模突破 4.1 万亿元，累计发行量达到 8.1 万亿元，年度发行量近 2.5 万亿元，较 2011 年增加 1.1 万亿元，占社会融资总量约 8%。战略性新兴产业企业通过发行债务融资工具累计融资规模达 2.8 万亿元，文化产业企业 1 600 亿元，超过 440 家现代农业和小微企业通过债务融资近 3 500 亿元。近年来，我国债券市场创新不断，从短期融资券、公司债、中期票据到中小企业私募债和资产支持票据，2012 年私募发行与资产证券化成为债券市场的创新重点。

与发达国家相比，我国直接融资比例依然偏低，仍有相当大的提升空间。截至 2012 年 3 月底，全球债券存量规模为 92.05 万亿美元，中国债券存量规模 3.43 万亿美元，占比仅为 3.73%。2012 年底，中国债券市场存量规模占当年中国国内生产总值（GDP）的比重只有约 50%。而 2011 年美国、日本债券市场存量分别占全球的 35% 和 15%，债券存量与本国 GDP 的比例分别达到 175% 和 255%。由此可见，中国债券市场规模要达到与国家经济总量相匹配，仍存在巨大的发展空间。中国债券市场增速远快于全球市场平均增速，发展势头迅猛。2002—2008 年增速位于 21%~32%，2009—2012 年增速下降到 8%~18% 的区间，这与近年来全球债券市场增速下行趋势相吻合，但快于全球债券市场的增速。公司类债券占比提升较快，截至 2012 年底，从全球范围看，中国公司债券占比 25%，高于全球平均 10% 的水平；中国金融债券占比 40%，略低于全球平均 44% 的水平；中国政府债券占比 35%，低于全球平均 46% 的水平。因此，中国公司债券相对金融债券、政府债券发展已相对成熟，或已缺乏占比进一步提升的空间。

2013 年，我国债券市场总交易规模达 262.7 万亿元，同比增速 3.85%，其中现券交易 41.4 万亿元、回购交易 221.3 万亿元。2013 年全年发行债券 6.9 万亿元，其中金融债券 2.08 万亿元、企业债券 0.32 万亿元、短期融资券 1.91 万亿元、国债 1.33 万亿元、中期票据 0.70 万亿元、地方政府债券 0.35 万亿元、政府支持机构债券 0.15 万亿元、同业存单 0.03 万亿元、资产支持证券 0.02 万亿元。此外，银行间债券市场托管境内美元债券 3 只、面额 15.65

亿美元。截至2013年底，中国债券市场登记托管余额达29.9万亿元，较2012年的26.2万亿元同比增长14.1%。其中银行间债券市场登记托管余额达到27.8万亿元，市场占比达93.0%，同比增长13.0%，银行间债券市场继续占据主导地位。从现券交易的成交品种来看，金融债券、中期票据、企业债券、国债、短期融资券等5个品种是主要的交易品种，占比分别为30.64%、19.97%、16.87%、13.42%、12.34%。

2014年5月22日，财政部公布了《2014年地方政府债券自发自还试点办法》，十省市地方政府债券自发自还，地方政府发行政府债券实行年度发行额管理，全年发行债券总量不得超过国务院批准的当年发债规模限额，并且剥离了融资平台公司的政府融资职能。在当前经济下行压力较大的情况下，这一自发自还试点办法是解决地方政府融资难的措施之一。

截至2014年6月底，国内各类债券余额为32.5万亿元，比上年同期增长14.6%。2014年上半年，我国债券市场发行规模显著扩大，累计发行各类债券（含中央银行票据）5.38万亿元，比2013年同期多发行1.13万亿元。金融债券和公司信用类债券发行同比增加较多，公司信用类债券中，非金融企业债务融资工具和企业债券发行额继续扩大。

2. 企业债券在整个债券市场中所占的规模一直很小

2008年，中国债券市场出现新的变化，国债发行规模比2007年降低66.25%，企业债券发行规模比2007年增长141.13%。2009年企业债券发行节奏明显加快。截至2009年12月28日，累计发行165期企业债券，发行规模达到4 214.33亿元，分别比2008年增长170.49%、78.05%，企业债券余额为11 000.88亿元，企业债券存量首年超过10 000亿元。2010—2011年，企业债券发行量在经历了两年负增长后，终于在2012年获得超过100%的增长，年发行量超过6 000亿元，其中城投债在2012年获得了长足的发展，从2009—2011年的3 000亿元发行量飙升到超过7 000亿元的水平（包括中期票据和企业债）。2013年城投债成为机构关注的类型。截至2013年底，全国城投债余额约为2.7万亿元。尽管企业债券的发行规模已达到了一个新的高度，但企业债券在整个债券市场中的比例仍然很小（见图7-1）。

目前我国资本市场的发展不均衡，使得资本市场传导货币政策受到了各种制约。货币当局应调整好资本市场结构，在培养优质股票市场主体，为资本市场的发展奠定良好的微观基础，同时要加强债券市场特别是企业债券市场的建设，改变目前企业以间接融资为主的融资模式。一方面应取消企业债券额度管理，放宽对企业债券的期限、种类、利率的有关规定；另一方面要丰富债券种类，增加企业债券类型，使有限的资金配置到更富有效率的产业中，从而提高

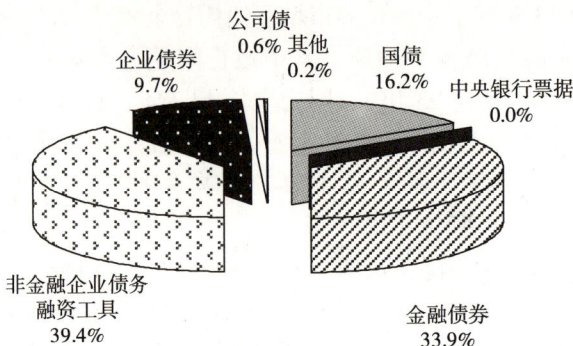

数据来源：中国人民银行《中国货币政策执行报告（2014年第二季度)》。

图7-1　2014年1～6月我国债券发行额比较图

资本市场运营效率。

在货币市场与资本市场双重货币政策传导并存的情况下，货币政策的实施效果不仅取决于两种机制各自的货币政策传导效率，而且受制于货币市场与资本市场之间的联系紧密程度。资金只有在两个市场间自由流动，使两个市场保持高度的一体化程度，才能最大限度地缩短货币政策时滞，提高货币政策的有效性。为了增强货币市场和资本市场的关联性，使中央银行的各种货币政策工具能够协调运作，从而提高货币政策有效性，需要有条件地使银行业与证券业、信贷市场与资本市场资金互相融通，适时建立银行信贷资金进入股票市场的合规渠道。目前，我国银行资金主要通过股票抵押贷款等渠道少量进入资本市场，因此，应该着眼于现有的货币市场和资本市场的有效对接，将资本市场纳入货币政策的中介目标和操作目标，进一步扩大券商进入同业拆借市场的数量，完善股票质押贷款办法，允许券商进入银行间的国债回购市场，优化银行资产结构，开展个人质押贷款等。

7.3.3　加快利率市场化改革

我国自1996年开始推进利率市场化，近年来利率市场化改革进程明显加快。2006年2月，央行推出利率掉期交易，利率衍生产品开始推出。货币当局意识到仅仅通过对银行信贷的行政控制，货币政策效果越来越有限。因此通过市场化手段，尤其是通过市场价格实现货币政策意图，将成为现阶段理顺货币政策传导渠道，提高货币政策有效性的关键。我国利率市场化改革主要涉及三个方面：一是保持了存贷款利率的上下限管理，即仍由人民银行规定各个期限的存款利率上限，贷款利率下限，管住了利差；二是企业债的发行利率仍需

要审批；三是银行间债券市场与交易所债券市场仍处于分割状态。此外，虽然
2005年中央银行已获准可对再贷款利率进行浮动，但目前尚未运用过这个工
具，再贴现利率等也还没有实现完全市场化，有时还出现倒挂现象。以上尚未
市场化的利率，割裂了不同期限、类型利率之间以及市场化利率与实体经济的
联系。

2007年1月4日，上海银行间同业拆借利率（Shibor）正式运行，标志着
中国货币市场基准利率培育工作全面启动，这一举措进一步推动了利率市场
化，提高金融机构自主定价能力，完善了利率传导渠道。

2012年6月8日起，中央银行将金融机构存款利率浮动区间的上限调整
为基准利率的1.1倍，将金融机构贷款利率浮动区间的下限调整为基准利率的
0.8倍。2012年7月6日起，中央银行又规定将金融机构贷款利率浮动区间的
下限调整为基准利率的0.7倍。逐步扩大人民币浮动区间一直是我国人民币汇
率改革的重要方向。2013年7月20日起，中央银行全面放开金融机构贷款利
率管制，取消金融机构贷款利率0.7倍的下限，取消票据贴现利率，对农村信
用社贷款利率不再设立上限。

2014年11月22日，中央银行再次下调金融机构存贷款基准利率，并扩
大存款利率浮动区间。其中，金融机构1年期贷款基准利率下调0.4个百分点
至5.6%，1年期存款基准利率下调0.25个百分点至2.75%，同时将金融机构
存款利率浮动区间的上限由基准利率的1.1倍调整为1.2倍。

今后的利率市场化改革应充分考虑资本项目对外开放的力度，确保中央银
行在考虑资本流动前提下，从以下几个方面继续推进利率市场化：（1）推动
市场化利率向实体经济延伸，主要是存贷款利率、企业债券发行利率的市场
化；（2）推出利率衍生工具，解除市场分割，增强各种类型、期限利率之间
的联动关系；（3）降低超额准备金利率，对我国准备金制度进行改革；（4）
加快各类直接融资市场，包括民间金融的发展，为银行体系引入体系外竞争，
为放开利差管制创造良好的外部环境；（5）尽快推出大额可转让存单（简称
CD_S），鼓励银行金融创新及各种理财市场的发展。

7.3.4　完善人民币汇率形成机制

2008年7月以来，美元兑人民币汇率在6.81～6.85有限区间内窄幅波
动，人民币汇率已接近均衡汇率水平。由于对美元保持相对稳定，美元汇率的
起落就导致了人民币实际有效汇率的起伏。2013年以来，人民币升值幅度加
快。国际清算银行（BIS）数据显示，2013年1～11月，人民币实际有效汇率
和名义有效汇率分别升值7%和6.4%，而2012年人民币实际有效汇率和名义

有效汇率的升幅为 2.2% 和 1.7%。截至 2013 年 12 月 17 日，人民币当年兑美元即期汇率已经累计升值近 2.5%。2013 年 12 月 2 日，由国家信息中心、社会科学文献出版社发布的《经济信息绿皮书：中国与世界经济发展报告（2014）》指出人民币对美元缺乏弹性的汇率安排以及市场心理因素是导致人民币出现加快升值的主要原因。如果缺乏基本面支撑，由市场预期和投机炒作推动的汇率波动会出现超调现象。如果人民币继续快速升值，就可能出现"超升"，而 2014 年美联储退出 QE 政策将推动美元走强，加剧人民币贬值的风险。

1. 中央银行货币政策应关注人民币有效汇率

2006 年 1 月 4 日，中央银行在银行间外汇市场引入了询价交易方式和做市商制度，即中国外汇交易中心于每日银行间外汇市场开盘前向所有银行间外汇市场做市商询价，中央银行从中去掉最高和最低报价后，将剩余做市商报价加权平均，得到当日人民币兑美元汇率中间价。笔者认为中央银行虽然可以自主确定权重，但是由于中间价的确定主要是根据做市商的报价，因此人民币汇率也主要是参考美元汇率变动，而难以参考一篮子货币。目前人民币是软钉住美元的，国际金融市场上美元对非美元货币汇率变动会直接传递到人民币对非美元货币汇率的变动上来。如人民币对美元贬值，但对欧元、英镑等却升值，这种相反的变化使得我们难以判断人民币走势，因此中央银行应更多地转向人民币有效汇率，才能更加准确地控制人民币汇率变动的方向和幅度。

测算人民币有效汇率必须解决两个技术性问题，一是货币篮子里的货币种类，二是人民币对篮子里每一种货币汇率的权重的决定问题。只有确定了这两个问题，才可能确定人民币参考一篮子货币的汇率。现实的问题是建立人民币有效汇率指数，以此确定人民币对美元的汇率。人民币有效汇率是对多边汇率的综合反映，也是全面反映一国货币竞争力的重要指标。尽管 BIS 和 IMF 等都公布人民币有效汇率指数，但是我国中央银行必须公布自己的有效汇率指数，篮子货币的选择、汇率权重的选择等都由中央银行自己确定，建立与美元挂钩的人民币有效汇率指数。

2. 逐步放宽人民币汇率的波动幅度

随着我国金融市场对外开放不断扩大，外汇市场供给和需求变动将更加频繁，中央银行应不断扩大人民币对美元汇率的波动幅度，这样才有利于确定合理的人民币汇率水平。同时，也要逐步扩大人民币对非美元货币汇率上下波动的幅度，逐步完善人民币汇率定价体系，最终实现人民币不同汇率之间的变动由市场供给和需求自动调节。继续完善银行对客户的挂牌汇价管理，放宽挂牌汇价波幅限制，增强银行的定价自主权。

2007 年 5 月 21 日，中国人民银行决定将银行间即期外汇市场人民币兑美元汇率浮动幅度由 3‰扩大至 5‰。2012 年 4 月 16 日，中央银行又宣布将这一浮动幅度由 5‰扩大至 1%。2013 年 11 月 19 日，中央银行宣布将基本停止对外汇市场的每日指导，朝着人民币汇率自由浮动的方向发展。2014 年 3 月 17日，中央银行继续将银行间即期外汇市场人民币兑美元汇率浮动幅度由 1%扩大至 2%。上述一系列举措有利于企业和居民更加重视汇率作为市场配置资源的价格要素的作用，增强汇率杠杆调控宏观经济的弹性。

总之，人民币对美元钉住应逐步转变为参考一篮子货币，中央银行的汇率目标也应由人民币钉住美元转变为钉住人民币有效汇率，确保人民币币值的总体水平稳定，放宽汇率波动幅度，逐步推进人民币汇率的市场化改革。

3. 完善人民币汇率形成机制及金融机构外汇业务管理

2005 年 7 月 21 日，我国开始实行以市场供求为基础、参考一篮子货币进行调节、有管理的浮动汇率制度。推进人民币汇率形成机制改革，是缓解我国对外贸易不平衡、扩大内需、提升企业国际竞争力的需要。金融机构经营结售汇业务准入或退出由外汇管理机关批准；经营结售汇业务的金融机构和符合规定条件的其他机构，可以按照外汇管理部门的规定在银行间外汇市场进行外汇交易；调整外汇头寸管理方式，对金融机构经营外汇业务实行综合头寸管理。

7.3.5 加强汇率与利率的联动性

两国货币汇率不仅受到利率平价的影响，还要受到国内通货膨胀率和预期因素的影响。当一国通胀率较高或有较高通胀预期的时候，名义利率将会上升，以抵消物价上涨的不利影响；同时由于物价上涨进而导致货币购买力下降，本币汇率贬值，反之亦然。在完全市场条件下，名义利率提高短期内会引起本币汇率上升，较长期来看，由于远期汇差等于利差，政府无须对利率、汇率进行干预或管制。但我国目前汇率与利率均没有实现市场化，仍存在一定程度的外汇管制，资本项目没有完全开放，人民币还不能自由兑换。因此，我国目前的汇率与利率还不具备有效传导和联动机制。

依据蒙代尔"不可能三角"和中国国情，我国不可能放弃货币政策的独立性。因此，汇率制度改革必然面临两个重要内容：一是逐步放开资本项目管制，实现人民币完全可自由兑换；二是逐步扩大人民币汇率的浮动区间，最终实行浮动汇率制度。目前，我国在开放资本项目方面已做了很多努力。根据国际货币基金组织确定的 43 个资本交易项目，我国实现可兑换的项目有 8 项，有较少限制的 11 项，有较多限制的 18 项，严格管制的有 6 项，严格管制项目数量不到总数的 20%。在完善人民币汇率形成机制方面，2005 年 7 月 21 日，我国开始实行以市场供求为基础、参考一篮子货币进行调节、有管理的浮动汇率制度。人民币汇率将以一篮子多边汇率指数的变化来计算，这为人民币进入有管理的小幅浮动区间奠定了基础。

第6章的实证研究表明，央行的对冲操作难以消除我国近年来外汇储备激增而产生的货币供应增加，这是固定汇率制下固有的矛盾，容易引发经济过热与通货膨胀，加大中央银行货币政策操作难度和国内银行体系风险。因此，适时放开资本市场管制及汇率浮动区间，利用市场自身的平衡机制来实现汇率、利率和资本市场的内在平衡成为必然选择。

长期以来我国利率缺乏弹性，使外资流入引起的货币供应量上升无法通过利率变化得以缓和，也无法借助提高利率阻止资本外流，这种利率管制使利率与汇率之间的传导受到阻碍，因此，人民币汇率制度的改革应当与利率市场化改革相配套。由于我国汇率与利率在政府管制之下很难形成真正以市场为导向的联动机制，妨碍了汇率政策和利率政策的相互配合与协调。但随着我国外贸依存度的不断增加，人民币趋于自由兑换，资本流动更加自由，汇率与利率变动之间的相关性将逐渐显现。为了进一步完善汇率与利率的联动机制，货币当局应考虑到各种市场因素以及货币政策工具的协调配合来制定有效的货币政策。我国今后应加快推进利率市场化改革，进一步扩大人民币汇率波动弹性，使人民币汇率制度由有管理的浮动汇率制度向浮动汇率制度变化，形成汇率与利率之间灵活的传导机制，发挥汇率政策对经济的调节作用，使汇率政策与货币政策相互协调，合理搭配。因此，货币当局应该充分考虑到利率市场化对汇率水平的影响，在推进利率市场化的改革进程中，确保利率和汇率传导机制的正常运行。

7.4　促进国际监管合作与货币政策协调

当前，我国金融业的监管标准正逐步与国际接轨，不仅要加强与国外金融监管机构信息的沟通，而且要加强国际间货币政策的协调，力图使跨国监管真正行之有效，有利于各国间的共同经济利益。

7.4.1　完善国际监管标准

国际监管标准存在缺陷是制约国际监管机构协调与合作的重要因素。1988年的《巴塞尔协议》所推行的最低资本充足率要求，已逐渐成为各国银行监管当局最主要的监管标准之一。2004年的新巴塞尔协议（或称巴塞尔协议Ⅱ）提出了以"三大支柱"为理念的资本监管新框架，即最低资本充足率要求、监管当局的监管检查和市场约束，强调三者间的协调配合，它代表了资本监管的发展趋势和方向。实践证明，单靠资本充足率一个支柱是无法保证银行体系的稳定性的，将三大监管要素有机结合起来，是资本监管领域的一项重大突破，其所制定的风险度量方法和标准，对国际银行业的发展必将产生深远的影响，我国银行业也将于 2010 年底开始实施新巴塞尔协议。但此次金融危机也暴露出了新巴塞尔协议存在一些重要缺陷：一是对表外产品的风险估计不足；二是具有顺周期资本监管缺陷①。

新资本协议未对资产证券化做出监管规定，形成了一个明显的市场风险监管盲区，有鉴于此，巴塞尔委员会充分吸取美国次贷危机的深刻教训，于 2009 年发布了《对新资本协议市场风险框架的修订》、《交易账户增量风险资本计提指引》和《对新资本协议的改进建议》等多份技术文件，提出关于第一支柱中资产证券化、交易账户及其他两个支柱的改进建议。

对于第一支柱，新修订的资本协议采用新的增量风险资本要求法，对银行交易账户面临的违约风险和迁移风险等重要风险计提监管资本，精确计算交易账户资本要求，用于取代先前的风险价值法，大大减少了监管资本套利行为。由于市场风险的资本要求具有一定的顺周期性，新资本协议还要求以出现重大损失的年度为观测期计算压力风险价值，并将其作为对银行市场风险最低监管资本要求的考虑因素，更为完整地加强了市场风险监管的防线。对于第二支柱，此次改进对银行的集中度风险、证券化风险、表外交易风险暴露、声誉风险和流动性风险等提出了更为具体的管理要求，并对银行有效风险管理体系的建立、业务政策流程、管理信息系统和风险管理文化等提出了新的要求。对于第三支柱，此次改进使银行风险信息的详细披露要求更为具体化，以便帮助市场各方更为全面掌握银行的整体风险状况。

目前，欧盟成员国、十国集团主要成员以及中国香港、新加坡、韩国、澳大利亚等经济体已经实施新巴塞尔协议。全球近 100 个国家和地区在 2010 年前开始实施新资本协议，中国银监会于 2012 年 6 月正式颁布《商业银行资本管理办法》，要求各商业银行统筹实施巴塞尔协议 II 和巴塞尔协议 III（"巴塞尔新资本协议"）的相关规定。我国银行为实施新资本协议已经花了多年时间去做准备，交通银行和中国银行分别从 2005 年、2007 年开始准备，而工商银行已准备了 10 年之久。从 2013 年银行资本充足率情况来看，2013 年末商业

---

①　顺周期性缺陷是指巴塞尔协议的资本要求会随经济周期的波动而发生变化，在一定程度上会放大经济波动幅度，加剧经济周期的负面影响。例如经济繁荣期，资本监管会被弱化；经济衰退期，资本监管会被强化。

银行资本充足率为 12.19%，12 家上市银行资本充足率同比均出现不同程度的下降，其中，中信银行下降最多，下降 2.2% 至 11.24%，浦发银行下降 1.48% 至 10.97%，平安银行下降 1.47% 至 9.9%。12 家银行中，建设银行资本充足率最高，达到 13.34%，同比也下降了 0.98%，工商银行排名第二，为 13.12%，同比下降 0.54%，资本充足率最低的是平安银行，下滑至 10% 以下。从核心资本充足率来看，除了光大银行和民生银行以外，其他银行均呈现不同程度的下降，降幅最大的是交通银行和中信银行，分别下降 1.48% 和 1.11%①。进入 2014 年，各银行补充资本的压力并未有所缓解，因此不少银行发行了二级资本债，例如，2014 年 4 月 9 日，平安银行发行了不超过 60 亿元的二级资本债。此前，建设银行也表示，近期计划在境内发行 200 亿元减记型资本工具补充二级资本，并计划在 2015 年之前发行不超过 600 亿元的减记型资本工具。然而，发行二级资本债券仅能够补充二级资本，部分银行核心资本也急需补充。如农业银行核心一级资本充足率为 9.25%，低于银监会对大行核心一级资本充足率 9.5% 的要求。截至 2014 年 4 月 10 日，银监会已核准五大行（工商银行、农业银行、中国银行、建设银行和交通银行）实施资本管理高级方法，获批的银行将使用内部模型计算风险加权资产和资本充足率，并将风险计量结果持续、有效地应用于内部管理，这将有助于商业银行及时、动态监测信贷风险，促进盈利模式转变和经营行为的理性化，提高银行风险管理水平，促进资源的合理配置。

7.4.2 促进国际监管合作

在全球化发展的今天，仅仅依靠一个国家的能力去抵御巨额游资的冲击是非常困难的，此次国际金融危机的教训可以证明，加强国际监管机构间的合作与协调是十分必要的。从目前情况看，各国在金融监管标准和尺度方面存在较大差异，这给许多金融机构提供了监管套利的空间，将大量资金和业务转移到金融管制较少的国家和地区，以逃避金融监管要求。为了吸引资金流入，提高本国的金融竞争力，各国监管当局不得不降低监管标准，出现金融发展过度自由化的倾向。同时，由于监管标准存在差异，各国监管当局的合作也存在很大困难，使资金跨国流动留下大量监管真空，导致了国际间的风险积聚和传递。为了进一步促进国际监管合作与协调，应从以下几个方面着手：

1. 建立国际间信息披露制度

当前各国关于国际资本流动的信息主要采取央行间的谅解备忘录形式进

---

① 数据来源：Wind 资讯。

行，这远远不能满足防范金融危机发生的需要。因此，应当建立一套专业化的审慎监管制度，统一国际投资银行、对冲基金及其他跨国金融机构信息披露的国际标准，完善国际金融统计，建立国际间的双边或多边信息交换机制和信息披露渠道，增加国际间资本流动状况的透明度。监管当局应及早预见境外资金流动方向，防止异常资金跨境流动，有效管理境内外资银行同境外关联行的资金交易，防止"热钱"通过境内外资银行的境外关联交易流入境内。强化个人携带外币现钞出入境管理，建立健全个人因私用汇非现场监管体系。

2. 建立金融监管的国际合作机制

各国间应尽快建立和完善金融监管的国际合作机制。第一，加强国际合作监管体制建设，对跨国金融机构实行国际统一监管，与境外金融监管机构之间建立正式的合作交流机制，积极发展双边或多边监管合作关系，并建立监管高层的互访和磋商机制、实行跨境联合现场检查等。第二，积极应对国际性突发事件，完善我国的金融监管和应急机制，加强与各国和地区的金融监管部门、国际金融组织的合作，实现信息共享，建立联手防范、预警和处置国际性金融突发事件的机制，协调利率、汇率、贸易等经济政策，建立国际合作监管框架。第三，积极提升中国在国际金融组织中的知情权、参与权、话语权和规则制定权，发挥在维护国际和本地区金融稳定、加强金融监管等方面的重要作用，加强与发达国家的合作与交流，推动国际监管体系改革，维护国际金融安全与稳定。

3. 加强金融监管人才的国际培训合作

2007 年美国次贷危机爆发后，很大程度上反映了金融全球化背景下国际监管协调与合作的不足，国际间金融监管合作的必要性更加凸显，国际货币基金组织（IMF）强调要加强政府金融监管部门间的协调，将原金融稳定论坛升级为"金融稳定委员会"，体现出世界正向国际统一监管方向所做出的努力。同时，一些大型跨境金融机构还采取了监管团制度。金融自由化和金融全球化的发展趋势，将会使金融风险波及更多国家和地区。

我国的银行监管机构不仅要加强国内监管，还要根据金融全球化、自由化的新情况，制定共同的监管标准、监管框架和风险处置方法，通过国际合作，来防范一国出现的金融问题或者危机扩散到其他的国家，各级监管机构必须采取措施，保护好存款者和投资者的利益，应积极通过国际合作，相互交流监管经验，通过派员到监管水平高的国家去学习、共同举办金融监管国际研讨会以及参加国际金融组织活动等形式，进一步提升我国监管人员的专业水平。

7.4.3　加强国际间货币政策协调

开放经济导致各国在货币经济领域的相互影响和相互依存日益加深，一国货币政策的实施不仅会影响本国经济，也会对他国的经济运行产生影响。这种影响可能是积极的，也可能是消极的，这就是通常所说的货币政策溢出效应。溢出效应可以通过多种渠道传递，一般认为主要是通过贸易渠道和资本流动渠道。以贸易渠道为例，紧缩性的货币政策可能导致进口需求下降，而其政策溢出则给予其主要贸易伙伴一个外源性的需求紧缩。再以资本流动渠道为例，一国紧缩性货币政策意味着本币利率上升，而政策溢出则导致向这个国家的资本流动，他国因资本外流而产生意外紧缩。

货币政策溢出效应是普遍存在的，通过国际间货币政策协调可以降低这种溢出效应。随着中国对外开放程度的深入和经济、政治综合实力的提高，中国货币政策对其他国家特别是周边国家的溢出效应越来越明显。例如，亚洲金融危机爆发之初，在周边国家货币贬值、危机迅速蔓延时，中国郑重承诺人民币不贬值，而且为东南亚国家提供援助资金达 40 多亿美元，成为第三大资助国，为稳定亚洲地区货币起到了重要支撑作用。近几年日本经济的衰退和日元的贬值不仅影响到中国的出口和外资流入，更拖累了整个亚洲经济的复兴。而中国作为贸易大国，多次强调人民币不会贬值，凸显了中国作为一个正在崛起的、充满活力而且负责任的大国形象，为防止危机的进一步深化和扩散，为整个亚洲的金融稳定和经济复兴作出了突出的贡献。

2007 年以来主要国家货币政策取向呈现明显分化，助推了国际资本大规模流动和套利活动，加剧了金融市场的动荡，因此，应加强世界主要经济体货币政策间的协调。但是在当前贸易及资本流动全球化程度很高的情况下，各国货币政策却相当独立，纷纷选择最有利于本国的货币政策，但这却可能导致各国采取较为宽松的货币政策，推动资本脱离实体经济更多地在金融领域运转，容易刺激投机炒作，抑制经济复苏，这种状况与全球化发展不相适应，亟须加强货币政策的国际协调。

当前，国际金融危机的影响已逐步消退，部分发达国家开始采取刺激经济政策退出机制。美国、欧元区等国家提高利率，其货币升值，人民币升值压力将减轻，而且欧元区是我国第一大贸易伙伴，美国是我国第二大贸易伙伴，美元、欧元汇率变化对我国对外贸易影响较大。同时人民币钉住美元，若美元升值，人民币也必将升值，对我国出口及外汇储备将产生影响。日本继续采取量化宽松政策，日元贬值也会影响我国外汇储备的变动，但短期内美元弱势情况下，日元将继续维持强势。此外，这些国家利率变化会影响资本流动，如美元维持低利率，人民币升值预期增强，"热钱"可能会流入我国，对我国货币信贷产生影响。若美国退出刺激经济政策，提高利率，人民币升值压力将减轻。因此，我国货币政策调控要内外兼顾，既要控制货币信贷过快增长，抑制资产价格泡沫和通货膨胀预期；又要关注大国货币政策溢出效应，维持宏观经济平稳运行。另外，近年来中国经济持续依靠投资拉动经济增长的发展方式亟待改变，未来经济发展目标和宏观经济政策的制定也应当引起全球范围的高度关注，加强国际间宏观政策的沟通与协调，共同努力应对可能到来的严峻挑战。

本章小结

本章从四个方面论述了国际资本异动下提高我国货币政策传导效应的对策建议。首先提出加强国际短期资本流动监管，主要措施包括实施外汇资金的均衡管理、建立短期资本流动的动态监测体系以及健全短期资本监管手段与完善监管制度。然后强调建立并完善金融风险预警制度，包括构建短期资本流动监测预警系统、建立高效的风险预警信息系统以及加强国内监管机构间的协调。进而结合货币市场和资本市场建设、加快利率和汇率的市场化改革以及加强利率与汇率的联动性，详细分析了疏通货币政策传导渠道的主要措施，最后提出促进国际监管合作与货币政策协调的对策建议。

结论与展望

本书在国际资本异动下的货币政策传导效应相关理论基础上，重点分析了蒙代尔—弗莱明模型（M–F模型）以及西方货币政策传导理论，对现有理论加以拓展，将国际资本异动因素引入货币政策传导效应分析中，以中国实际为着力点，从利率、汇率、资产价格和信贷四个渠道展开理论与实证分析，并提出实际可行的对策建议。本书在理论与实践相结合的基础上，通过定性与定量分析得出如下主要结论：

第一，按照蒙代尔"不可能三角"理论，随着我国资本开放程度不断加大，为继续保持货币政策的独立性，实现资本的完全流动，必须牺牲汇率的稳定性，实行真正的浮动汇率制，这是美、英等发达国家所选择的政策组合，也是中国未来的改革方向。

第二，我国货币政策具有较强的独立性，市场利率受欧美市场利率的影响微弱。中央银行主要依据国内经济发展和资金供求变化，适时调整货币政策，通过冲销干预等手段解决资本异动对我国货币政策效应的冲击。一方面表明我国贯彻独立自主的货币政策的决心，另一方面也表明我国经济金融全球化、一体化程度仍然较低。

第三，我国与经合组织国家经济发展水平和资本开放程度不同，当前采用国际货币基金组织对资本异常流动的5%的经验判断标准，显然过于宽松了。对于不同国家处在不同的经济发展阶段，应当根据本国实际情况适度调整警戒线范围，才能更真实地反映本国资本异动状况，有利于货币当局制定有效的货币政策。对于我国当前经济发展和资本市场成熟度来说，这一判断标准应当有所下降。

第四，亚洲金融危机后我国经历了六次方向相反的大规模异常资本流动，第一次是1997—1998年的资本外流，第二次是2002年下半年至2004年的资本内流，第三次是2007—2008年的资本外流，第四次是2009年的资本内流，第五次是2012年的资本外流，第六次是2013年以来的资本内流。

第五，国际资本异动的途径主要有三个：一是经常项目下的货物和服务贸易、投资收益、经常转移等贸易和非贸易渠道；二是金融项目下的直接投资、证券投资和其他投资渠道；三是地下渠道，包括"地下银行"、"地下钱庄"、货币走私等。国际资本异动增加了中央银行冲销干预的难度，使货币政策的传导链更加复杂，延缓了货币政策传导的时滞。

第六，20世纪90年代，我国长期资本流入占资本流入总额的80%以上。进入21世纪，国际资本进出我国的结构发生了明显变化，短期资本成为我国资本流动的主体，短期资本流入占国际资本流入总额的近70%，短期资本流出占国际资本流出总额的80%以上。

第七，从影响我国资本异动的因素分析，人民币汇率和利率变动是导致近年来我国资本异动的主要因素，尤其是人民币汇率变动对国际短期资本的影响更为显著。高经济增长率预期是国际短期资本进入我国的前提条件，劳动力成本和股票价格指数的变动无论从短期还是较长期来看，都不是引起我国资本异动的主要因素。

第八，从资本异动与外汇储备及货币供应量的关系分析，我国短期资本净流入额受广义货币供应量（M2）的影响极小，而受外汇储备变动影响较大。从长期来看，我国外汇储备的增加受货币供应量（M2）增加的影响较大，货币供应量（M2）的变动受短期资本流动的影响十分微弱，主要受国内经济的影响较大，这说明近期内短期资本流动对我国货币供给的冲击作用尚不明显。

第九，从资本异动与消费、投资和工业增长的关系分析，人民币升值（美元贬值）会引起短期资本净流入，短期内减少消费，较长期来看短期资本流动通过汇率变动对消费无明显刺激效果，滞后期为半年；短期资本流动在短期内通过汇率变动对投资无明显刺激效果，但长期来看对投资有一定的带动作用，滞后期为半年；短期资本净流入额与工业增加值呈负相关，且影响效果不显著。人民币汇率与工业增加值呈正相关，且影响效果显著，说明短期来看短期资本流动通过汇率变动对我国工业增长无明显刺激效果，但长期来看对工业增长有一定的促进作用，滞后期为半年。

第十，从资本异动与经济增长及物价变动的关系分析，短期内我国GDP的增长不会引起短期资本流入，1年后GDP的持续增长却能引起短期资本流入的增加，但短期资本流入对我国经济增长的影响并不显著；我国物价上涨引起短期资本流出，且影响较为显著，但短期资本流入并不是推动我国物价上涨的重要因素。

由于本人水平及写作时间有限，关于国际资本异动下货币政策传导效应方面的研究尚存在一些不足之处，有待在今后的研究中继续加以完善。

第一，本书着重分析了我国资本异动对货币政策实施效果的影响，并未对世界其他国家和地区进行相关研究，未充分考虑经济金融全球化背景下，各国货币政策间的制衡与协调。今后的研究应从全球视野出发，考虑主要发达国家、新兴市场国家等的资本流动特点及货币政策取向，制定和实施有效的货币政策，避免各国政策间的抵消效应。

第二，关于国际资本异动下货币政策传导效应的理论分析仍有继续拓展的空间，尤其对于短期资本通过资产价格渠道影响货币政策传导效应方面的理论研究有待进一步完善。

附　　录

表 1　　　　中国历年国际收支平衡表构成（1982—2014.6）　单位：亿美元

年份	经常项目差额	资本和金融项目差额	储备资产变动额①	净误差与遗漏
1982	57	− 17	− 42	3
1983	42	− 14	− 27	− 2
1984	20	− 38	5	12
1985	− 114	85	54	− 25
1986	− 70	65	17	− 12
1987	3	27	− 17	− 14
1988	− 38	53	− 5	− 10
1989	− 43	64	− 22	1
1990	120	− 28	− 61	− 31
1991	133	46	− 111	− 68
1992	64	− 3	21	− 83
1993	− 119	235	− 18	− 98
1994	77	326	− 305	− 98
1995	16	387	− 225	− 178
1996	72	400	− 317	− 155
1997	370	210	− 357	− 223
1998	315	− 63	− 64	− 187
1999	211	52	− 85	− 178
2000	205	19	− 105	− 119
2001	174	348	− 473	− 49
2002	354	323	− 755	78
2003	431	549	− 1 061	82
2004	689	1 082	− 1 901	130

---

① 储备资产变动额一栏数据正值表示储备资产减少，负值表示储备资产增加。

续表

年份	经常项目差额	资本和金融项目差额	储备资产变动额①	净误差与遗漏
2005	1 324	953	-2 506	229
2006	2 318	493	-2 848	36
2007	3 532	942	-4 607	133
2008	4 206	401	-4 795	188
2009	2 433	1 985	-4 003	-414
2010	2 378	2 869	-4 717	-529
2011	1 361	2 655	-3 878	-138
2012	2 154	-318	-966	-871
2013	1 828	3 262	-4 314	-776
2014.6	805	778	-1 479	-104

数据来源：国家外汇管理局公布的相关年度国际收支平衡表数据（1982—2014.6）。

表2　　美国、英国、欧元区及中国利率变动表②（2009.4—2014.8）　　单位:%

月份	美国联邦基金利率	伦敦银行同业拆借利率	欧洲银行同业拆借利率	上海银行同业拆借利率
2009.04	0.28	1.0162	1.4223	1.2144
2009.05	0.23	0.6562	1.2817	1.2226
2009.06	0.26	0.5950	1.2279	1.3179
2009.07	0.28	0.4794	0.9750	1.6713
2009.08	0.24	0.3475	0.8605	1.7334
2009.09	0.19	0.2869	0.7721	1.7687
2009.10	0.19	0.2806	0.7375	1.7894
2009.11	0.15	0.2565	0.7162	1.8064
2009.12	0.16	0.2506	0.7120	1.8319
2010.01	0.13	0.2490	0.6798	1.9048
2010.02	0.15	0.2519	0.6617	1.9443
2010.03	0.20	0.2915	0.6450	1.9419
2010.04	0.23	0.3466	0.6447	1.9398
2010.05	0.28	0.5362	0.6865	2.1201
2010.06	0.32	0.5339	0.7276	2.6308

---

①　储备资产变动额一栏数据正值表示储备资产减少，负值表示储备资产增加。
②　表2中各利率均为金融机构3个月拆借利率。

月份	美国联邦基金利率	伦敦银行同业拆借利率	欧洲银行同业拆借利率	上海银行同业拆借利率
2010.07	0.27	0.4537	0.8488	2.4475
2010.08	0.25	0.2956	0.8955	2.5120
2010.09	0.24	0.2900	0.8805	2.6113
2010.10	0.23	0.2859	0.9977	2.8302
2010.11	0.23	0.3003	1.0420	3.2498
2010.12	0.23	0.3028	1.0217	4.6234
2011.01	0.24	0.3043	1.0172	5.7464
2011.02	0.23	0.3095	1.0867	4.9107
2011.03	0.23	0.3030	1.1755	4.1690
2011.04	0.20	0.2730	1.3212	4.5387
2011.05	0.16	0.2528	1.4251	4.6059
2011.06	0.15	0.2457	1.4886	6.3917
2011.07	0.14	0.2555	1.5976	5.9993
2011.08	0.16	0.3272	1.5521	5.5444
2011.09	0.14	0.3743	1.5365	5.6466
2011.10	0.15	0.4294	1.5759	5.7048
2011.11	0.14	0.5289	1.4847	5.6654
2011.12	0.14	0.5810	1.4261	5.4691
2012.01	0.14	0.5424	1.2222	5.4668
2012.02	0.17	0.4843	1.0483	5.2775
2012.03	0.20	0.4682	0.8585	4.8832
2012.04	0.20	0.4659	0.7443	4.7037
2012.05	0.19	0.4669	0.6849	4.2068
2012.06	0.21	0.4606	0.6589	4.0778
2012.07	0.22	0.4466	0.4970	3.7371
2012.08	0.20	0.4183	0.3324	3.6325
2012.09	0.20	0.3585	0.2463	3.6857
2012.10	0.19	0.3127	0.2079	3.7185
2012.11	0.20	0.3105	0.1920	3.8256
2012.12	0.20	0.3060	0.1855	3.8996
2013.01	0.16	0.2980	0.2049	3.8878
2013.02	0.17	0.2871	0.2234	3.8946
2013.03	0.15	0.2826	0.2061	3.8805
2013.04	0.12	0.2731	0.2089	3.8821
2013.05	0.10	0.2753	0.2012	3.8821

月份	美国联邦基金利率	伦敦银行同业拆借利率	欧洲银行同业拆借利率	上海银行同业拆借利率
2013.06	0.10	0.2731	0.2103	5.4390
2013.07	0.11	0.2656	0.2214	4.6645
2013.08	0.09	0.2595	0.2259	4.6572
2013.09	0.08	0.2489	0.2232	4.6704
2013.10	0.11	0.2420	0.2258	4.6948
2013.11	0.09	0.2391	0.2234	4.7229
2013.12	0.09	0.2461	0.2735	5.5565
2014.01	0.09	0.2366	0.2920	5.6000
2014.02	0.10	0.2357	0.2881	5.5290
2014.03	0.10	0.2306	0.3053	5.5000
2014.04	0.10	0.2234	0.3297	5.4950
2014.05	0.10	0.2274	0.3246	4.9250
2014.06	0.10	0.2307	0.2414	4.7499
2014.07	0.10	0.2391	0.2050	4.7215
2014.08	0.11	0.2336	0.1916	4.6659

数据来源：美国联邦储备银行（FRB）、英国银行家协会（BBA）、欧洲中央银行（ECB）、上海银行同业拆借利率（Shibor）等官方网站。

表3　　　人民币兑美元中间汇率变动表（1999.12—2014.6）　　　单位：元/美元

半年	汇率	半年	汇率
1999.12	8.2793	2007.06	7.6155
2000.06	8.2780	2007.12	7.3046
2000.12	8.2781	2008.06	6.8591
2001.06	8.2770	2008.12	6.8346
2001.12	8.2766	2009.06	6.8319
2002.06	8.2771	2009.12	6.8282
2002.12	8.2773	2010.06	6.7909
2003.06	8.2774	2010.12	6.6227
2003.12	8.2767	2011.06	6.4716
2004.06	8.2766	2011.12	6.3009
2004.12	8.2765	2012.06	6.3249
2005.06	8.2765	2012.12	6.2855
2005.12	8.0702	2013.06	6.1787
2006.06	7.9956	2013.12	6.0969
2006.12	7.8087	2014.06	6.1528

数据来源：中国人民银行公布的相关年度人民币汇率数据（1999.12—2014.6）。

表 4　我国短期资本净流入与中美主要经济指标对照表（2001.6—2014.6）

半年	短期资本净流入额（亿美元）	利差（%）	股市差异（%）	GDP 差异（%）	人均收入差（美元）①	人民币汇率（元/美元）
2001.06	-27	-1.72	9.62	3.1	-17 101.34	8.2770
2001.12	30	0.43	-21.21	6.1	-17 101.32	8.2766
2002.06	-84	0.23	13.04	5.1	-17 407.57	8.2771
2002.12	130	0.74	-11.89	6.7	-17 407.58	8.2773
2003.06	163	0.76	1.74	4.6	-18 599.92	8.2774
2003.12	-63	1	-15.60	3.3	-18 599.89	8.2767
2004.06	338	0.95	-6.36	4.3	-20 636.72	8.2766
2004.12	-170	0.09	-12.81	3.7	-20 636.71	8.2765
2005.06	255	-0.79	-9.94	5.9	-21 919.73	8.2765
2005.12	-168	-1.91	3.11	5.8	-21 909.12	8.0702
2006.06	150	-2.47	39.99	8.5	-22 660.16	7.9956
2006.12	-168	-2.72	48.22	8.1	-22 648.67	7.8087
2007.06	526	-2.19	35.22	9.1	-22 866.52	7.6155
2007.12	-458	-0.10	38.78	10.9	-22 841.48	7.3046
2008.06	380	2.14	-33.56	7	-23 196.31	6.8591
2008.12	-295	2.09	-10.78	17.4	-23 193.62	6.8346
2009.06	544	2.04	66.28	8.6	-22 222.95	6.8319
2009.12	-694	2.13	-12.72	4.1	-22 222.51	6.8282
2010.06	259	2.07	-20.54	5.4	-22 693.61	6.7909
2010.12	-701	2.57	-1.37	5.5	-22 670.20	6.6227
2011.06	1 005	3.16	-8.87	3.8	-23 162.95	6.4716
2011.12	-1 228	3.43	-18.79	3.9	-23 132.82	6.3009
2012.06	-793	3.09	-4.24	4.7	-23 776.13	6.3249
2012.12	-1 251	2.84	0.22	6.1	-23 768.09	6.2855
2013.06	180	2.91	-26.55	4.5	-21 739.41	6.1787
2013.12	893	2.91	-4.27	7.6	-21 719.95	6.0969
2014.06	-287	2.90	-4.70	3.2	-22 380.66	6.1528

数据来源：根据国家统计局、中国人民银行、国家外汇管理局、美联储、美国商务部经济分析局（BEA）、国际货币基金组织（IMF）、世界银行（WB）等官方网站数据整理得到。

---

① 中美人均收入差半年度数据为年度数据求平均得到。

表 5　　　　　　　我国短期资本净流入与外汇储备
及货币供应量（M2）变动表（2001.6—2014.6）

半年	短期资本净流入额（亿美元）	外汇储备增加额（亿美元）	货币供应量（M2）增加额（亿元）
2001.06	−27	152.64	9 398.08
2001.12	30	313.27	11 002.90
2002.06	−84	305.98	14 980.91
2002.12	130	436.44	15 377.53
2003.06	163	600.69	19 824.80
2003.12	−63	567.75	16 155.07
2004.06	338	673.88	17 015.47
2004.12	−170	1 392.93	14 560.51
2005.06	255	1 010.41	22 187.62
2005.12	−168	1 078.99	23 049.72
2006.06	150	1 222.43	26 716.22
2006.12	−168	1 252.30	22 821.56
2007.06	526	2 662.80	32 254.24
2007.12	−458	1 956.24	25 569.15
2008.06	380	2 805.79	39 739.72
2008.12	−295	1 372.02	32 025.58
2009.06	544	1 855.76	93 749.60
2009.12	−694	2 675.46	41 308.32
2010.06	259	551.23	63 697.20
2010.12	−701	3 930.63	51 930.07
2011.06	1 005	3 501.53	54 969.06
2011.12	−1 228	−163.43	70 770.05
2012.06	−793	588.57	73 400.30
2012.12	−1 251	715.84	49 157.60
2013.06	180	1 850.97	80 254.89
2013.12	893	3 246.29	52 121.29
2014.06	−287	1 718.98	103 062.20

数据来源：国家外汇管理局、中国人民银行等官方网站。

表6　　我国主要宏观经济指标变动表（2001.6—2014.6）　　单位：亿元、%

半年	社会消费品零售总额	固定资产投资总额	工业增加值	GDP 增幅	居民消费价格指数
2001.06	17 915.2	8 928.03	12 811	8.1	101.4
2001.12	19 680	18 898.59	14 139	8.3	99.7
2002.06	19 448.4	11 103.52	14 460	8.9	99.2
2002.12	21 462.1	21 838.24	17 022	9.1	99.6
2003.06	21 555.7	15 072.64	18 363	9.7	100.3
2003.12	24 286.3	27 570.78	22 682	10.0	103.2
2004.06	25 249.2	21 843.97	24 681.84	10.9	105.0
2004.12	28 700.9	36 776.31	30 123.27	10.1	102.4
2005.06	29 609.7	27 967	32 274.16	11.0	101.6
2005.12	37 566.9	47 129.48	34 151.05	11.3	101.6
2006.06	36 448.2	36 368.35	39 680.36	13.1	101.5
2006.12	39 961.8	57 104.01	37 771.43	12.7	102.8
2007.06	42 043.8	46 077.82	47 021.23	14.5	104.4
2007.12	47 166.2	71 336.09	44 759.14	14.2	106.5
2008.06	51 042.7	58 435.98	54 685.69	11.0	107.1
2008.12	57 445	89 731.27	48 934.35	9.6	101.2
2009.06	58 711.2	78 098.35	58 513.69	7.5	98.3
2009.12	66 631.5	116 040.27	76 924.04	9.2	101.9
2010.06	72 669.4	98 047.38	78 180.63	11.2	102.9
2010.12	81 884.3	143 367.55	87 308.78	10.4	104.6
2011.06	85 832.7	124 566.68	89 985.90	9.7	106.4
2011.12	95 393.1	177 366.17	98 484.30	9.3	104.1
2012.06	98 221.6	150 710.06	96 688.10	7.7	102.2
2012.12	108 945.1	214 125.01	102 982.60	7.7	102.5
2013.06	110 764.3	181 317.60	101 505	7.6	102.7
2013.12	123 615.7	255 210.10	109 184.42	7.7	102.5
2014.06	124 198.7	212 770.45	106 814.10	7.4	102.3

数据来源：国家统计局、中国人民银行等官方网站。

参考文献

［1］Baig. T, I. Goldfajn. Monetary Policy in the Aftermath of Currency Crises: the Case of Asia ［J］. Review of International Economics, 2002 (10): 92 – 112.

［2］Bain, K. , Peter Howells. Monetary Economics: Policy and Its Theoretical Basis ［M］. New York: Palgrave Macmillan, 2003: 167 – 202.

［3］Calvo, G. , Leiderman, L. , Reinhart, C.. Capital Inflow and Real Exchange Rate Appreciation inLatin America: the Role of External Factors ［A］. IMF Staff Papers, 1993 (40): 108 – 151.

［4］Cocer. J. P.. Asymmetric Effects of Positive and Negative Money Supply Shock ［J］. Quarterly Journal of Economics, 1996 (11): 1261 – 1282.

［5］Cooper, I. , Kaplanis, E. . Partially Segmented International Capital Markets and International Capital Budgeting ［J］. Journal of International Money and Finance, 2000 (19): 309 – 329.

［6］Deeds, David L. , Mang, Paul Y. , Frandsen, Michael L.. The Influence of Firms' and Industries' Legitimacy on the Flow of Capital into High – technology Ventures ［J］. Strategic Organization, 2004 (2): 35 – 64.

［7］Dooley, M.. A Model of Crises in Emerging Market ［J］. The Economic Journal, Vol. 110, No. 460, 2000 (1): 256 – 272.

［8］Dooley, M.. A Survey of the Literature on Controls over International Capital Transaction ［A］. IMF Staff Papers Washing D. C. , Vol. 43, No. 4, 1996: 639 – 687.

［9］Dornbusch, R. , S. Fisher. Exchange Rates and the Current Account ［J］. American Economic Review, Vol. 70, 1980: 960 – 971.

［10］Dornbusch, Rudiger. Expectations and Exchange Rate Dynamics ［J］. Journal of Political Economy, Vol. 84, No. 6, 1976 (12): 1161 – 1176.

［11］Dunning, John H. Lundan, Sarianna M.. Foreign Direct Investment in Japan and the United States: A Comparative Analysis ［J］. International Trade Journal, Vol. 11, 1997 (2): 187 – 220.

［12］Edison, H. , M. Klein, L. Ricci, T. Slok. Capital Account Liberalization and Economic Performance: Survey and Synthesis [A]. IMF Staff Papers, Vol. 51, No. 2, 2004: 220 – 256.

[13] Edison, Hali J., Ross Levine, Luca Ricci. International Financial Intergration and Economic Growth [A]. IMF Working Papers, Vol. 145, No. 2, 2002: 132 – 215.

[14] Engle, Charles. Accounting for U. S. Real Exchange Rates [J]. Journal of Political Economy, Vol. 107, No. 3, 1999: 507 – 538.

[15] Eswar Prasad, Kenneth Rogoff, Shang – Jin Wei, M. Ayhan Kose. Eeffcts of Financial Globalization on Developing Countries: Some Empirical Evidence [A]. IMF Working Paper, March 17th, 2003: 6.

[16] Eswar S. Prasad, Marco E. Terrones. Financial Integration and Macroeconomic Volatility [A]. IMF Working Papers, Vol. 50, Special Issue, 2003 (9): 119 – 142.

[17] Fleming, J. Marcus. Domestic Financial Polities under Fixed and under Floating Exchange Rates [A]. IMF Staff Papers, Vol. 9, 1962 (11): 369 – 379.

[18] Floyd, J. E. Monetary and Fiscal Policy in a World of Capital Mobility [J]. Review of Economic Studies, Vol. 36, Issue 108, 1969: 503 – 517.

[19] Frederic S. Mishkin. The Transmission Mechanism and the Role of Asset Prices in Monetary Policy [A]. NBER Working Papers 8617, 2001 (7): 29 – 51.

[20] Frenkel, Jacob A., Mussa, Michael L. Monetary and Fiscal Policies in an Open Economy [J]. The American Economic Review, Vol. 71, No. 2, 1981 (5): 253 – 258.

[21] Graham Bird, Ramkishen S. Rajan. Banks, Financial Liberalisation and Financial Crises in Emerging Markets [J]. The World Economy, Vol. 24, No. 7, 2001 (7): 889 – 910.

[22] Gruben, W. C., Mcleod, D.. Capital Flows, Savings and Growth in the 1990s [J]. Quarterly Review of Economics and Finance, 1998 (38): 287 – 301.

[23] Hoti, Suhejla. An Empirical Evaluation of International Capital Flows for Developing Countries [J]. Mathematics and Computers in Simulation, Vol. 64, Issue 1, 2004 (1): 143 – 160.

[24] Isard, Peter. How Far Can We Push the Law of One Price? [J]. American Economic Review, Vol. 67, 1977 (12): 942 – 948.

[25] J. Marcus Fleming. Domestic Financial Policies under Fixed and Floating Exchange Rates [A]. IMF Staff Papers, Vol. 9, No. 3, l962 (11): 369 – 380.

[26] K. Hamada. The Political Economy of International Monetary Interdependence [M] . Cambridge Mass: MIT Press, 1985: 31 –54.

[27] Kraay, Aart. In Search of the Macroeconomic Effects of Capital Account Liberalization [A] . Mimeo, The World Bank, 1998 (10): 205 –248.

[28] Krugman, Paul R. , Edited by Sven W. Arndt and J. David Richardson. Pricing to Market when the Exchange Rate Changes in Real Financial Linkages among Open Economics [M] . Cambridge Mass: MIT Press, 1987: 49 –70.

[29] Kumhof, M. Sterilization of Short – Term Capital Inflows through Lower Interest Rates [J] . Journal of International Money and Finance, Vol. 23, Issue 7 – 8, 2004: 1209 –1221.

[30] Lane, P. R. International Investment Positions: A Cross – sectional Analysis [J] . Journal of International Money and Finance, 2000 (19): 513 –534.

[31] Levine Rose. Foreign Bank Entry and Capital Control Liberalization Eeffcts on Growth and Stability [A] . Paper for ADB Project, 1999: 30 –52.

[32] Martin Feldstein. Monetary Policy in a Changing International Environment: The Role of Capital Flows [A] . NBER Working Papers, No. 11084, 2005 (2): 348.

[33] McCallum, Bennett T. . The Case for Rules in the Conduct for Monetary Policy: A Concrete Example [J] . Federal Reserve Bank of Richmond Economic Review, Vol. 73, 1987: 10 –16.

[34] Mckinnon, R. I. . Monetary and Exchange Rate Policies for International Financial Stability: A Prospect [J] . Journal of Economic Perspectives, Vol. 2, No. 1, 1988: 83 –103.

[35] Meade, James E. . The Balance of Payments [M] . London: Oxford University Press, 1951: 128 –151.

[36] Michael Bleaney. The Aftermath of a Currency Collapse: How Different are Emerging Markets? [J] . The World Economy, Vol. 28, 2005 (1): 79 –89.

[37] Mohamed Abdel Wahed. The Impact of Foreign Capital Inflow on Savings Investment and Economic Growth Rate in Egypt: An Econometric Analysis [J]. Scientific Journal of King Faisal University, Vol. 4, No. 1, 2003: 14 –22.

[38] Monetary Policy Report to the Congress [A] . Board of Governors of the Federal Reserve System, July 21th, 2009: 10 –18.

[39] Mundell, Robert A. Capital Mobility and Stabilization Policy under Fixed and Flexible Exchange Rates [J] . Canadian Journal of Economics and Political Sci-

ence, Vol. 29, No. 4, 1963 (11): 475 – 485.

［40］Mundell, Robert A. The Appropriate Use of Monetary and Fiscal Policy under Fixed Exchange Rates［A］. IMF Staff Papers, Vol. 9, 1962: 70 – 77.

［41］Mundell, Robert A. The Monetary Dynamics of International Adjustment under Fixed Exchange Rates［J］. Quarterly Journal of Economics, Vol. 74, 1960 (5): 227 – 257.

［42］Obstfeld, Maurice. The Global Capital Market: Benefactor or Menace?［A］. NBER Working Papers, No. 6559, 1998 (5): 353 – 402.

［43］Obstfield, Maurice. International Macroeconomics: Beyond the Mundell – Fleming Model［A］. IMF Staff Papers, Vol. 47, 2001: 1 – 30.

［44］Reisen, Helmut, Marcelo Soto. Which Types of Capital Inflows Foster Developing – Country Growth?［J］. International Finance, Vol. 4, 2001 (1): 1 – 14.

［45］Robert Mundell. International Economics［M］. NewYork: Macmillan, 1968: 177 – 190.

［46］Rogoff, K.. Can International Monetary Policy Coordination Be Counter – productive?［J］. Journal of International Economics, 1985 (18): 199 – 217.

［47］Stiglitz, J. E.. Capital Makret Liberalization, Economic Growth and Instability［J］. World Development, Vol. 28, 2000 (6): 1075 – 1086.

［48］Swenson, D.. Foreign Direct Investment and Mediation of Trade Flows［J］. Review of International Economics, 2004 (2): 609 – 629.

［49］Tanner, E.. Exchange Market Pressures and Monetary Policy: Asia and Latin America in the 1990s［A］. IMF Working Papers, 1999 (8): 99 – 114.

［50］Taylor, J. B.. The Monetary Transmission Process: An Empirical Framework［J］. Journal of Economic Perspectives, Vol. 9, 1995 (4): 11 – 25.

［51］Tobin, James. A General Equilibrium Approach to Monetary Theory［J］. Journal of Money, Credit and Banking, Vol. 1, No. 1, 1969 (2): 15 – 29.

［52］World Bank. Global Development Finance［M］. Washington: World Bank, 2001: 96 – 133.

［53］Yoonbai Kim. Causes of Capital Flows in Developing Countries［J］. Journal of International Money and Finance, Vol. 19, 2000 (2): 235 – 253.

［54］［美］保罗·R. 克鲁格曼，茅瑞斯·奥伯斯特菲尔德. 国际经济学：理论与政策（第六版下册，中译本）［M］. 北京：中国人民大学出版社，2006：628 – 653.

［55］［美］彼得·林德特，查尔斯·金德尔伯格. 国际经济学（中译本）

[M]．上海：上海译文出版社，1985：78-90．

[56] [美] 杰弗里·萨克斯，费利普·拉雷恩．全球视角的宏观经济学（中译本）[M]．上海：上海人民出版社，2004：317-386．

[57] [美] 约翰·威廉森．开放经济和世界经济（中译本）[M]．上海：上海三联书店，1990：103-152．

[58] [英] J·E·米德．国际收支（中译本）[M]．北京：北京经济学院出版社，1990：112-189．

[59] [英] 保尔·D. 克劳威．开放经济下的宏观经济理论（中译本）[M]．北京：中国金融出版社，1990：179-205．

[60] 卞志村．转型期货币政策规则研究 [M]．北京：人民出版社，2006：164-198．

[61] 曹勇．国际资本流动对中国货币政策影响的实证研究 [J]．中南财经政法大学学报，2005（5）：86-91．

[62] 曹勇．中国资本账户开放研究 [M]．北京：中国财政经济出版社，2005：25-35．

[63] 陈国宁等．江苏省非居民跨境资金流入状况的实证分析 [J]．金融纵横，2007（5）：41-43．

[64] 陈红．蒙代尔—弗莱明模型的中国适用性 [J]．财经科学，1998（5）：36-38．

[65] 陈威，杨利荣，赵堃．贸易项下跨境资金异常流动监测构想及实证分析 [J]．南方金融，2008（4）：32-35．

[66] 陈雨露，周晴．资本项目开放度和实际利差分析 [J]．金融研究，2004（7）：40-50．

[67] 陈志龙，黄余送．M-F模型：理论发展及其对中国的政策启示 [J]．江苏社会科学，2007（4）：90-97．

[68] 楚尔鸣．中国货币政策传导系统有效性的实证研究 [M]．北京：中国经济出版社，2008：92-179，227-239．

[69] 崔建军．中国货币政策有效性问题研究 [M]．北京：中国金融出版社，2006：155-161．

[70] 崔萌，陈烨，夏广军．我国国际短期资本流动：流动途径和影响因素的实证分析 [J]．海南金融，2009（10）：42-48．

[71] 崔蕊，刘力臻．基于蒙代尔—弗莱明模型视角的中国宏观经济政策有效性分析 [J]．统计与决策，2011（4）：101-104．

[72] 戴相龙．全球金融危机下的国际资本流动 [J]．中国金融，2009

(12)：7 – 9.

[73] 窦祥胜. 国际资本流动与宏观经济运行分析 [D]. 厦门：厦门大学博士学位论文，2001：22 – 24.

[74] 冯菊平. 国际游资与汇率风险 [M]. 北京：中国经济出版社，2006：65 – 100.

[75] 国家外汇管理局巴音郭楞蒙古自治州中心支局课题组. 跨境异常外汇资金流入问题探析 [J]. 西部金融，2007（9）：61 – 62.

[76] 国家外汇管理局海南省分局课题组. 跨境异常资金流入的途径、危害及对策建议 [J]. 海南金融，2008（10）：60 – 64.

[77] 郭建军. 异常跨境资金流入渠道及应对措施 [J]. 内蒙古金融研究，2010（9）：53 – 54.

[78] 郭庆平，王爱俭. 汇率政策与利率政策协调机制研究 [M]. 北京：中国金融出版社，2007：142 – 154.

[79] 韩振国，张欣渝. 关于国际收支平衡表中净误差与遗漏项合理标准的探讨 [J]. 统计与决策，2008（11）：26 – 29.

[80] 何蔼先. 宏观调控下跨境资金流入的变化及影响 [J]. 中国外汇管理，2004（11）：9 – 10.

[81] 何慧刚. 利率汇率传导机制研究：理论模型及实证检验 [J]. 湖北经济学院学报，2007（2）：40 – 46.

[82] 和萍. 渐进资本开放下中国货币政策的独立性 [J]. 经济理论与经济管理，2006（11）：26 – 31.

[83] 黄武俊，陈漓高. 中国国际资本流动与货币政策动态关系：1994—2007——基于 BGT 模型抵消和冲销系数分析 [J]. 经济科学，2009（3）：36 – 48.

[84] 胡杰. 资本流动对本国货币政策的影响 [J]. 统计与决策，2005（10）：123 – 124.

[85] 姜波克. 国际金融新编（第三版）[M]. 上海：复旦大学出版社，2001：241 – 246.

[86] 揭水高. 跨境资金异常流出监管探析 [J]. 现代经济信息，2008（12）：30.

[87] 瞿强. 资产价格与货币政策 [J]，经济研究，2001（7）：60 – 67.

[88] 康以同. 美国、日本、欧元区和中国货币政策操作方式比较 [J]. 中国金融，2004（23）：58 – 60.

[89] 李翀. 短期资本流动的成因、效应与风险 [M]. 北京：人民出版

社，2004：163-195.

［90］李富有．区域货币合作：理论、实践与亚洲的选择［M］．北京：中国金融出版社，2004：165-174.

［91］李建军．跨境流动地下资金规模与汇率变化的关系［J］．中央财经大学学报，2005（2）：21-23.

［92］李楠．开放经济下中国货币政策有效性研究［D］．沈阳：辽宁大学硕士学位论文，2006：3-9.

［93］李树杰．开放经济条件下蒙代尔—弗莱明模型的应用［J］．金融教学与研究，2001（3）：16-19.

［94］李天栋，姜波克．增长与就业双重约束下的人民币汇率政策——基于汇率杠杆属性的分析［J］．上海金融，2006（8）：4-8.

［95］李亚敏．货币政策有效性与内外均衡［J］．财经科学，2012（1）：9-15.

［96］李玉蓉．当代国际资本流动对后发国家经济增长效应研究［M］．北京：经济科学出版社，2008：164-197.

［97］刘红忠，张卫东．蒙代尔—弗莱明模型之后的新开放经济宏观经济学模型［J］．国际金融研究，2001（1）：39-44.

［98］刘立达．中国国际资本流入的影响因素分析［J］．金融研究，2007（3）：62-70.

［99］刘仁伍．国际短期资本流动监管［M］．北京：社会科学文献出版社，2008：113-178.

［100］刘仁伍．全球化背景下的货币政策调控［M］．北京：社会科学文献出版社，2007：78-131.

［101］刘淄．金融开放条件下中国货币政策传导机制探讨［J］．北方经贸，2002（2）：43-45.

［102］鲁炳荣，赵洪波．国际资本流动对我国货币政策的影响［J］．中国外汇管理，2004（8）：60-61.

［103］鲁春义．国际资本流入对中国货币体系的冲击［J］．世界经济与政治论坛，2006（1）：66-71.

［104］陆前进，卢庆杰．中国货币政策传导机制研究［M］．上海：立信会计出版社，2006：218-306.

［105］陆蓉．货币政策的资本市场传导途径研究［J］，学术研究，2003（3）：40-43.

［106］吕大军，战庆欣．着力提高我国中央银行货币政策传导机制的有效

性 [J]. 西安金融，2002（8）：17-19.

[107] 马乐. 西方货币政策传导理论与我国货币政策传导机制实践 [J]. 浙江金融，2000（6）：9-11.

[108] 毛瑞萍. 跨境资金异常流入渠道的监管难点及对策建议 [J]. 黑龙江金融，2012（2）：78-80.

[109] 孟建华. 中国货币政策的选择与发展 [M]. 北京：中国金融出版社，2006：208-216，317-330.

[110] 倪权生，潘英丽. G20国家资本账户开放度比较研究——基于改进的约束式测度法 [J]. 世界经济研究，2009（2）：19-22.

[111] 钱荣堃. 国际金融 [M]. 成都：四川人民出版社，2000：55-59.

[112] 沈国兵，史晋川. 汇率制度的选择：不可能三角及其扩展 [J]. 世界经济，2002（10）：3-9.

[113] 盛朝晖. 西方国家中央银行货币政策框架比较及借鉴 [J]. 南方金融，2006（4）：30-32.

[114] 司春林，王安宇，袁庆丰. 中国IS—LM模型及其政策含义 [J]. 管理科学学报，2002（1）：46-54.

[115] 宋立，等. 中国货币政策传导机制与金融体系重构 [M]. 北京：中国计划出版社，2005：138-238.

[116] 宋文兵. 国际短期资本的流动机制 [D]. 上海：华东师范大学，2000：131-134，149.

[117] 苏平贵. 汇率制度选择与货币政策效应分析——蒙代尔—弗莱明模型在我国的适用性、改进及应用 [J]. 国际金融研究，2003（5）：4-9.

[118] 孙宝祥. 货币政策传导效应研究 [M]. 长沙：湖南大学出版社，2007：72-81.

[119] 田宝良. 国际资本流动——分析、比较与监管 [M]. 北京：中国金融出版社，2004：1-43.

[120] 田素华. 国际资本流动与货币政策效应 [M]. 上海：复旦大学出版社，2008：24-56.

[121] 王爱俭. 20世纪国际金融理论研究：进展与评述 [M]. 北京：中国金融出版社，2005：201-214.

[122] 王爱俭. 虚拟经济与实体经济关系研究 [M]. 北京：经济科学出版社，2004：215-234.

[123] 王爱俭，王璟怡，武鑫. 国际资本流动对当前我国货币政策效果的影响——基于外汇占款传导路径的分析 [J]. 现代财经，2013（2）：9-17.

［124］王劲松，韩克勇，王建明．开放经济条件下我国货币政策有效性研究［J］．经济问题，2006（7）：53－56.

［125］王景武．构建预警应急机制防范异常资金跨境突发流动［J］．中国外汇管理，2005（11）：42－43.

［126］王丽娅，吴玲．警惕跨境资本异常流动风险［J］．西南金融，2009（9）：23－26.

［127］王琦．关于我国国际资本流动影响因素计量模型构建和分析［J］．国际金融研究，2006（6）：64－69.

［128］王祥兵，严广乐，杨卫忠．货币政策传导系统分形特征研究［J］．管理评论，2013（4）：61－69.

［129］王晓天．开放条件下的货币政策规则研究［M］．北京：中国金融出版社，2007：213－228.

［130］王信，林艳红.90年代以来我国短期资本流动的变化［J］．国际金融研究，2005（12）：62－67.

［131］王煜．中国货币政策趋势［M］．北京：中国金融出版社，2000：86－103.

［132］威克塞尔著，刘契译．国民经济学讲义［M］．上海：上海译文出版社，1983：287.

［133］吴骏，周永务，王俊峰．对蒙代尔—弗莱明模型的修正——中国经济增长对人民币汇率作用机制［J］．数量经济技术经济研究，2006（6）：116－123.

［134］向松祚．汇率危局——全球流动性过剩的根源和后果［M］．北京：北京大学出版社，2007：173－178.

［135］熊鹏，陈辉．开放经济下利率对汇率的影响：一个新的理论框架［J］．财经理论与实践，2005（3）：23－27.

［136］徐明东，田素华．证券资本国际流动形式与货币政策有效性分析［J］．国际金融研究，2007（3）：61－67.

［137］徐爽，姚长辉．人民币升值预期、物价稳定与热钱控制的三元和谐［J］．金融研究，2007（10）：15－20.

［138］徐涛．中国货币政策的行业效应分析［J］．世界经济，2007（4）：23－31.

［139］杨娉．我国短期国际资本流动状况变动原因分析［J］．金融发展研究，2013（5）：14－19.

［140］杨蓉．国际资本流动对我国货币政策有效性的影响［J］．西安财

经学院学报，2007（1）：46－50.

[141] 杨振宇，方蔚豪.多重套利、货币政策冲击与中国国际短期资本流动——基于VECM的分析［J］.经济经纬，2013（1）：138－143.

[142] 姚枝仲，张亚斌.中国资本项目的变化及其宏观影响［J］.世界经济，2001（8）：21－30.

[143] 易纲，汤弦.汇率制度"角点解假设"的一个理论基础［J］.金融研究，2001（8）：5－17.

[144] 易纲，赵先信.中国的银行竞争：机构扩张、工具创新与产权改革［J］.经济研究，2001（8）：25－32.

[145] 于洪波.中国资本市场发展中的货币政策抉择［M］.大连：东北财经大学出版社，2004：120－130.

[146] 于辉.中国货币政策效率分析［M］.北京：中国经济出版社，2007：175－200.

[147] 袁仕陈，何国华.中国国际资本流动的货币效应［J］.经济评论，2013（2）：102－111.

[148] 袁鹰.开放经济条件下我国货币政策规则的选择与运用［J］.金融研究，2006（12）：90－102.

[149] 曾开武等.涉外捐赠：跨境资金异常流动监测的新领域［J］.福建金融，2007（7）：30－31.

[150] 张成思.货币政策传导机制研究新前沿——全球新型金融危机视角下的理论述评［J］.国际经济评论，2010（5）：110－120.

[151] 张纯威.内外失衡格局下我国货币政策的内在协同——基于国民财富增长视角［J］.财贸经济，2009（1）：40－46.

[152] 张辉，黄泽华.我国货币政策的汇率传导机制研究［J］.经济学动态，2011（8）：53－57.

[153] 张晓峒.计量经济学基础［M］.天津：南开大学出版社，2007：282－341.

[154] 张亦春，邱崇明等.开放进程中的中国货币政策研究［M］.北京：北京大学出版社，2008：383－412.

[155] 张屹山，张代强.前瞻性货币政策反应函数在我国货币政策中的检验［J］.经济研究，2007（3）：20－32.

[156] 张谊浩，裴平，方先明.中国的短期国际资本流入及其动机——基于利率、汇率和价格三重套利模型的实证研究［J］.国际金融研究，2007（9）：41－52.

[157] 章和杰, 陈威吏. "三缺口模型"下的内外均衡政策搭配文献综述——基于篮子货币汇率制度 [J]. 统计研究, 2007 (12): 22 - 28.

[158] 赵华. 人民币汇率与利率之间的价格和波动溢出效应研究 [J]. 金融研究, 2007 (3): 41 - 49.

[159] 郑鸣. 金融脆弱性论 [M]. 北京: 中国金融出版社, 2007: 216 - 218.

[160] 中国人民银行调查统计司预测分析处与武汉分行调查统计处联合课题组. 我国货币政策传导渠道的实证分析 [J]. 金融发展评论, 2013 (5): 58 - 69.

[161] 钟伟, 沈闻一. 银行业净利差的国际比较及对中国实证分析 [J]. 管理世界, 2006 (9): 26 - 32.

[162] 朱孟楠, 刘林. 短期国际资本流动、汇率与资产价格——基于汇改后数据的实证研究 [J]. 财贸经济, 2010 (5): 5 - 13.

[163] 邹媛. 试论蒙代尔—弗莱明模型与开放经济的动态分析 [J]. 金融经济, 2013 (6): 44 - 46.

后　　记

　　本书完稿在即，心中感慨万千。虽已过去几年，但回首三年的博士学习生涯，付出的是辛勤，收获的是硕果。尽管现已从教 20 年，但我在攻读博士学位期间，无论是学术研究还是实践能力都得到了极大的升华和锻炼。

　　在此，深情感谢我的博士生导师、天津财经大学王爱俭教授给予我的大力指导和帮助。恩师那宽容博爱的胸怀、创新勃发的斗志、治学严谨的作风给我心中留下深深的烙印。从毕业论文选题和构思、结构框架的搭建和修改到研究立意及创新，恩师无不悉心指导。在生活中，恩师给予我无尽的关怀与呵护，引导我开阔视野、拓展思维，令我受益终生，我深切地感受到师恩重于泰山！

　　同时，还要感谢我的家人一直以来对我的学业及学术研究的关心和支持，是他们为我营造了温馨、和谐的学习和生活环境，当我遇到挫折和困难的时候，给予我心灵的慰藉和前进的力量，使我能够顺利完成本书的写作和修改。

　　本书的出版得到了中国金融出版社的鼎力相助，感谢出版社领导及各位编辑的辛勤劳动，为本书的顺利出版创造了良好的条件，在此向他们表示衷心的感谢！

　　多年的努力终于有所收获，但未来追求学问的道路依然漫长，充满艰辛和坎坷。书山有路勤为径，学海无涯苦作舟！我只有不断探索和进取，收获更多的知识和成果，才能报答师长和亲友对我的无限恩情。衷心祝愿我的恩师、亲人、朋友们身体健康！

何燕

二〇一四年十月二十七日